Christian Gauer, Sabine Grünschläger-Brenneke,
Micaela Röse

Bergedorfer® Grundschulpraxis

Religion

4. Klasse

Persen

Persen Verlag GmbH

Die Autoren:

▷ **Christian Gauer**
Mag. theol., ehemaliger Schulreferent im Kirchenkreis Herne, Entwicklung von praxisorientierten Arbeitshilfen

▷ **Sabine Grünschläger-Brenneke**
Evang. Pfarrerin, Schulreferentin der Kirchenkreise Hattingen-Witten und Schwelm,
Entwicklung von Schulgottesdiensten und praxisorientierten Arbeitshilfen

▷ **Micaela Röse**
Schulreferentin im Kirchenkreis Herne, Grundschullehrerin, langjährige Erfahrung bei der Planung und Durchführung von Schulgottesdiensten und erlebnisorientierten Projekten (musikalische Erlebnisreisen, Kindermusicals ...)

Gedruckt auf umweltbewusst gefertigtem, chlorfrei gebleichtem und alterungsbeständigem Papier

1. Auflage 2008

Illustrationen: Wibke Brandes, Sprockhövel
Satz: media.design, Neumünster
Notensatz: Notensatzstudio Nikolaus Veeser, Schallstadt

ISBN 978-3-8344-**3953**-6

www.persen.de

INHALTSVERZEICHNIS

Im Mittelteil sind die **Materialien**, die als Folien eingesetzt werden sollen, farbig abgedruckt (s. Liste auf Seite 193).

Verwendete Abkürzungen

AT	**A**ltes **T**estament	**M**	**M**aterial	**S**	**S**chwerpunkt
B	**B**ereich	**NT**	**N**eues **T**estament	**Std.**	Schul**st**un**d**e
L	**L**ehrerin/**L**ehrer	**OHP**	**O**ver**h**ead**p**rojektor		
LP	**L**ehr**p**lan	**RU**	**R**eligions**u**nterricht		

VORBEMERKUNGEN

Dieses Unterrichtswerk bietet Unterrichtsreihen zu den Themen des Evangelischen Religionsunterrichts in der 4. Klasse. Es knüpft an die Themen des ersten, zweiten und dritten Bandes der *„Bergedorfer® Grundschulpraxis: Religion“* an und vertieft Themen, zu denen bereits Zugänge im 1., 2. und 3. Schuljahr angebahnt wurden.*

Der Schwerpunkt dieses Unterrichtswerkes liegt darin, dass die Kinder eigene Erfahrungen aus ihrer Lebenswirklichkeit mit den elementaren Überlieferungen der Bibel und den Erfahrungen und Glaubensaussagen anderer Menschen in Beziehung setzen und diese als Deutungsangebot für ihr eigenes Handeln verstehen. So lernen sie einerseits Lebens- und Glaubenszeugnisse bedeutender Menschen kennen (Martin Luther, Albert Schweitzer, Otto Weidt, M. L. King, Käthe Kollwitz) und andererseits biblische Textzeugnisse (2. Mose 20, Mt 5,3-11, 1. Mose 2,15, 1. Mose 7), die ihnen gleichermaßen Hilfe bei der Orientierung und Suche nach der eigenen Lebensausrichtung geben können.

Religionsunterricht in der Grundschule

Der Religionsunterricht geschieht auf der Grundlage der biblischen Überlieferung und des christlichen Glaubens und ist eingebettet in die Biografien der Kinder. Er umfasst dabei die Erfahrung des einzelnen Kindes in seiner Beziehung *zu sich selbst, zu anderen Menschen, zu Gott* und *zur Schöpfung.* Diese vier Erfahrungsräume sind miteinander vernetzt.

Religionsunterricht ist ganzheitlich orientiert

Dieser Ansatz des Religionsunterrichts hat seine theologische Begründung in der biblisch-christlichen Sicht vom Menschen als einem ganzheitlichen Geschöpf Gottes. Der Mensch wird von Gott angenommen mit allen Stärken und Schwächen. Daraus ergibt sich für den Religionsunterricht, das Lernen mit allen Sinnen zu fördern und didaktisch umzusetzen. Dazu werden Unterrichtssituationen geschaffen, in denen Kinder Dinge und Sachverhalte individuell erfahren, entdecken und erforschen können.

Religionsunterricht ist gemeinschaftsfördernd und beziehungsstiftend

In der Grundschule begegnen sich Kinder verschiedener Herkunft. Ausgehend von ihrer Lebenswirklichkeit und ihren Erfahrungen bietet der Religionsunterricht die Möglichkeit, aufgeschlossen aufeinander zuzugehen, Gemeinsamkeiten zu entdecken und zu lernen, Verschiedenartigkeit zu akzeptieren.

Gemeinschaftsfördernde und beziehungsstiftende Aspekte des Religionsunterrichts zeigen sich im fächerübergreifenden und projektorientierten Lernen. Dazu gehört auch, interkonfessionelle und interreligiöse Begegnungen zu ermöglichen.

Religionsunterricht ist sprachfördernd

Der Religionsunterricht sensibilisiert Schülerinnen und Schüler für religiöse Sprache und hilft ihnen dabei, eine eigene zu entwickeln. Insbesondere durch die Erschließung bildhafter Textelemente lernen die Kinder, die biblische Sprache zu verstehen sowie eigene Erfahrungen und Emotionen, religiöse Vorstellungen, Zweifel und Nichtbegreifen zum Ausdruck zu bringen.

In Gesprächssituationen, die sich auf die Erfahrungswelt der Kinder beziehen, werden Grundfragen des christlichen Glaubens reflektiert.

Dem Erzählen kommt im Religionsunterricht besondere Bedeutung zu. Der narrative Ansatz ermöglicht den Kindern Identifikations- und Erfahrungslernen. Biblische Geschichten werden durch das Erzählen lebendig und entfalten so die christliche Botschaft als lebensbedeutsame Kraft.

Religionsunterricht ist kompetenzorientiert

Die Kompetenzerwartungen des Religionsunterrichts weisen die anzustrebenden Ziele aus und geben Orientierung für die individuelle Förderung. Sie konzentrieren sich auf zentrale fachliche Zielsetzungen. Somit ist das Lernen auf die Bewältigung von Anforderungen hin ausgerichtet und als kumulativer Prozess organisiert. Der Blick wird auf die Lernergebnisse hingelenkt.

---

* z. B. Kirchengemeinde (Bd. 1, Kap. 6/Bd. 2, Kap. 16/Bd. 3, Kap. 12/Bd. 4, Kap.15), Begegnung mit Judentum, Christentum, Islam (Bd. 1, Kap. 11/Bd. 2, Kap. 14/Bd. 3, Kap. 7 und 8/Bd. 4, Kap. 14), Schöpfung (Bd. 1, Kap. 9/Bd. 2, Kap. 1/Bd. 3, Kap. 2/ Bd. 4, Kap. 10)

Konzeption der *Bergedorfer® Grundschulpraxis: Religion*

Die Reihe *„Bergedorfer® Grundschulpraxis"* ist im Kontext der Lehrplanentwicklung Nordrhein-Westfalens entstanden. Die vorliegenden Unterrichtsreihen sind jedoch in jedem Religionsunterricht einsetzbar.
Das Unterrichtswerk basiert auf den vier Erfahrungsräumen des Lernens (s. o.).
Aus ihnen ergeben sich die eng miteinander vernetzten Lernperspektiven *Identität entwickeln, Gemeinschaft leben, Verantwortung übernehmen* und *Hoffnung schöpfen.*
Diese Lernperspektiven gelten für jeden der sechs Bereiche des Faches Evangelische Religionslehre:

- Miteinander leben
- Wir leben in Gottes Schöpfung
- Gott begleitet auf dem Lebensweg
- Gott sucht den Menschen, Menschen suchen Gott
- Jesus lebt und verkündet das Gottesreich
- Jesus Christus begegnen

Den Bereichen des Faches werden *Schwerpunkte* zugeordnet (siehe dazu auch die Tabelle, S. 12).
Zu Beginn eines jeden Kapitels werden die *Themen* mit den *Lernperspektiven* des Faches in Beziehung gebracht. Ein schwarzes Rechteck zeigt durch seine Position in einer von den vier Lernperspektiven umrahmten Matrix, in welcher Gewichtung die Perspektiven jeweils zum Tragen kommen.
Ein einleitender *theologisch-didaktischer Kommentar* bietet Lehrerinnen und Lehrern eine Einführung.
Die Unterrichtseinheiten sind in thematische *Bausteine* aufgegliedert. Diese sind nicht mit Unterrichtsstunden gleichzusetzen. Die zeitliche Strukturierung nehmen die Unterrichtenden unter Berücksichtigung der Lernausgangssituation vor.
Im Sinne eines Spiralcurriculums werden bestimmte Themen und Aspekte in den vier Schuljahren immer wieder unter neuen Fragestellungen und in anderen inhaltlichen Zusammenhängen aufgenommen.
Die *„Bergedorfer® Grundschulpraxis: Religion"* verfolgt das Ziel eines lebendigen, durch unterschiedliche Medien unterstützten Religionsunterrichts.

Praxistipps zum Umgang mit diesem Buch

Themen, die aufeinander Bezug nehmen

Bei der Planung des Unterrichts ist die Reihenfolge bei folgenden Einheiten zu beachten, da sie im Sinne eines vernetzten Unterrichts besonders aufeinander bezogen sind:

- ▷ Kapitel 10 „Schöpfung als Geschenk und Verpflichtung für uns heute" und Kapitel 11 „Gottes Bund mit den Menschen"
- ▷ Kapitel 7 „Weihnachten – Gott wird Mensch – Gottes Licht ist in der Welt" und Kapitel 8 „Sehend werden"
- ▷ Kapitel 7 „Weihnachten – Gott wird Mensch – Gottes Licht ist in der Welt" und Kapitel 12 „Auferstehung – Christus, Licht der Welt"
- ▷ Kapitel 10 „Schöpfung als Geschenk und Verpflichtung für uns heute" und Kapitel 16 „Gemeinschaft ist möglich"

Rituale (Ritualesammlung)

Es ist sinnvoll, den Religionsunterricht mit einem Ritual zu beginnen, das den Kindern deutlich macht: „Jetzt fängt der Religionsunterricht an."* Dasselbe Ritual sollte über einen längeren Zeitraum beibehalten werden. Oftmals ist der Beginn der Unterrichtseinheit mit einem meditativen Einstieg verbunden, der der Transparenz der Unterrichtsziele dient (z. B. Kap. 6).

Einzelstunden, auch für Vertretung geeignet

Die Lerntheke in Kapitel 13 „Gott bewahrt vor dem Verlorengehen" ist so angelegt, dass sie gut in Vertretungsstunden eingesetzt werden kann.
Auch Kapitel 14 „Begegnung mit Judentum, Christentum, Islam" und Kapitel 15 „In unserer Kirchengemeinde leben" sind besonders für Vertretungsphasen geeignet.

Lieder und Tänze

Gemeinsames Singen ist ein konstitutiver Bestandteil des Religionsunterrichts. In diesem Band kommen vornehmlich Lieder vor, die ein Thema inhaltlich verstärken, z. B. „Als Jesus einst zum Jordan kam" (Kap. 3), „Hirten wacht vom Schlafe auf" (Kap. 7).
Darüber hinaus gibt es Lieder mit Bewegung und Tanz, z. B. „Geht einer auf den andern zu" (Kap. 14).

Feste und Feiern

Feste und Feiern sollten fester Bestandteil eines jeden Religionsunterrichts sein. Manche Unterrichtsreihen haben einen (feierlichen) meditativen Abschluss, z. B. Kap. 12 „Auferstehung – Christus, Licht der Welt". Möglich sind auch Feste, die themenbedingt eine Un-

* vgl. Bd. 1, S. 9

terrichtsreihe beschließen, z. B. ein Schöpfungsfest am Ende von Kap. 10 oder ein Friedensfest bei Kap. 6. Die Elemente der Unterrichtsreihe können dabei die inhaltlichen Schwerpunkte des Festes sein.

Schulgottesdienste

Besonders im Anschluss an die Unterrichtseinheiten Weihnachten und Ostern bieten sich Schulgottesdienste an, die aus den Elementen, welche die Kinder im Unterricht erlebt und erarbeitet haben, gestaltet werden können.
Die Unterrichtseinheit in Kapitel 17 „Leben in Gottes Hand und unter Gottes Segen" ist auf die Feier eines Gottesdienstes zum Ende der Klasse 4 angelegt.

Bilder (Sprachbilder und Bilder aus der Kunst)

Die biblische Sprache ist geprägt von vielen Bildern. Durch die Erschließung bildhafter Textelemente lernen die Kinder biblische Sprache zu verstehen.
Die Erschließung der bildreichen Sprache der Psalmen wird vertieft (Kap. 4) und auf das Verstehen des bildhaften Charakters neutestamentlicher Geschichten hin erweitert (Kap.13).
Der Umgang mit Bildern aus der Kunst ist ein wichtiges Element des Religionsunterrichts. Im 1., 2. und 3. Schuljahr wurden Bildbetrachtungen und -deutungen in den Unterricht aufgenommen. Auch eine intensive Einführung in die Farbsymbolik fand statt.
Beide Ansätze werden im 4. Schuljahr aufgenommen und weitergeführt, z.B. in Kap. 4 „Mann und Frau", Kap. 7 „Verkündigung an die Hirten" und Kap. 12 „Christus hat keine Hände".

Arbeitsstationen/Projekte im Unterricht

Das Arbeiten an Stationen (z.B. Kap. 2, 13) und in Projekten (z.B. Kap. 11, 15) fördert das eigenständige Lernen der Kinder. Selbstständiges Erarbeiten von Themen und die Organisation eigener Arbeitsprozesse bilden den Schwerpunkt im 4. Schuljahr. Dazu gibt es Aufgaben im Bereich der Textproduktion (Erstellen eines Infobuches, Kap. 2; Schreiben eines Bibel-Comics, Kap. 8; Erstellen eines Steckbriefes, Kap. 9), die Aufforderung zur Recherche (z.B. Kap. 3) und die Vorbereitung und Durchführung einer Pro- und Contra-Diskussion (Kap. 10).

Fächerübergreifendes Arbeiten

Kinder haben einen ganzheitlichen Zugang zu ihrer Lebenswelt. Da sie in Sinnzusammenhängen handeln, werden Fächergrenzen überschritten. Fächerübergreifendes Lernen hilft den Kindern, in Zusammenhängen zu denken. Im Sinne des vernetzten Lernens ist die Kooperation mit anderen Fächern grundlegend.
In einzelnen Kapiteln wird exemplarisch auf die Möglichkeit fächerübergreifenden Arbeitens hingewiesen, z. B. in Kap. 2 „Martin Luthers Lebensgeschichte".

Portfolio

Ein Portfolio ist eine sorgfältig zusammengestellte Sammlung von Arbeitsergebnissen, die den Lehrenden, den Kindern und deren Eltern ein Bild davon vermitteln, was das Kind weiß und kann. In der Portfolio-Mappe werden die besten Arbeitsergebnisse präsentiert. Wenn die Kinder ihre Arbeitsergebnisse bei der Auswahl für die Portfolio-Mappe selbst einschätzen, reflektieren sie dadurch ihre Lernfortschritte.
Dieses Buch ist so angelegt, dass möglichst in jeder Unterrichtsreihe Arbeitsergebnisse durch unterschiedliche Methoden festgehalten und dokumentiert werden können.

CD

Zu diesem Unterrichtswerk gibt es eine CD als Begleitmaterial, welche das Einüben und Singen der Lieder unterstützt. Jedes Lied liegt sowohl mit Gesang als auch als Playback vor.
Des Weiteren finden sich zwei meditative Stücke auf der CD, die im Zusammenhang mit Kap. 11 und 17 eingesetzt werden können, sowie ein Hörspiel in fünf Teilen zu Kapitel 5 „Ruf zum Frieden und zur Gerechtigkeit".

Folien

Ein Foliensatz mit 8 Farb-Folien und 1 Schwarz-Weiß-Folie nimmt die Suche nach unterstützendem Bildmaterial ab. Detaillierte Übersichten zur Begleit-CD und zum Foliensatz finden sich im hinteren Teil des Buches.

Diese Themen finden Sie in der „Bergedorfer® Grundschulpraxis: Religion – 1. Klasse“

Religionsunterricht in der 1. Klasse

Lernperspektiven – Bereiche – Schwerpunkte

VERANTWORTUNG ÜBERNEHMEN

IDENTITÄT ENTWICKELN

GEMEINSCHAFT LEBEN

HOFFNUNG SCHÖPFEN

1. Ich bin viel wert
1.1 So bin ich
1.2 Ich bin anderen viel wert
1.3 Jesus segnet die Kinder (Mk 10,13-14.16)

2. Wir brauchen einander
2.1 In der Schule, in der Gruppe, am Nachmittag ...
2.2 Verschieden und doch Freunde
2.3 Streiten – sich die Hand reichen, sich vertragen

Miteinander leben

3. Weihnachten: Gott kommt zu den Menschen
(Lk 2,1-20)

4. Freundschaft: unsere Erfahrungen und Erwartungen

5. Mit Gott reden wie mit einer Freundin/einem Freund
Danken, loben, bitten
(2. Mose 33,11a)

Gott sucht den Menschen, Menschen suchen Gott

6. In unserer Kirchengemeinde leben
Kirche/Gemeindezentrum kennen lernen

7. Freude über die Gemeinschaft
Essen gemeinsam an einem Tisch

Miteinander leben

8. Menschen erfahren Ostern: Aus dem Tod wächst neues Leben
(Mk 11,1-9; Mk 15 in Auszügen)

Jesus Christus begegnen

9. Die vielfältige Schönheit der Schöpfung staunend entdecken

Wir leben in Gottes Schöpfung

10. Abraham und Sara gehen im Vertrauen auf Gott
1. Mose 12,1-4a
1. Mose 15,5.6
1. Mose 21,2.3

Gott begleitet auf dem Lebensweg

11. Begegnungen mit Judentum, Christentum, Islam
Viele Kinder – viele Religionen

Miteinander leben

12. Gott begleitet mich
(Ps 139,3.5)

Gott begleitet auf dem Lebensweg

Die Kapitelreihenfolge ist bezogen auf das Schul- und Kirchenjahr.

Diese Themen finden Sie in der „Bergedorfer® Grundschulpraxis: Religion – 2. Klasse“

Religionsunterricht in der 2. Klasse

Lernperspektiven – Bereiche – Schwerpunkte

VERANTWORTUNG ÜBERNEHMEN

1. Gott für seine Schöpfung danken und loben · 2. Das Erntedankfest feiern	Wir leben in Gottes Schöpfung
3. Mein Leben ist wie ein Weg · 4. Gott begleitet mich (Ps 18,30b) · 5. Gott begleitet Rut (Rut 1,14-19) (Rut 4,13-17)	Gott begleitet auf dem Lebensweg
6. Jesus sucht Mitarbeiterinnen und Mitarbeiter (Mk 1,16-20; Lk 8,1-3)	Jesus lebt und verkündet das Gottesreich
7. Wir brauchen einander (Lk 10,30-35)	Miteinander leben
8. Menschen werden nicht aufgegeben (Lk 19,1-10)	Jesus lebt und verkündet das Gottesreich
9. Freude über die Gemeinschaft (Mk 2,13-17)	Miteinander leben
10. Weihnachten: Gott kommt zu den Menschen (Mt 2,1-12) · 11. Reden von Gott (z. B. Ps 91,1; Jes 66,13a)	Gott sucht den Menschen, Menschen suchen Gott
12. Gott ermöglicht Umkehr (Jona 1-4 in Auszügen)	Gott begleitet auf dem Lebensweg
13. Menschen erfahren Ostern: Aus dem Tod wächst neues Leben (Lk 24,13-36)	Jesus Christus begegnen
14. Begegnung mit Judentum, Christentum, Islam 14.1 Kinder zur Zeit Jesu: Schule in der Synagoge 14.2 Feste und Feiertage	Miteinander leben
15. Gott begleitet Josef (1. Mose 37,23-24; 1. Mose 41,14.25-28; 1. Mose 45,4.5)	Gott begleitet auf dem Lebensweg
16. In unserer Kirchengemeinde leben Gemeinde(leben) begegnen	Miteinander leben

IDENTITÄT ENTWICKELN

GEMEINSCHAFT LEBEN

HOFFNUNG SCHÖPFEN

Die Kapitelreihenfolge bezieht sich auf das Schul- und Kirchenjahr.

Diese Themen finden Sie in der „Bergedorfer® Grundschulpraxis: Religion – 3. Klasse“

Religionsunterricht in der 3. Klasse

Lernperspektiven – Bereiche – Schwerpunkte

VERANTWORTUNG ÜBERNEHMEN

IDENTITÄT ENTWICKELN

GEMEINSCHAFT LEBEN

Thema		Schwerpunkt
1. Reden mit Gott – fragen nach Gott		Gott sucht den Menschen, Menschen suchen Gott
2. Gott als Schöpfer		Wir leben in Gottes Schöpfung
3. Gott rettet und befreit sein Volk – Mose und Mirjam		Gott begleitet auf dem Lebensweg
4. In unserer Kirchengemeinde leben		Miteinander leben
5. Weihnachten – Gott wird Mensch – Gottes Licht ist in der Welt (Jesaja 9,1; Psalm 27,1)	6. Gottes Name als Versprechen (2. Mose 3,14)	Gott sucht den Menschen, Menschen suchen Gott
7. Begegnung mit Judentum, Christentum und Islam	8. Begegnung mit Judentum, Christentum und Islam	Miteinander leben
9. Auferstehung – Christus, Licht der Welt (Joh. 8,12)		Jesus Christus begegnen
10. Reden mit Gott – fragen nach Gott		Gott sucht den Menschen, Menschen suchen Gott
11. Gott bewahrt vor dem Verlorengehen (Psalm 23)		Gott begleitet auf dem Lebensweg
12. In unserer Kirchengemeinde leben		Miteinander leben
13. Reden mit Gott – fragen nach Gott (Das Vaterunser, Mt 6,9-13)		Gott sucht den Menschen, Menschen suchen Gott
14. Gott vergibt – wir können vergeben (Joh. 8,1-11, Mt. 6,12)		Miteinander leben
15. Aufgerichtet werden, Leben aus der Fülle haben, getröstet werden, sehend werden	16. Hoffnung wächst – Frieden ist möglich (Lk 13,18.19)	Jesus Christus begegnen

HOFFNUNG SCHÖPFEN

Die Kapitelreihenfolge bezieht sich auf das Schul- und Kirchenjahr.

Diese Themen finden Sie in der „Bergedorfer® Grundschulpraxis: Religion – 4. Klasse“

Religionsunterricht in der 4. Klasse

Lernperspektiven – Bereiche – Schwerpunkte

VERANTWORTUNG ÜBERNEHMEN

IDENTITÄT ENTWICKELN

GEMEINSCHAFT LEBEN

Schwerpunkte			Bereich
1. Gemeinschaft wird geschützt (5. Mose 5,6-21)			Miteinander leben
2. Nach Gott neu fragen	3. Taufe als Zusage Gottes (Mk 1,9-11, Mt 28,20b)	4. Reden mit Gott – fragen nach Gott (Ps 22,2)	Gott sucht den Menschen, Menschen suchen Gott
5. Ruf zum Frieden und zur Gerechtigkeit	6. Hoffnung wächst – Frieden ist möglich (Mt 5,3-11)		Jesus lebt und verkündet das Gottesreich
7. Weihnachten – Gott wird Mensch – Gottes Licht ist in der Welt (Lk 2,10-14a)			Gott sucht den Menschen, Menschen suchen Gott
8. Sehend werden (Lk 2,25-32)	9. Sehend werden (Paulus)		Jesus Christus begegnen
10. Schöpfung als Geschenk und Verpflichtung für uns heute (1. Mose 2,15)	11. Gottes Bund mit den Menschen (1. Mose 7, 1. Mose 9,13)		Wir leben in Gottes Schöpfung
12. Auferstehung – Christus, Licht der Welt (Joh 20,11-18)			Jesus Christus begegnen
13. Gott bewahrt vor dem Verlorengehen (Lk 15,1-7)			Gott begleitet auf dem Lebensweg
14. Begegnung mit Judentum, Christentum, Islam	15. In unserer Kirchengemeinde leben (Ökumene)	16. Gemeinschaft ist möglich (A. Schweitzer, Mt. 25,40)	Miteinander leben
17. Leben in Gottes Hand und unter Gottes Segen (4. Mose 6,24-26, Psalm 31,16a)			Gott sucht den Menschen, Menschen suchen Gott

HOFFNUNG SCHÖPFEN

Die Kapitelreihenfolge bezieht sich auf das Schul- und Kirchenjahr.

1 Gemeinschaft wird geschützt

Thema: Regeln und Rituale/Die 10 Gebote (5. Mose 5,6-21)

Intention der Unterrichtsreihe

Die Bedeutung von Regeln und Ritualen erkennen und die Zehn Gebote als Angebote Gottes zur Lebensgestaltung verstehen.

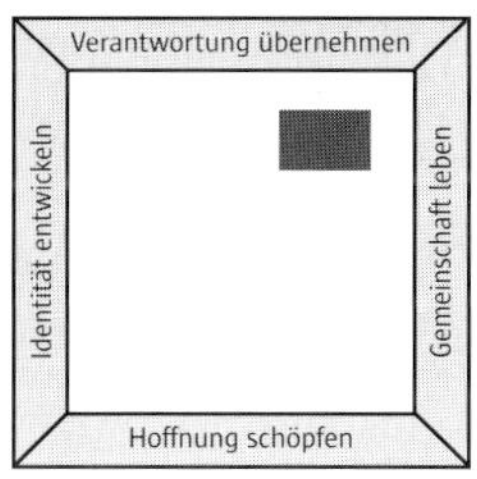

3–4 Std.

Theologisch-didaktischer Kommentar

Alle Völker haben Verhaltensnormen entwickelt und sie im Lauf ihrer Geschichte verändert, wenn es die Situation verlangte.
So ist auch der Dekalog (Die Zehn Gebote) eine aktualisierte Form der Normgebung.
Zur Zeit der Entstehung des Dekalogs stand das kleine Königreich Juda unter der Herrschaft Assurs. Der kulturelle Einfluss der Assyrer war stark und Juda war in Gefahr, seine Religion, seine Sprache und letztlich seine Freiheit zu verlieren.
Deshalb saß in Jerusalem eine Kommission aus Juristen, Theologen und Literaten zusammen, allesamt Mitglieder der Oberschicht. Rechtstexte, Gesetzessammlungen, Prophetenworte, kultische Vorschriften, Erzählungen und Geschichtsquellen waren schon gesichtet. Nun ging es darum, eine Leitlinie zu formulieren, die sich in der gegenwärtigen Situation als tragfähig und Hoffnung vermittelnd erwies.*
Die Parallele zur Abhängigkeit und Versklavung in Ägypten springt ins Auge und wurde der Kommission zur Vorlage für die gesuchte Leitlinie. Sie überlegte: Gott hat uns befreit und aus Ägypten herausgeführt. Das ist zwar schon gut 500 Jahre her, aber einen besseren Beweis für Gottes Beistand und Zuverlässigkeit auf dem gefährlichen Weg in die Freiheit gibt es nicht. Und Mose mit seinen heldenhaften Zügen ist die ideale literarische Identifikationsfigur. Die Kommission entschloss sich, ethische Richtlinien auf der Grundlage überlieferter Texte und der Berücksichtigung der aktuellen politischen und religiösen Situation niederzulegen. Die Gebote sind Zeichen des Bundes mit Gott und haben Brüderlichkeit und Freiheit zum Ziel.

Das erste Gebot

Ich bin der HERR, dein Gott (... der dich aus dem Lande Ägypten, dem Sklavenhaus, herausgeführt hat).**
Du sollst nicht andere Götter haben neben mir.
Als ich euch damals aus Ägypten in ein eigenes Land geführt habe, ward ihr wirklich frei und musstet nicht länger fremdbestimmt leben. Ich werde zu euch stehen, auch wenn ihr selbst eure Freiheit immer wieder gefährdet. Behaltet Ägypten als Modellfall dafür im Gedächtnis, dass man Leben in Freiheit schaffen und den Nächsten nicht aus den Augen verlieren soll.
Ich weiß, dass ihr euch von anderen Göttern angezogen fühlt. Wenn ihr unbedingt andere Götter verehren wollt, dann überlegt genau: Wer gibt euch wirklich Leben und Freiheit? Und wem könnt ihr unbedingt vertrauen?

Das zweite Gebot

Du sollst den Namen des HERRN, deines Gottes nicht unnütz gebrauchen,
denn der HERR wird den nicht ungestraft lassen, der seinen Namen missbraucht.
Du sollst den Namen Gottes nicht zum Betrug aussprechen, denn Jahwe lässt den nicht ungestraft, der seinen Namen zum Betrug ausspricht.
Die Kommission erklärt: Niemand soll den Namen Gottes in betrügerischer Absicht benutzen, wie bei der Anwendung von Zaubersprüchen, bei Verfluchungen, beim Verkünden falscher Prophezeiungen, beim Ablegen falscher Gelübde und Versprechungen. Die schlimmste Form der Pervertierung ist der Gebrauch des Gottesnamens beim Meineid, denn sein Name wird dazu benutzt, die Wahrheit vorzuspiegeln und die Menschen in falscher Sicherheit zu wiegen, um ihnen Schaden zuzufügen.

* Hier haben wir einen Modellfall zum Überleben von Krisen in unserer Geschichte.
** Die Gebote werden nach Martin Luthers Kleinem Katechismus zitiert. Zum besseren Verständnis der Gebote 2, 3, 4 und 8 wird die Übersetzung des Bibeltextes aus 5. Mose 5 von Timo Veijola kursiv hinzugefügt (Veijola 2004, S.125–128).

Das dritte Gebot

Du sollst den Feiertag heiligen.
Achte auf den Tag des Sabbats, dass du ihn heiligst, wie Jahwe, dein Gott, dir geboten hat.
Die Kommission erklärt: Mit harter Arbeit in der Landwirtschaft verdient die Mehrheit der Bevölkerung ihren Lebensunterhalt. Die Arbeitsruhe für die ganze Familie, die Sklaven und Tiere während des Sabbats bedeutet natürlich wirtschaftliche Verluste.
Aber das Ausruhen von der Arbeit und das Nichtstun sind zugleich Zeichen der Freiheit – anders als zur Zeit der Zwangsarbeit in Ägypten, als es keine Möglichkeit selbstbestimmter Arbeits- und Ruhezeiten gab.

Das vierte Gebot

Du sollst deinen Vater und deine Mutter ehren, auf dass dir`s wohl gehe und du lange lebest auf Erden.
Ehre deinen Vater und deine Mutter, wie Jahwe, dein Gott, dir geboten hat, damit deine Lebenstage lange währen und es dir gut geht in dem Land, das Jahwe, dein Gott, dir gegeben hat.
Die Kommission erklärt: Diese Aufforderung richtet sich besonders an die erwachsenen, freien Männer, die die Verantwortung für das Wohlergehen ihrer Eltern tragen. Die Eltern, deren Lebenskraft abnimmt, haben es nicht verdient, verachtet, geschlagen, bestohlen oder aus dem Haus geworfen zu werden. Wer ihnen die Fürsorge, Kleider, Nahrung, Wohnung und ein würdiges Begräbnis versagt, nimmt ihnen die Freiheit, die auch für ein schwächer werdendes Leben gilt. Behandelt eure Eltern so, wie ihr selbst im Alter behandelt werden möchtet.

Das fünfte Gebot

Du sollst nicht töten.
Die Kommission erklärt: Dieses Gebot kann nicht die gesamte ethische Diskussion zum Thema Töten behandeln. Es geht hier um die willkürliche, brutale und heimtückische Gewaltanwendung mit Todesfolge und um den Tatbestand der Vergewaltigung. Eine Art des sozialen Tötens liegt vor, wenn Witwen, Waisen und Schwache ihrer ohnehin sehr eingeschränkten Lebensmöglichkeiten beraubt werden.

Das sechste Gebot

Du sollst nicht ehebrechen.
Die Kommission erklärt: Die Großfamilie sichert das wirtschaftliche Überleben und die Erhaltung ihres Landbesitzes. Durch mögliche Erbansprüche infolge des Ehebruches eines Mannes wird diese Basis gefährdet. Auch in den Städten ist eine schleichende Auflösung der Familien und Sippen durch Ehebruch zu beobachten.

Das siebte Gebot

Du sollst nicht stehlen.
Die Kommission erklärt: Jede widerrechtliche Aneignung von Menschen zum Zweck der Ausbeutung oder des Menschenhandels ist ein Eingriff in die Freiheit. Jede widerrechtliche Aneignung von Haustieren, Lebensmitteln, Wertsachen und jeglicher beweglichen Habe beeinträchtigt oder vernichtet die Lebensgrundlage der Bestohlenen.
Damals in Ägypten waren wir Sklaven, die außer ihrem Leben fast nichts besaßen.
Der Besitz des Landes, in das Gott uns geführt hat, ist deshalb ein Zeichen der Freiheit. Wer stiehlt, bedroht die Freiheit des Nächsten und missachtet die Freiheit, die Gott ihm gegeben hat.

Das achte Gebot

Du sollst nicht falsch Zeugnis reden wider deinen Nächsten.
Du sollst nicht als falscher Zeuge gegen deinen Nächsten aussagen.
Die Kommission erklärt: Jeder freie Mann kann im Torgericht*, das auf der Arbeit der rechtskundigen Ältesten beruht, Anklage erheben. Zur Verhandlung ist nur ein Zeuge nötig, zwei bei Kapitalverbrechen. Auf Grund dieser Situation ist es verlockend, mit einer falschen Zeugenaussage seinem Nächsten Schaden zuzufügen.
Jeder Zeuge einer Straftat ist zur Anklage verpflichtet. Diese Doppelrolle als Ankläger und Zeuge verführt leicht zu Falschaussagen zum eigenen Vorteil auf Kosten des Nächsten.

Das neunte Gebot

Du sollst nicht begehren deines Nächsten Haus.
Die Kommission erklärt: Land und Häuser sind begehrte Immobilien. Besonders die freien Bauern sind durch reiche Kapitalhaie aus den Städten bedroht. Diese nutzen wirtschaftliche Notlagen aus oder tauchen dann auf, wenn der Besitz ungenügend geschützt ist. Das ist zum Beispiel der Fall, wenn die

* Die Gerichtsverhandlungen fanden im Stadt*tor* statt.

Männer Kriegsdienst leisten oder eine Wallfahrt machen. Diese Praktiken zerstören die Lebensgrundlage der bäuerlichen Großfamilie.

Das zehnte Gebot

Du sollst nicht begehren deines Nächsten Weib, Knecht, Magd, Vieh, noch alles, was sein ist.
Die Kommission erklärt: Gemeint ist hiermit nicht der Seitensprung eines verheirateten Mannes, sondern die widerrechtliche Aneignung und der dauerhafte Besitz der Frau des Nächsten.* Dasselbe gilt für die anderen Besitztümer.

Die Betrachtung des Dekalogs macht deutlich, dass diese Gebotssammlung in einer Situation entstanden ist, in der die regierenden Kräfte sozialpolitisch handeln mussten, indem sie einige Leitlinien für die freien israelitischen Männer, und nur für sie, formulierten. Hielten sie sich daran, dann fiel für die Frauen, Sklaven, Witwen, Waisen und Fremden auch ein wenig Gerechtigkeit ab. Sie waren aber nicht die Zielgruppe. Es ging nicht um eine universal angelegte Ethik.
Das Deuteronomium hat das Ergebnis der Kommissionsberatungen als den Willen Gottes deklariert (Dt. 5,40; 4,13; 5,22; 5,32).

Diese Unterrichtseinheit sollte zu Beginn des vierten Schuljahres behandelt werden. Sie knüpft an die in der Klasse oder Religionsgruppe bekannten Regeln und Rituale** an, wiederholt sie, hinterfragt ihren Sinn und verbindet sie mit den Zehn Geboten (5. Mose 5,6-21).
Der biblische Text wird mit den Unterrichtseinheiten „Gott rettet und befreit sein Volk – Mose und Mirjam“***, „Gottes Name als Versprechen“**** und „Begegnung mit Judentum, Christentum und Islam – das Pessach-Fest“***** vernetzt, die den Kindern aus dem 3. Schuljahr bekannt sind.
In Baustein 2 wird die Verbindung zwischen den Bibeltexten und deren Bedeutung in der Lebenswirklichkeit der Kinder hergestellt. Das Lied „Angebote zum Leben“ unterstützt die inhaltliche Erarbeitung.

* Veijola 2004, S. 173
** vgl. Bd. 1, Kapitel 1
*** vgl. Bd. 3, Kapitel 3
**** vgl. Bd. 3, Kapitel 6
***** vgl. Bd. 3, Kapitel 8

Bausteine der Unterrichtsreihe

Baustein 1: Rituale und Regeln in unserer Gruppe

Unterrichtsmaterial:

- Tuch
- Ritual-Kerze
- Papierbögen
- dicke Faserschreiber

Unterrichtsschritte:

1. Die Kinder und L sitzen im Kreis. L legt das Tuch in die Mitte und stellt die Ritual-Kerze darauf. Dann wartet L Reaktionen der Kinder ab. Es wird ein Gespräch darüber geführt, dass dies das Ritual ist, mit dem die Religionsstunde beginnt. Es bietet sich an, die begleitenden Worte zu sprechen, die den Kindern aus dem ersten Schuljahr bekannt sind:

   Licht macht es hell um uns.
   Licht macht es warm in uns.
   Jesus hat einmal gesagt:
   „Ich bin das Licht der Welt.“
   Wir wollen dieses Licht in der Religionsstunde
   bei uns spüren.
   Deshalb zünden wir diese Kerze an
   und werden dabei ganz still.

2. Die Kinder äußern sich dazu, worin der Sinn eines Rituals (meditativen Einstiegs) liegt:
   - kennzeichnet den gemeinsamen Anfang
   - unterstützt das Gemeinschaftsgefühl
   - hilft dabei, zur Ruhe zu kommen
   - gibt Sicherheit
   - führt in ein Thema ein
   - ...

3. Sollte die Ritual-Kerze bis jetzt immer von L angezündet worden sein, könnte dies im 4. Schuljahr in einer abgesprochenen Reihenfolge durch die Kinder erfolgen. Dazu wird eine Regel festgelegt, die ein Kind auf einen Bogen Papier schreibt.
   L überlegt mit den Kindern, warum diese Regel schriftlich festgehalten wird (Verbindlichkeit).
   Dies ist die Überleitung zu einem Gespräch über Regeln, die das Zusammenleben der Gruppe bestimmen. Bestehende alte werden nun wiederholt, deren Sinn besprochen, mögliche neue ebenfalls schriftlich festgehalten.

Tipp:

Wenn es ein Klassenposter mit Klassenregeln gibt, kann auch diskutiert werden, warum verschiedene Gruppen (Klassen) gleiche und unterschiedliche Regeln haben.

Baustein 2: Die Zehn Gebote

Unterrichtsmaterial:

- ▷ Tuch
- ▷ Ritual-Kerze
- ▷ Bibel
- ▷ Bauanleitung Erzählleiste **M 1.1**
- ▷ Wäscheklammern, Paketschnur
- ▷ Erzählelemente (von L vorbereitet) **M 1.2**
- ▷ Blätter, Stifte, Scheren, Klebstoff
- ▷ Kopiervorlage: „Die Zehn Gebote" **M 1.3**
- ▷ Lied: „Angebote zum Leben" (◎ I Track 2) **M 1.4**

Unterrichtsschritte:

1. In der mit Tuch und Ritual-Kerze geschmückten Mitte liegen die bei 5. Mose 5 aufgeschlagene Bibel und die laminierten Erzählelemente. **M 1.2**

2. Die Kinder stellen Vermutungen an. Die aufgeschlagene Bibel weist darauf hin, dass es in der Unterrichtseinheit um die Erarbeitung eines biblischen Textes geht. Mithilfe der Erzählelemente, die die Kinder mit Wäscheklammern an die Erzählleiste hängen, erinnern sie sich an Geschichten über Mose und das Volk Israel, die ihnen schon bekannt sind. **M 1.1**

3. L entfernt die Erzählfigur des Mose vom Dornbusch und hängt sie hinter die anderen Erzählelemente, um die Verknüpfung des heutigen Bibeltextes mit den anderen deutlich zu machen. Dann führt L in den Text 5. Mose 5,6-21 ein:

   Und als Mose das Volk Israel nach Gottes Willen aus Ägypten herausgeführt hatte, rief er das ganze Volk zusammen:

   „Der Herr, unser Gott, in dessen Namen ich euch aus der Sklaverei befreit habe, hat einen Bund mit uns geschlossen, mit uns, so wie wir heute hier zusammen sind und miteinander leben wollen.
   Er hat uns Gebote gegeben, die ihr hören, lernen und bewahren sollt."

   Anschließend werden die Gebote von den Kindern vorgelesen und besprochen.

4. Im Gespräch geht L noch einmal besonders auf folgende Punkte ein:
   - Diese Gebote sind Angebote für die Gestaltung des eigenen Lebens. Sie bringen Qualität in das eigene Leben.
   - Diese Gebote ermöglichen ein „geschwisterliches" Zusammenleben.

   In Alltagssprache formuliert heißt es verkürzt und gut merkbar:
   Was du nicht willst, das man dir tu, das füg auch keinem anderen zu.
   Die Kinder beziehen diesen Leitsatz auf die einzelnen Gebote, z. B.: „Ich will nicht, dass mir etwas gestohlen wird, daher stehle ich auch niemandem etwas."

5. Die Kinder arbeiten in Gruppen mit den Geboten:
   - Sie wählen das Gebot aus, das ihnen heute am wichtigsten ist.
   - Sie schneiden das Gebot aus und kleben es auf. **M 1.3**
   - Sie schreiben es in ihrer eigenen Sprache darunter und ergänzen es durch eine Begründung: *Wir denken, dass dieses Gebot wichtig ist, weil ...*

   oder:
   - Sie malen ein Bild und versehen die Personen mit Sprechblasen.

   Zusatzaufgabe:
   Kommt in einer Klassenregel eines der zehn Gebote vor?

6. Die Kinder stellen ihre Ergebnisse vor und hängen sie an die Erzählleiste.

7. Lied: „Angebote zum Leben" **M 1.4**

Bauanleitung Erzählleiste

M 1.1

Material:

Holzlatte
(mindestens 185 mm x 55 mm x 20 mm)
zwei Ringschrauben
Paketschnur

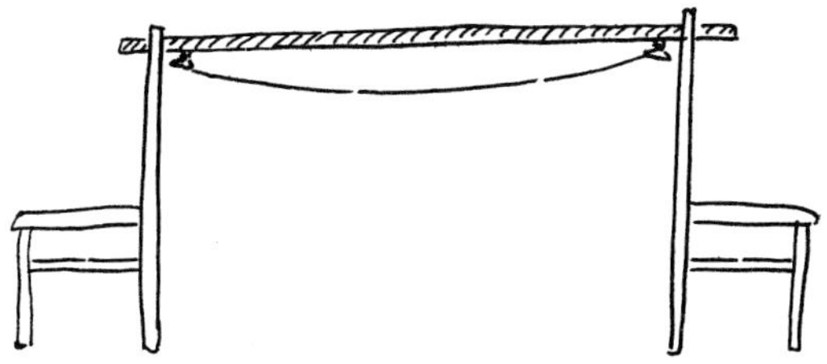

So geht's:

Die Ringschrauben an den beiden Enden in die Holzlatte schrauben, evtl. Löcher vorbohren. Die Paketschnur an den Schrauben befestigen. Die Erzählleiste kann über die aufgeklappte Tafel oder über zwei sich gegenüberstehende Stühle gelegt werden.

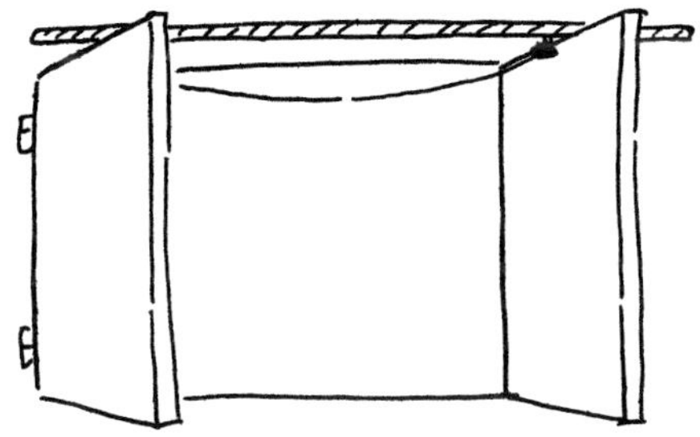

Erzählelemente (1)

M 1.2

Erzählelemente (2)

M 1.2

KOPIERVORLAGE

Die zehn Gebote

Das erste Gebot
Ich bin der HERR, dein Gott.
Du sollst nicht andere Götter haben neben mir.

Das zweite Gebot
Du sollst den Namen des HERRN, deines Gottes, nicht unnütz gebrauchen,
denn der HERR wird den nicht ungestraft lassen, der seinen Namen missbraucht.

Das dritte Gebot
Du sollst den Feiertag heiligen.

Das vierte Gebot
Du sollst deinen Vater und deine Mutter ehren, auf dass dir's wohl gehe und du lange lebest auf Erden.

Das fünfte Gebot
Du sollst nicht töten.

Das sechste Gebot
Du sollst nicht ehebrechen.

Das siebte Gebot
Du sollst nicht stehlen.

Das achte Gebot
Du sollst nicht falsch Zeugnis reden wider deinen Nächsten.

Das neunte Gebot
Du sollst nicht begehren deines Nächsten Haus.

Das zehnte Gebot
Du sollst nicht begehren deines Nächsten Weib, Knecht, Magd, Vieh, noch alles, was sein ist.

Angebote zum Leben

Text und Musik: Sebastian Schade I 1/2

2. Nah zu mir musst du dich halten,
kannst in Liebe mitgestalten,
wirst das haben, was du brauchst,
wirst das finden, was du suchst,
wirst nehmen, was nur dir gehört,
wirst tun, was niemanden zerstört,
denn bei mir gibt es für dich Leben,
und das will ich dir doch geben,
und noch viel mehr.

2 Nach Gott neu fragen

Thema: Martin Luthers Lebensgeschichte/Die Bibelübersetzung – Luther auf der Wartburg

Intention der Unterrichtsreihe

Martin Luthers Lebensgeschichte und seine Frage nach dem gnädigen Gott kennenlernen.

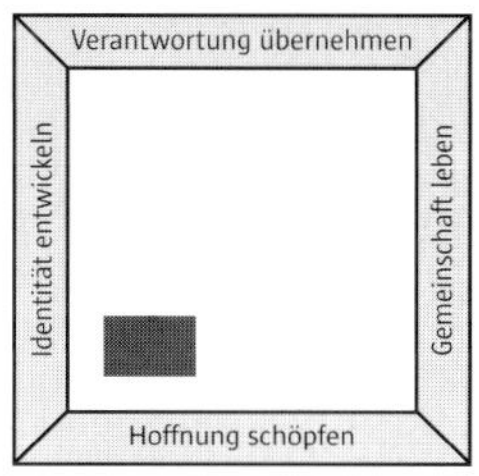

3–4 Std.

Theologisch-didaktischer Kommentar

*Manche Lehrer sind so grausam wie Henker.**
(Textkarte 3, M 2.5)

Über **seine Schulerlebnisse und seine Kindheit** berichtet Luther in seinen Tischreden ziemlich negativ. Aber wir wissen einfach zu wenig über die Verhältnisse an der Mansfelder Lateinschule, um ein objektives Bild zu bekommen. Fest steht: Viele Städte stellten zu dieser Zeit gut ausgebildete und humanistisch geschulte Lehrer an. Auch die Lehrer der Eisenacher Schule standen unter dem Einfluss des Humanismus. Das zeigt sich deutlich am wertschätzenden Umgang des Rektors Johannes Trebonius mit seinen Schülern. Tatsache ist aber auch, dass Schulstrafen eine große Rolle spielten. Das beweist z.B. ein Bild, auf dem ein Schüler eine Eselsmaske tragen muss, weil er statt des verlangten Lateins Deutsch gesprochen hatte. Die anderen Schüler riefen dann „Asinus" (= Esel). Andere Bilder zeigen, wie Schüler mit der Rute geschlagen werden. Luther berichtet, dass er einmal an einem Tag fünfzehn Mal die Rute zu spüren bekam.
Religionsunterricht gab es an den Schulen nicht.

*Das Mönchsgelübde habe ich nicht wegen des Bauches, sondern um meiner Seligkeit willen abgelegt.***
(Textkarte 5, M 2.7)

* Mayer 1982, S. 11
** a.a.O., S. 26

Nach dem **Gewittererlebnis von Stotternheim** (s. Textkarte 4, M 2.6) nahm Luther Kontakt mit dem Orden der Augustinereremiten auf, weil er von den in Erfurt vertretenen Orden der am wenigsten verweltlichte war. Die ersten Wochen verbrachte er im Gästehaus des Klosters, in dem dieselben Regeln wie im Kloster galten. Für die Eintrittswilligen war diese Zeit als eine erste Entscheidungshilfe gedacht. Luther wurde als Novize aufgenommen, erhielt eine geweihte Kutte und die Tonsur. Zuerst verrichtete er niedere Dienste, wie z. B. Küchenarbeit, Zellenputzen und gelegentliches Betteln. Im Kloster galt ein strikter Zeitplan mit sieben Gebetszeiten. Es gab zwei Mahlzeiten am Tag. Festgelegt waren die Sprech- und Schweigezeiten, in denen eine Zeichensprache der Verständigung diente. Einmal in der Woche wurde gebeichtet.
Nach dem Probejahr bekam Luther ein geweihtes Mönchsgewand und zog in eine eigene, sechs Quadratmeter große Zelle. Sie war mit Bett, Strohsack, Tisch, Stuhl und Leuchter ausgestattet. Eine Heizung war nicht vorhanden. Wer die Kälte nicht aushielt, ging in den Wärmeraum.

Obwohl die Zeitpläne der Klöster eine fast identische Struktur hatten, waren Abweichungen möglich.
Für den Unterricht wird wegen der übersichtlichen Struktur von folgenden Zeiten ausgegangen:

4.00 Uhr	Laudes (Gotteslob)
6.00 Uhr	Prim (Morgengebet)
9.00 Uhr	Terz (Stundengebet)
12.00 Uhr	Sext (Stundengebet)
15.00 Uhr	Non (Stundengebet)
18.00 Uhr	Vesper (Stundengebet)
21.00 Uhr	Komplet (Abendgebet)
24.00 Uhr	(Mitternachtsmette)

Sobald das Geld im Kasten klingt, die Seele aus dem Fegefeuer (in den Himmel) springt.
(Textkarte 7, M 2.9)

Ablass
Ablass ist das Erlassen von Kirchenstrafen und *keine* Sündenvergebung. Aber wer kannte sich in solchen Definitionsfeinheiten zwischen weltlichen und kirch-

lichen Strafen aus? Im Volksglauben galt die Gleichung: Ablass = Sündenerlass.
Den Gläubigen wurden die Sündenstrafen erlassen, wenn sie gebeichtet hatten und danach verdienstliche Werke nachweisen konnten. Aber was war ein verdienstliches Werk? Zum Beispiel die Teilnahme an einem Kreuzzug oder ein Beitrag zu seiner Finanzierung.
Der Ablass kam dem einfachen Rechtsempfinden entgegen, Strafen durch Geld zu kompensieren. Das berührte nicht nur das alltägliche Leben, denn damit war ja auch die Frage verbunden: Gibt es eine Endabrechnung und wie werde ich dann dastehen? Paradies oder Hölle, Form eines anderen Lebens oder Vernichtung, Verstoßung ins Nichts? Zum Glück war der endgültigen Entscheidung eine Wartezeit vorgeschaltet, das Purgatorium (= Reinigung und Läuterung) oder auch Fegefeuer genannt.
Der Aufenthalt im Purgatorium ist nicht angenehm: Die Erlösung ist zwar fast greifbar, aber die Frage ist: Wann oder überhaupt? Das macht das wirkliche Leiden im Fegefeuer aus.
Zum Glück konnte der Papst die Zeit bis zur endgültigen Entscheidung verkürzen. Das tat er, indem er den Schatz der überschüssigen guten Werke der Heiligen verteilte, über den er verfügen durfte. Die gab es nicht umsonst und es war ungewiss, wie viele es waren und wie lange sie reichten.
Also wurde über neue Formen des Ablasses nachgedacht: Pilgerreisen nach Rom oder zu anderen heiligen Orten mit der Möglichkeit, auch einen Ersatzmann zu schicken, Beiträge zur Finanzierung von Kirchbauten, fromme Stiftungen, Verehrung von Reliquien wie zum Beispiel Stroh aus der Krippe oder eine Brotkrume vom letzten Abendmahl in der Sammlung Friedrich des Weisen in Wittenberg. Der Eintritt war nicht frei, denn in den Erwerb der Reliquien war schließlich investiert worden.
Der Ablasshandel entwickelte sich zu einem wichtigen Faktor der Volkswirtschaft, denn der Papst erhielt nur den geringeren Teil, ca. 30 % der Einnahmen. Städte, geistliche und weltliche Fürsten rechneten mit dem Ablassprofit in ihren Etats. Damit wurden Straßen-, Brücken- und Deichbau, der persönliche Luxus, die Besoldung von Universitätslehrern, Bestechungsgelder und der Krieg gegen die Türken finanziert.
Das Ablassgeschäft expandierte, weil die Sehnsucht der Menschen, am Ende ihres Lebens gut dazustehen, unverändert blieb. Der Ablass war ja so etwas wie eine Versicherungspolice.
Luther befand sich in einer ähnlichen Situation wie die Ablasskäufer. Er wollte durch das, was er später seine Möncherei nannte, gut vor Gott dastehen. Doch dieser Weg führte in eine Sackgasse. Luther fand in dem sogenannten Turmerlebnis den Weg aus seiner Glaubenskrise, als er bei der Lektüre des Römerbriefs auf den Satz stieß: *Wer aus Glauben gerecht ist, wird das Leben haben* (Röm 1,17).* Die guten Werke sind zwar nützlich, aber ausschlaggebend ist der Glaube an die Liebe Gottes, die durch Jesus Christus sichtbar geworden ist. Diese neue Erkenntnis sowie Luthers Gefühle spiegeln sich in seinem Lied „Nun freut euch, lieben Christen g'mein"** wider. In den Strophen finden sich folgende Aussagen:

Dem Teufel ich gefangen lag, im Tod war ich verloren,
mein Sünd mich quälte Tag und Nacht. (Strophe 2)

Mein guten Werk, die galten nicht ...
... die Angst mich zu verzweifeln trieb ...
... zur Höllen musst ich sinken. (Strophe 3)

Da jammert Gott ... mein Elend.
Er dacht an sein Barmherzigkeit,
er wollt mir helfen lassen. (Strophe 3)

Er sprach zu seinem lieben Sohn:
„... hilf ihm aus der Sünden Not ..." (Strophe 5)

Er (Jesus) sprach zu mir: „Halt dich an mich, ...
ich geb mich selber ganz für dich ..." (Strophe 7)

... das leid ich alles dir zugut, ...
das halt mit festem Glauben.
... mein Unschuld trägt die Sünde dein,
da bist du selig worden. (Strophe 8)

*Du kannst gewiß sein, dass ich nichts widerrufen werde.****

(Textkarte 9, M 2.11)
Reichstag in Worms 1521

Der Spanier, Kaiser Karl V. (1500–1558), rühmte sich, dass in seinem Reich die Sonne nicht untergehe. Zu seinem Reich gehörten große Teile Westeuropas und die spanischen Kolonien in Mittel- und Südamerika. Der Reichstag war ein Gipfeltreffen der politischen Kräfte Europas.
Und alles spielte sich in Worms ab, einer Stadt mit 7000 Einwohnern, die 10.000 Personen während des Reichstags unterbringen musste: Fürsten mit ihrem Tross und ihren Beratern, ausländische Diplomaten und Delegationen, Soldaten, Geistliche, Händler, reisende Prostituierte, Neugierige etc. Für die Unterbringung der Gäste waren Behelfsbauten errichtet wor-

* Wilckens 1970, S. 499
** Evangelisches Gesangbuch, Lied Nr. 341
*** Mayer 1982, S. 91

den, die Beratungen fanden in städtischen Gebäuden und im Palast des Erzbischofs statt. Die hygienischen Verhältnisse waren unzureichend, die Preise und die Kriminalität stiegen.
Auf dem Reichstag erhoffte Karl V. die Unterstützung der deutschen Fürsten für seinen Feldzug gegen den französischen König Franz I., dem er Oberitalien abnehmen wollte. Dazu brauchte er Geld. Das hatte er aber nicht, da er bei den international operierenden Bankhäusern der Fugger und Welser hoch verschuldet war. Die Zustimmung der Fürsten zu seiner Wahl hatte 851.819 Gulden gekostet. Karl V. stand unter Druck: Die Türken rückten auf Belgrad vor, in Spanien hatten sich die Städte gegen den Adel erhoben, es herrschte Bürgerkrieg, und die deutschen Fürsten wollten ihre Mitwirkung bei der Steuerfestsetzung, Gesetzgebung und dem Abschluss von politischen Verträgen bestätigt sehen. Das wollte Karl V. verhindern und die Fürsten wussten es.
Und dann musste da noch eine „querelle allemande“, wie Karl V. sie nannte, eine deutsche Zänkerei um einen aufmüpfigen Mönch aus Wittenberg verhandelt werden.
Ungeplant wurde Luther zu einem wichtigen Thema des Reichstags. Ein geistliches Thema hatte sich in sehr weltliche Beratungen eingeschlichen.
Am Ende verhängte Karl V. die Reichsacht über Luther: Niemand sollte ihn aufnehmen, ihn mit Essen und Trinken versorgen, ihn mit Wort oder Tat unterstützen, sondern ihn den kaiserlichen Behörden ausliefern. Seine Schriften sollten zensiert werden, aber kaum jemand kümmerte sich darum.
Da Luther freies Geleit für die Rückreise zugesichert war, wurde er vom Reichsherold Kaspar Sturm bis nach Friedberg (Hessen) begleitet.
Ein Reichsherold war kein einfacher Begleitoffizier. Er war für das Hofzeremoniell und die Turniere verantwortlich, er führte die Chroniken und Wappenbücher, er verkündigte offiziell die kaiserlichen Entscheidungen. Entgegen dem Befehl Karls V. erlaubte er Luther, auf der Rückreise zu predigen. Der päpstliche Gesandte Hieronymus Aleander hatte gleich bemängelt, dass Luther von einem Sympathisanten begleitet wurde.

*Ich würde lieber auf glühenden Kohlen brennen, als hier zu verfaulen.**
(Textkarte 1, M 2.3)

Auf der Wartburg

„So ist denn der ehrwürdige Schurke gestern drei Stunden vor Mittag mit zwei Wagen abgereist, nachdem er sich eigenhändig ... viele Brotschnitten geröstet hatte.“ So schrieb später der Gesandte des Papstes Aleander über Luther.** Kurfürst Friedrich, der Luther auf dem Reichstag das einzige Mal persönlich sah, hatte für ihn eine Art Sicherheitsverwahrung angeordnet. Die Durchführung des Plans überließ er seinen Räten. Er wollte auch nicht wissen, wohin sie Luther bringen ließen. Als bekannt wurde, dass Luther entführt worden sei, konnte er vor dem Reichstag mit reinem Gewissen sagen, Luthers Aufenthaltsort sei ihm nicht bekannt. Natürlich vermutete man, dass er die Hand im Spiele habe. Luther war über den Plan informiert worden, aber er kannte weder Zeit noch Ort der „Entführung.“ Sein Verschwinden löste eine Vielzahl von Gerüchten aus: Er sei im Auftrag des Vatikan ermordet und in einer Silbermine gefunden worden. Darüber hinaus wurden verschiedene Entführer und Aufenthaltsorte genannt. Das konnte den kurfürstlichen Räten nur Recht sein. Öffentlich wurde Luther zum letzten Mal in dem Dorf Möhra gesehen, wo er Verwandte besuchte. Der fingierte Überfall fand am 4. Mai 1521 statt. Nach einer Zickzackfahrt traf Luther gegen 23.00 Uhr auf der Wartburg ein.
Luther sollte sich erst wieder zeigen, wenn sich die Situation beruhigt hatte.

Die Grundidee der Unterrichtseinheit ist, dass jedes Kind in einem Schnellhefter ein **Infobuch** zum Leben und Wirken von Martin Luther erstellt. Der geschichtliche Ausgangspunkt ist die Zeit, als Martin Luther sich auf der Wartburg befand. Wichtige Stationen seines Lebens werden unter Berücksichtigung der Frage „Warum bin ich hierhergekommen?“ im Rückblick aufgerollt. Die Auswahl wurde durch den Schwerpunkt „Nach Gott neu fragen“ bestimmt. Sollten die Kinder mehr Informationen über Martin Luther haben wollen, so können diese von L bei der Anfertigung der Zeitleiste (s. S. 24) ergänzt werden.

Die **Arbeitskarten** sind ein zusätzliches Angebot zu den **Textkarten**. Sie enthalten Informationen, bieten Anknüpfungspunkte an Erfahrungen der Kinder, zeigen Parallelen zu ihrer Lebenswirklichkeit und fordern zu individuellen Stellungnahmen auf.

Je nach Leistungsvermögen der Lerngruppe muss L entscheiden, ob und wie in Gruppen gearbeitet wird, welche Aufgaben differenziert eingesetzt werden und wie das Erarbeitete allen Kindern zur Verfügung gestellt wird.
Es empfiehlt sich, bearbeitete Arbeitsblätter und gesammelte Informationen in dem oben genannten Schnellhefter aufzubewahren und am Ende der Unterrichtseinheit mithilfe der Zeitleiste zu ordnen. Die Ord-

* Bainton 1952, S. 165
** Junghans, S. 123

ner dienen einer zusammenfassenden Präsentation. Naheliegend ist es, diese Unterrichtseinheit im 4. Schuljahr fächerübergreifend mit der Zeit der Ritter (Mittelalter) zu verknüpfen.

Bausteine der Unterrichtsreihe

Baustein 1: Infobuch zum Leben Martin Luthers

Unterrichtsmaterial:

- pro Schüler einen Schnellhefter DIN A4
- Folie von Material: „Wartburg, Lutherstube" (Folie 1) **M 2.1**
- Textkarten 1–9 in mehrfacher Ausfertigung **M 2.3–2.11**
- Arbeitskarten 1–4 in mehrfacher Ausfertigung **M 2.12–M 2.15**
- Arbeitsblatt: „Steckbrief" **M 2.2**
- Arbeitsblatt: „Bilder zu Martin Luther" **M 2.16**
- Schreibblätter, Stifte
- Tapetenrolle mit vorbereiteter Zeitleiste (1480–1560 in Zehner- und Einerschritten)

Unterrichtsschritte:

1. L zeigt den Kindern die Folie „Wartburg, Lutherstube" und wartet Reaktionen ab. **M 2.1**
   Dann folgt die Lehrererzählung „Auf der Wartburg" (Textkarte 1). **M 2.3**

2. L teilt den Steckbrief von Martin Luther aus. **M 2.2**
   Die Kinder lesen den Text und finden den gesuchten Namen heraus. Anschließend informiert L die Kinder darüber, dass Martin Luther in der Geschichte unserer Kirche eine besondere Rolle gespielt hat. Eventuell wissen die Kinder schon etwas über ihn und äußern sich dazu. L informiert die Kinder über die Anfertigung eines Infobuches und einer Zeitleiste.

3. L heftet die vorbereitete Zeitleiste an die Tafel (oder an eine Seitenwand, wo sie hängen bleiben kann). Bei 1521/22 wird „M. Luther auf der Wartburg" eingetragen.

4. Die Kinder beschriften ihren Schnellhefter: Infobuch zum Leben Martin Luthers. Sie heften das erste Arbeitsblatt ein, kleben das Bild von Martin Luther auf und ergänzen seinen Namen. **M 2.2/M 2.16**

5. Sie bearbeiten die erste Textkarte und fertigen die erste Seite des Infobuches „Auf der Wartburg" an. Die Kinder suchen vom Arbeitsblatt „Bilder von Martin Luther" das dazu passende Bild (Junker Jörg) heraus, schneiden es aus und kleben es auf die Seite des Infobuches. **M 2.16**

6. In den nächsten Unterrichtsstunden arbeiten die Kinder in Einzel-, Partner- oder Gruppenarbeit mit den Textkarten (**M 2.3–M 2.11**). Sie schreiben jeweils einen sich auf die Fragestellungen beziehenden Text und kleben das entsprechende Bild auf die Seite. **M 2.16**
   Ergänzend werden die Arbeitskarten bearbeitet. **M 2.12–M 2.15**

7. Die Kinder sortieren die Seiten des Infobuches mithilfe der Zeitleiste chronologisch. Sie stellen ihre Mappen vor. Das abschließende Gespräch geht noch einmal besonders auf die Fragen ein:

   - Warum ist Martin Luther auf die Wartburg gekommen?
   - Welche Frage hat ihn sein Leben lang beschäftigt?
   - Welche Botschaft wollte Martin Luther den Menschen mitteilen?

   Die Antworten können als Zusammenfassung unter die Zeitleiste geschrieben werden.
   An dieser Stelle kann das Lied „Du bist ein Licht"* gesungen werden.

* Bd. 2, S. 138

Wartburg, Lutherstube

M 2.1

(Folie 1)

KOPIERVORLAGE

Steckbrief – 1. Seite des Infobuches

M 2.2

Ich bin ein Mensch, der vielen seiner Mitmenschen Rätsel aufgegeben hat.
Und so habe ich meinen Namen auch rätselhaft versteckt.
Setze die dick gedruckten Buchstaben hintereinander und du weißt, wer ich bin.

Ich bin vor ungefähr 500 Jahren, am 10. November 1483, in Eisleben geboren.
Meine Eltern zogen kurz nach der Geburt mit mir nach Mansfeld.
Mein Vater ***a***rbeitete in einem Kupferbergwerk. Meine Mutte***r*** war eine vielbeschäftig***t***e Hausfrau. Ich durfte ***i***n die Schule gehen, was zu der Zeit nicht selbstverstä***n***dlich war.
Mein Lieblingsfach in der Schule war ***L***atein. Das sollte mir später z***u***gutekommen.
Wie die anderen Gelehrten konnte ich alles lesen und überse***t***zen.
Und ich verstand es besser als sie. Das na***h***men sie mir übel.
Ich führt***e*** ein aufregendes Leben, denn ich wurde verfolgt und ve***r***urteilt.
Nun weißt du, wer ich bin:

____

Klebe mein Bild in den Rahmen.

KOPIERVORLAGE

Textkarte 1

M 2.3

Auf der Wartburg

Ist die Stiege (Klapptreppe) hochgezogen?
Dann ist ja alles in Ordnung.
Im Augenblick muss ich noch sehr vorsichtig sein.
Seit wenigen Tagen sitze ich nun hier auf der Wartburg.
Wie ich hierhergekommen bin?
Ich befand mich auf dem Rückweg von Worms. Dort bin ich auf dem Reichstag vor dem Kaiser, den Bischöfen und Fürsten verhört und verurteilt worden. Niemand darf mich deshalb in seinem Haus aufnehmen, mir etwas zu essen oder zu trinken geben und mir helfen. Jeder kann mich gefangen nehmen und an den Kaiser ausliefern. Meine Schriften sind verboten. Für die Rückfahrt hatte ich freies Geleit.
Am **4. Mai 1521** wurde unser Reisewagen von Bewaffneten überfallen. Zum Glück wusste ich von diesem Plan. Sonst wäre ich vor Angst gestorben. Nach vielen Umwegen wurde ich kurz vor Mitternacht auf die Wartburg gebracht. Und nun lebe ich hier in ungewohnter Ritterkleidung, lasse mir die Haare und einen Bart wachsen. Ab jetzt heiße ich nicht mehr Martin Luther, sondern nenne mich Junker Jörg.
Draußen soll ich mich so wenig wie möglich sehen lassen. Zwar ist bekannt, dass ein Gast auf der Burg eingetroffen ist, aber nur der Burghauptmann und ein paar Eingeweihte wissen, dass ich es bin.
Ich habe eine Stube und eine Schlafkammer. Zweimal am Tag bringen mir zwei Edelknaben etwas zu essen.
Obwohl ich in Sicherheit bin, fühle ich mich nicht wohl. Ich schlafe schlecht, habe zu wenig Bewegung und bin ruhelos. Manchmal muss ich mit auf die Jagd gehen. Aber das gefällt mir nicht. Ich bin eben kein Ritter.
Ich weiß nicht, wie lange ich hier bleiben muss. Oft beschäftigt mich die Frage: Warum bin ich bloß hierhergekommen?
Ich beginne mit dem Schreiben.

Dies sind die Infos für die erste Seite des Infobuches zum Leben Martin Luthers.
Wenn du deinen Text schreibst, gehe besonders auf folgende Fragen ein:
- Wo ist Martin Luther?
- Wie fühlt er sich?
- Womit beschäftigt er sich?

Klebe das passende Bild dazu!

Textkarte 2

M 2.4

Die Übersetzung des Neuen Testaments (NT)

Inzwischen haben ein paar gute Freunde aus Wittenberg erfahren, dass ich nicht tot bin. Kurz vor Weihnachten baten sie mich, das Neue Testament in die deutsche Sprache zu übersetzen. Es gibt schon ein paar Übersetzungen. Aber ihre Sprache ist viel zu langweilig und schwerfällig. Ohne lange darüber nachzudenken, machte ich mich an die Arbeit. Die Idee ist gut. Jeder soll lesen können, was wirklich in der Bibel steht. Leider hatte ich kaum Hilfsmittel: ein griechisches Neues Testament, eine lateinische Übersetzung und leider kein griechisches Wörterbuch.
Manchmal, wenn ich am Arbeitstisch saß, fehlte mir für ein griechisches Wort der richtige deutsche Ausdruck. Dann wieder klang ein Satz wie ein Papiersatz und überhaupt nicht wie lebendige Sprache. Deshalb musste ich runter nach Eisenach. Auf dem Markt und auf den Straßen schaute ich den Leuten aufs Maul. Ich merkte mir genau, wie sie reden und welche Wörter sie benutzen. Dann ging es wieder rauf auf die Wartburg und an den Schreibtisch. Jeden Tag übersetzte ich ungefähr zehn Seiten. Das war harte Arbeit ohne Hilfsmittel.
Einmal musste ich unbedingt in ein Kloster, um mir Bücher auszuleihen. Mein Begleiter war wütend, als ich sie ihm zeigte: „Bist du sicher, dass dich niemand erkannt hat? Du hast mit deinem Leben gespielt. Ein Ritter kann nämlich normalerweise nicht lesen. Und eigentlich wissen das die Mönche.“
Mitte Februar war die Arbeit dann geschafft. Ich war erschöpft, aber glücklich. Nur sechs Monate später, im **September 1521**, erschien das erste von mir übersetzte Neue Testament. Dank der Druckpressen war es auch nicht zu teuer. Es kostete anderthalb Gulden. Natürlich wusste ich, dass es sich nicht jeder leisten kann. Eine Dienstmagd verdient ja nur eineinhalb und ein Lehrer nur dreidreiviertel Gulden im ganzen Jahr. Trotzdem wurden die 5000 Exemplare im Nu verkauft. Im Dezember wird schon die nächste Auflage gedruckt. Es freut mich und es ist mir wichtig, dass bald viele Menschen das Evangelium, das helle Gotteswort, lesen können. Und irgendwann werde ich auch mit dem Alten Testament beginnen. Aber nicht allein.

Dies sind die Infos für die zweite Seite des Infobuches zum Leben Martin Luthers. Wenn du deinen Text schreibst, gehe besonders auf folgende Fragen ein:
- Wo ist Martin Luther?
- Welche Gefühle hat er bei seiner Arbeit?
- Womit beschäftigt er sich?
- Wieso ist Martin Luther seine Arbeit so wichtig?

Klebe das passende Bild dazu!

Textkarte 3

M 2.5

Martin Luthers Kindheit und Schulzeit

In Eisleben bin ich am **10. November 1483** geboren, aber in Mansfeld habe ich Laufen gelernt. Mein Vater hat hier im Kupferbergbau gearbeitet. Mit fünf Jahren bin ich in die Schule gekommen. Die Schule lag neben der Kirche auf einem Hügel in der Ortsmitte. Neun Jahre lang bin ich auf die Lateinschule in Mansfeld gegangen. Und was habe ich gelernt? Lesen und Schreiben, Singen und Beten, ein wenig Rechnen und Latein, Latein, Latein. Latein konnte ich später genauso gut wie meine Muttersprache.
Dann schickte mich mein Vater nach Eisenach, wo ich in einer Familie untergebracht war. Hier gefiel mir die Schule viel besser als in Mansfeld. Ich merkte, dass Latein ein wirklich wichtiges Fach ist. Latein war die Sprache der Gelehrten, der Ärzte, der Rechtsgelehrten, der Kirchenleute und der in den Stadtverwaltungen arbeitenden. Wer etwas werden wollte, musste gut Latein können. Und mein Vater wollte, dass aus mir etwas wurde. Ich sollte Karriere machen. Ich sollte einmal Rechtswissenschaft studieren. Es ist ihm bestimmt nicht leichtgefallen, so viele Jahre das Schulgeld für mich aufzubringen.
1501 bestand ich die Magisterprüfung und sollte dann in Erfurt studieren.
Was fällt mir ein, wenn ich an meine Lehrer denke? In Mansfeld habe ich einige Lehrer gehasst, weil sie mich geschlagen haben. Einmal bekam ich es mit der Rute, weil ich etwas nicht wusste. Dabei hatten wir es noch gar nicht durchgenommen. Andere Lehrer habe ich sehr gerngehabt, weil sie wirklich Ahnung hatten und mir etwas beigebracht haben. Gern denke ich an unseren Rektor Johannes Trebonius in Eisenach zurück. Immer, wenn er die Klasse betrat, zog er vor uns Schülern das Barett, legte es auf den Tisch und verbeugte sich. Beim ersten Mal waren wir sehr erstaunt und wussten nicht, was das bedeuten sollte. Einmal sagte er: Unter diesen Schülern sitzen vielleicht einige, aus denen Gott ehrliche Bürgermeister, Kanzler, Doktoren oder Regenten machen kann. Wer das sein wird, weiß ich natürlich nicht. Deshalb ehre ich euch alle.
Wenn ich auf meine Schulzeit zurückschaue, dann bedaure ich, dass ich nie richtig gelernt habe, mit Zahlen umzugehen. Wir mussten viel auswendig lernen, unser Gedächtnis wurde geschult. Viel Wissen im Kopf bereit zu haben, ist ja nicht schlecht. Aber das eigene Nachdenken sollte auch nicht zu kurz kommen.

Dies sind die Infos für die dritte Seite des Infobuches zum Leben Martin Luthers. Wenn du deinen Text schreibst, gehe besonders auf folgende Fragen ein:
- Wo ist Martin Luther?
- Womit beschäftigt er sich in der Schule?
- Wie fühlt er sich?
- Was war in seiner Schulzeit besonders wichtig?

Klebe das passende Bild dazu!

Textkarte 4

M 2.6

Die Veränderung

An den **2. Juli 1505** erinnere ich mich ganz genau. Im Mai hatte ich in Erfurt mit dem Studium der Rechtswissenschaft begonnen. Die Zukunft lag klar vor mir. War ich glücklich? Ich wusste es nicht.
Ende Juni besuchte ich meine Eltern in Mansfeld. Mein Vater war stolz auf mich. Nach ein paar Tagen wanderte ich wieder zurück. Erfurt war nicht mehr weit. Vielleicht noch eine Stunde. Der Himmel war unruhig und dunkle Gewitterwolken zogen auf. Ich lief schnell weiter.
In der Nähe fuhr ein Blitz in die Erde. Ich stürzte zu Boden und voller Angst rief ich: „Hilf du, Sankt Anna, ich will ein Mönch werden." Der Blitz hat mitten in mein Leben eingeschlagen und es auf den Kopf gestellt.
Ich wusste, es würde nun Ärger mit meinem Vater geben. Zu Hause hatte er gesagt: „Sieh zu, dass du schnell mit dem Studium fertig wirst und heiratest. Ich weiß eine Frau, die gut zu dir passen würde." Als ich meinen Eltern den Entschluss mitteilte, ins Kloster zu gehen, war mein Vater enttäuscht und wütend: „Das ist doch alles nur Einbildung!" Ich aber hatte der Schutzheiligen der Bergleute ein Versprechen gegeben. Und mein Vater war Bergmann.
Freunde versuchten, mir den Gang ins Kloster auszureden. Ich feierte mit ihnen ein Abschiedsfest und sagte ihnen zum Schluss: „Ich halte mein Versprechen, ihr seht mich nicht wieder."

Dies sind die Infos für die vierte Seite des Infobuches zum Leben Martin Luthers. Wenn du deinen Text schreibst, gehe besonders auf folgende Fragen ein:
- Wo ist Martin Luther?
- Wie fühlt er sich?
- Welche Veränderung geschieht in seinem Leben?

Klebe das passende Bild dazu!

Textkarte 5

M 2.7

Das Klosterleben

Zwei Wochen später, am **17. Juni 1505**, trat ich in den Augustinerorden ein. Im Kloster wollte ich den freundlichen und milden Gott erleben. Vor mir lag die einjährige Probezeit. Ich zog die schwarze Kutte an. Damit zog ich zugleich ein neues Leben an.
Ich tat alles, was von einem frommen Mönch erwartet wurde: Ich half in der Küche, musste ab und zu betteln gehen, lachte nicht, schwieg die meiste Zeit, ging mit gesenktem Kopf und verrichtete alle Gebete. Ich hielt mich wirklich an alle Regeln, die ich jetzt nicht aufzählen will. Gleichzeitig hatte ich das Gefühl, dass das alles nicht reichte, damit Gott mich freundlich ansah. Ich hatte eher den Eindruck, dass weder mein Vater draußen noch Gott hier drinnen etwas mit mir anfangen konnten. Mochte mich Gott nicht, weil ich nicht gut genug war? Ich ging oft beichten, weil ich so verzweifelt war. Mein Beichtvater sagte mir einmal: „Hör auf, dich schlechter zu machen als du bist. Das ist doch alles nicht so schlimm. Was du mir beichtest, sind doch nur Puppensünden." Das waren meine dunklen Stunden im Kloster.
Etwas Gutes hatte das Kloster aber doch. Weil ich die lateinische Sprache beherrschte, durfte ich die lateinische Bibel lesen. Nur wenigen war das erlaubt. Ich hatte viel Freude daran und konnte gar nicht damit aufhören. Ich fing an, die Bibel richtig zu entdecken. Das waren meine hellen Stunden.
Nach einem Jahr wurde ich zum Priester geweiht.

Dies sind die Infos für die fünfte Seite des Infobuches zum Leben Martin Luthers. Wenn du deinen Text schreibst, gehe besonders auf folgende Fragen ein:
- Wo ist Martin Luther?
- Wie fühlt er sich?
- Was macht Martin Luther?
- Welche Gedanken über Gott hat er?

Klebe das passende Bild dazu!

Textkarte 6

M 2.8

Zweifel

Es hat ziemlich lange gedauert, bis mir klar wurde, was ich wirklich im Kloster gesucht habe. Ich wollte Gott zeigen, wie gut ich bin. Dafür habe ich Opfer gebracht. Ich habe auf Eigentum, eine Karriere als Rechtsgelehrter und auf das Glück mit einer Frau verzichtet. Ich betete ohne Pause, sammelte Almosen, hielt alle Regeln und so weiter. Ich wollte ein perfekter Mönch sein.
Oft führte ich Gespräche mit Gott. Ich fragte mich:
Was hast du in dieser langen Klosterzeit erreicht? Nichts.
Ich hatte eigentlich erwartet, dass Gott einmal zu mir sagt: „Gut so, Martin! Du bist auf dem richtigen Weg. Mach weiter so."
Aber er hat mir kein Zeichen der Ermutigung geschickt. Er schweigt.

Gott: Martin, was du versucht hast, ist nicht schlecht. Aber was willst du damit erreichen?
Luther: Ich will nicht als Sünder und als Niete vor dir stehen. Ich habe gelernt, dass du die Menschen bestrafst, die es nicht schaffen gut zu sein. Sie dürfen keine Fehler machen und müssen alle Gebote und Regeln befolgen.
Gott: Und das glaubst du? Wer hat dir das erzählt?
Luther: Stimmt es etwa nicht, was die Bischöfe und Priester sagen? Habe ich mich die ganzen Jahre umsonst kaputtgemacht? Immer habe ich mich gefragt: Mache ich alles richtig? Werde ich dir gefallen? Wirst du mich wie ein strenger Richter bestrafen? Ich bin fast verrückt geworden vor Angst. Ich habe gebetet, aber du hast nicht geantwortet. Ich trete auf der Stelle und komme dir keinen Schritt näher.
Gott: Martin, du brauchst nichts für mich zu tun. Und ich werde dich auch nicht bestrafen. Jetzt staunst du! Total gut sein, das kann kein Mensch. Meinst du, ich weiß das nicht? Du bist mit Geboten, Regeln und guten Taten hinter mir hergelaufen und wolltest mich einholen. Und weil du es nicht geschafft hast, hast du zu dir gesagt: Ich bin ein Versager. Ich mache dir einen Vorschlag: Du läufst nicht mehr hinter mir her, und ich komme dir entgegen. Glaub an deinen Gott, der zu dir kommt. Ich bin der Gott, der dich so liebt, wie du bist. Ich bin der Gott, der dich liebt wie ein Vater seinen Sohn und sich um dich sorgt wie ein Hirte um seine Herde.

Dies sind die Infos für die sechste Seite des Infobuches zum Leben Martin Luthers. Wenn du deinen Text schreibst, gehe besonders auf folgende Fragen ein:

- Wo ist Martin Luther?
- Wie fühlt er sich?
- Welche Gedanken über Gott hat er?
- Worauf wartet er?
- Welches Bild bietet Gott ihm im Gespräch an?

Klebe das passende Bild dazu!

Textkarte 7

M 2.9

Ablasshandel

Seit **1512** bin ich Professor an der Universität in Wittenberg. Mit nur 2000 Einwohnern ist die Stadt nicht groß. Ich unterrichte die Studenten und natürlich halte ich auch die Messe und predige.
Ich kenne die Menschen in der Stadt und als Priester mache ich mir Sorgen um sie. Eines Tages kommt da ein Ablasshändler in die Stadt. Viele rennen hin und hören ihm zu.
Was der Ablassprediger sagt, ist ziemlich einfach: „Habt ihr euch schon mal überlegt, was mit euch, mit euren Seelen, nach dem Tod geschieht? Nein? Dann will ich es euch sagen. Jeder von euch muss ins Fegefeuer, damit eure armen Seelen gereinigt werden. Keiner kommt daran vorbei. Wie lange eure armen Seelen dort bleiben, kann niemand voraussagen.
Dahinten hat eben ein ganz Schlauer gesagt: ‚Ich tue doch nichts Böses. Also komme ich nicht ins Fegefeuer.' Ich sage dir, hier vor mir steht kein Mensch ohne Sünde. Merkt euch das!
Also, was wollt ihr, das Fegefeuer oder den Himmel? Wer nichts gegen die Zeit im Fegefeuer tut, kommt in die Hölle und kehrt nie zurück.
Egal, was ihr getan habt, gestohlen, betrogen, krumme Geschäfte gemacht, geschlagen, Häuser angezündet und so weiter und so weiter. Es gibt so viele schlechte Taten. Aber ich kann eure Zeit im Fegefeuer verkürzen. Deshalb kauft jetzt einen Ablass. Morgen kann es zu spät sein. Das Fegefeuer ist kein angenehmes Vorzimmer zum Himmel.
Ihr wisst, jede Tat hat ihren Preis. Ihr könnt zu mir kommen. Ich werde euch den Ablasspreis ausrechnen. Für Leute, die lesen und rechnen können, hängt hier auch eine Tabelle.
Wer bezahlt hat, bekommt dann einen Ablassbrief von mir. Den bewahrt gut auf. Kommt, erleichtert eure Herzen, damit eure armen Seelen nicht in der Hölle brennen müssen."
Und was antwortet der Ablassprediger auf die Frage:
„Was ist, wenn jemand arm ist und sich keinen Ablass kaufen kann?"
„Dann muss er eben jemanden finden, der ihm den Ablass bezahlt."
„Und wenn er niemanden kennt, der das für ihn tut?"
Der Ablassprediger tat so, als hätte er die letzte Frage nicht gehört.

Dies sind die Infos für die siebte Seite des Infobuches zum Leben Martin Luthers.
Wenn du deinen Text schreibst, gehe besonders auf folgende Fragen ein:

– Wo ist Martin Luther?
– Wie fühlt er sich?
– Was hört er von dem Ablasshändler?
– Welches Gottesbild verbreitet der Ablasshändler?

Klebe das passende Bild dazu!

Textkarte 8

M 2.10

Martin Luthers Gottesbild

Sobald das Geld im Kasten klingt, die Seele aus dem Fegefeuer springt.

Wenn ich die Worte des Ablasshändlers höre, wird mir einfach schlecht. Vom Ablass steht nichts in der Bibel, das Wort Fegefeuer habe ich dort auch nicht gefunden. Ist das nicht merkwürdig?
Für mich gilt nur die Bibel. Vergebung kann sich keiner kaufen. In der Bibel wird aber von Reue und Umkehr erzählt. Und nicht nur an einer Stelle. Jedem, der von Herzen bereut, dem vergibt Gott. Er will kein Geld dafür. Gott ist gnädig und kein Geldeintreiber.
Das habe ich auch laut in der Kirche gepredigt. Gott schaut nicht auf eure Ablassbriefe. Jesus interessiert sich auch nicht dafür. Er will, dass ihr über euch und eure Taten nachdenkt und umkehrt, wie z.B. Zachäus.

Manchen Leuten hat das nicht gefallen.
Das bestärkt mich nur, meine Gedanken zum Ablass aufzuschreiben.

Dies sind die Infos für die achte Seite des Infobuches zum Leben Martin Luthers.
Wenn du deinen Text schreibst, gehe besonders auf folgende Fragen ein:
- Wo ist Martin Luther?
- Wie fühlt er sich?
- Was sind seine Gedanken zum Ablass?
- Welches Gottesbild ist für Martin Luther wichtig?

Du kannst auch Textkarte 7 zu Hilfe nehmen.

Klebe das passende Bild dazu!

Textkarte 9

M 2.11

Reichstag in Worms

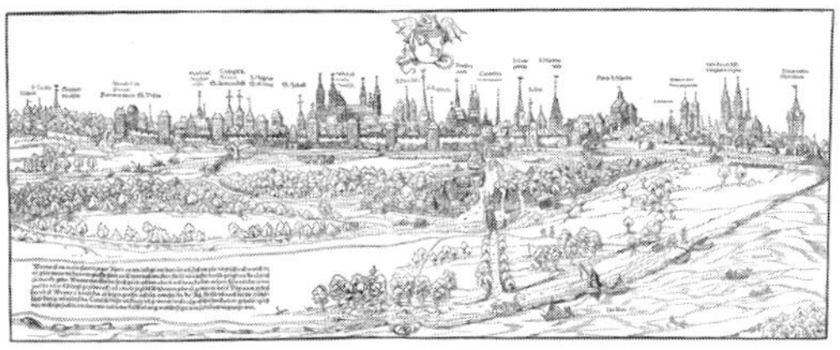

Im April 1521 reiste ich in einem offenen Wagen über Frankfurt nach Worms zum Reichstag. Ich sollte verhört werden, weil ich gegen den Ablass gepredigt und geschrieben hatte. Der Kaiser aus Spanien, die Bischöfe, die Fürsten, die Vertreter der großen Städte mit ihren Beratern waren schon längst da. Sie hatten viel zu beraten. Meine Angelegenheit war für sie eigentlich eine kleine Sache. Ich war doch nur ein einfacher Mönch aus Wittenberg.
Unterwegs fühlte ich mich krank. Viele Leute rieten mir, wieder umzukehren: „Das stehst du nicht durch. Sie werden dich umbringen!"
Bei meiner Ankunft am **16. April 1521** war ein unbeschreibliches Gedränge auf den Straßen. Alle wollten den Mönch Martin Luther sehen und mit ihm sprechen. Ich wohnte in der Herberge der Johanniter.
Schon am nächsten Tag sollte ich vor dem Kaiser erscheinen. Am späten Nachmittag wurde ich abgeholt und zum Palast des Bischofs gebracht.
Meine Schriften lagen auf einer Bank.
Ich wurde gefragt: „Hast du alle diese Bücher geschrieben?
Stehst du zu dem, was du geschrieben hast oder willst du etwas davon widerrufen?"
Ich wollte schon antworten, als mein Berater Schurff laut rief: „Erst müssen die Titel vorgelesen werden!" Er hatte Angst, dass sie mich hereinlegen wollten.
Die Titel wurden laut vorgelesen. Es waren die Bücher, die ich geschrieben hatte.
Ich antwortete: „Die vorgelesenen Titel sind meine Bücher. Für die Antwort auf die Frage, ob ich etwas widerrufen will, erbitte ich Bedenkzeit."
Am nächsten Tag sollte ich wieder vor dem Reichstag erscheinen.
Und ich wollte gut vorbereitet sein. Was ich sagen würde, schrieb ich mir auf.
Ich wurde in einen viel größeren Saal geführt als gestern.
„Allergnädigster Kaiser, gnädige Kurfürsten, Fürsten und Herren! Die Bücher, die gestern vorgelegt wurden, sind von mir. Es steht nichts Unrechtes in ihnen.
In einigen Büchern schreibe ich gegen den Ablass. Wenn mir jemand beweisen kann, dass es gegen die Bibel spricht, werde ich es ändern. Sonst aber nicht. Gott helfe mir. Amen."
Niemand konnte mir etwas Unrechtes beweisen, aber der Kaiser bestand trotzdem darauf, mich zu verurteilen.

Dies sind die Infos für die neunte Seite des Infobuches zum Leben Martin Luthers.
Wenn du deinen Text schreibst, gehe besonders auf folgende Fragen ein:
- Wo ist Martin Luther?
- Wie fühlt er sich?
- Warum ist Martin Luther auf die Wartburg gekommen?

Du kannst auch Textkarte 1 zu Hilfe nehmen.

Klebe das passende Bild dazu!

Arbeitskarte 1 — M 2.12

1. In seinem Leben hatte Martin Luther oft Angst.
   Schreibe eine oder mehrere Situationen auf.

2. Angst ist ein Gefühl, dass du auch kennst.
   Schreibe dazu ein Rondell.

Info:

Das Rondell bezeichnet eine Gedichtform.
In Zeile 1, 4 und 7 wiederholt sich der gleiche Satz.
Auch in Zeile 2 und 8 steht der gleiche Satz.
Dieser Satz wird dir vorgegeben.
In den Zeilen 3, 5 und 6 denkst du dir
jeweils einen Satz aus.

Beispiel:
1 Mein Herz klopft.
2 Ich habe Angst.
3 Wo kann ich dich finden?
4 Mein Herz klopft.
5 Ich höre Geräusche.
6 Niemand ist in der Nähe.
7 Mein Herz klopft.
8 Ich habe Angst.

Mein Rondell

1 ______________________________

2 Ich habe Angst.

3 ______________________________

4 ______________________________

5 ______________________________

6 ______________________________

7 ______________________________

8 Ich habe Angst.

Arbeitskarte 2 — M 2.13

Im Kloster hat Martin Luther oft zu Gott gebetet.
Auf Textkarte 6 kannst du ein Gespräch zwischen ihm und Gott lesen.
Dieses Gespräch ist wie ein Gebet, in dem Martin Luther Gott sagt,
was ihn gerade beschäftigt.

Schreibe auf, was du Gott heute erzählen würdest.

Arbeitskarte 3

M 2.14

Du hast erfahren, dass Martin Luther die Bibel übersetzt hat.
Nimm dir eine Bibel und Textkarte 2 und beantworte folgende Fragen.

1. Wie heißen die beiden Teile der Bibel?
2. Findest du Namen in den Inhaltsverzeichnissen, die du schon kennst?
3. Welchen Teil der Bibel hat Martin Luther zuerst übersetzt?
4. Aus welcher Sprache hat Martin Luther diesen Teil ins Deutsche übersetzt?
5. Warum war es ihm so wichtig, die Bibel zu übersetzen?

Arbeitskarte 4

M 2.15

Martin Luther hat den Text für ein Lied geschrieben. Es beginnt so:

Ein feste Burg ist unser Gott,
ein gute Wehr und Waffen.
Er hilft uns frei aus aller Not,
die uns jetzt hat betroffen …

Ein modernes Lied beginnt so:

Du bist ein Licht, wenn ich im Dunkeln geh,
mein Schirm, wenn ich im Regen steh,
die Hand, die sicher meine hält …
Du bist ein Fels, wenn mir der Boden fehlt,
eine Burg, wenn der Gegner tausend zählt,
ein Arzt, der meine Wunden heilt,
eine Mutter, die die Sorgen teilt …

1. Mit welchen Bildern wird Gott in diesen Liedern beschrieben?
2. Welche Bilder würdest du für Gott benutzen? Schreibe oder male auf.

Bilder zu Martin Luther

M 2.16

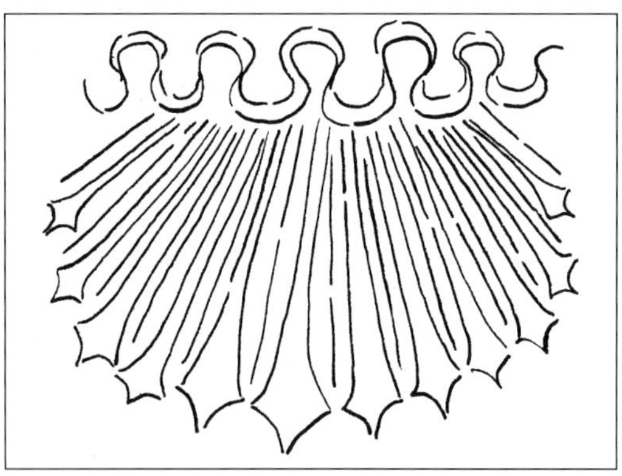

 KOPIERVORLAGE

3 Taufe als Zusage Gottes

Thema: Die Taufe (Mk 1,9-11; Mt 28,20b)

Intention der Unterrichtsreihe

Bedeutung und Vollzug der Taufe kennenlernen.

4–5 Std.

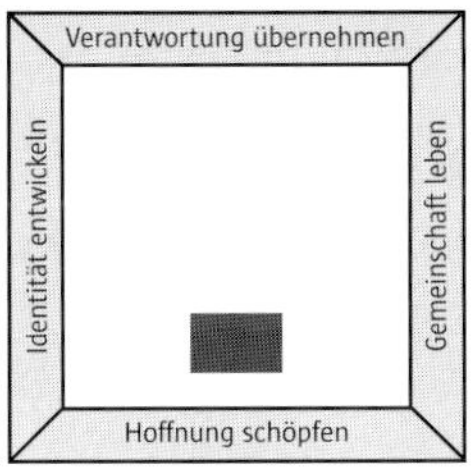

Theologisch-didaktischer Kommentar

Text (Mk 1,9-11)

> [9] *Und es begab sich zu der Zeit, dass Jesus aus Nazareth in Galiläa kam und ließ sich taufen von Johannes im Jordan.* [10] *Und alsbald, als er aus dem Wasser stieg, sah er, dass sich der Himmel auftat und der Geist wie eine Taube herabkam auf ihn.* [11] *Und da geschah eine Stimme vom Himmel: Du bist mein lieber Sohn, an dir habe ich Wohlgefallen.*

Text (Mt 28,20b)

> [18] *Und Jesus trat herzu und sprach zu ihnen: Mir ist gegeben alle Gewalt im Himmel und auf Erden.* [19] *Darum gehet hin und machet zu Jüngern alle Völker: Taufet sie auf den Namen des Vaters und des Sohnes und des Heiligen Geistes* [20] ***und lehret sie halten alles, was ich euch befohlen habe. Und siehe, ich bin bei euch alle Tage bis an der Welt Ende****.*

Jesus hat sich zwar taufen lassen aber selbst nicht getauft.
Warum Jesus sich taufen ließ und wie Johannes den Taufritus vollzogen hat, sagt Markus nicht. Eins aber ist klar: Die Johannestaufe war ein Umkehrritus und hat durch Untertauchen in den Jordan stattgefunden. So weit die Fakten, auf die **Markus** sich bezieht.
Dann spricht er eine andere Dimension an. Jesus wird mit dem ausgerüstet, was er zu seinem öffentlichen Auftreten braucht: einen Blick in den geöffneten Himmel, das Herabkommen des Geistes in Gestalt einer Taube und ein an Jesus gerichtetes Wort Gottes.
Nun ist der Leser des Evangeliums mit seinen Interpretationsfähigkeiten gefragt.
Heißt in den offenen Himmel schauen andere Lebensmöglichkeiten sehen?
Was ist das für ein Geist, mit dem Jesus ausgestattet wird? Geht es dabei um Weisheit, Überzeugungsfähigkeit, Führungsqualität, Einfühlungsvermögen oder ...? Am Ende adoptiert Gott Jesus, damit klar ist, in wessen Auftrag er kommt. Mit der Anrede sichert Gott auch seine Liebe, Unterstützung und Zuverlässigkeit zu.
In nur drei Versen hat Markus Jesus als Interpreten einer neuen Lebenswirklichkeit vorgestellt, die aber noch durch sein Handeln beschrieben werden muss. Gleich nach der Taufe wird Jesu Vision und Standfestigkeit durch Versuchungen auf die Probe gestellt. Die Auseinandersetzung zwischen Leben und Tod hat begonnen.

Der Taufbefehl, den **Matthäus** dem Auferstandenen in den Mund legt, spiegelt das Selbstverständnis einer irgendwo im syrischen Raum zu findenden Gemeinde. Diese Gemeinde hat offensichtlich ein missionarisches Programm: Sie beruft sich auf Jesus und will die Ausbreitung des christlichen Glaubens vorantreiben. Sie fordert die Einübung christlichen Lebens für die Täuflinge. Sie tauft im Namen des Vaters, des Sohnes und des Heiligen Geistes.
Was diese Gemeinde sich vorgenommen hat, zeigt das vier Mal verwendete Wörtchen alle. Diese Gemeinde vertraut Jesus felsenfest und für immer. Sie will Menschen für ihn gewinnen und formuliert einen großen Anspruch mitten in einer Welt, in der Gottes Wille noch lange nicht geschieht und in der andere Wertvorstellungen herrschen.

Die symbolische Deutung der Taufe wird schon durch das Untertauchen und das Auftauchen aus dem Wasser des Jordans angedeutet. Allen Kulturen ist die verschlingende, vernichtende, reinigende und Leben schaffende Kraft des Wassers bewusst. Dieses Wissen setzt die Erzählung vom Untertauchen und vom Auftauchen aus dem Wasser des Jordan voraus. Das Symbol spricht immer die Wirklichkeit des Unsichtbaren über die Wirklichkeit des Sichtbaren an. Bei der Taufe geht es im symbolischen Bereich um die Kon-

frontation mit unseren destruktiven Kräften, die unser Leben bestimmen wollen. Deshalb hat schon die frühe christliche Theologie eine Parallele zwischen Taufe und Kreuz und Auferstehung gesehen. Beide sind Symbole der Überwindung todbringender Mächte.
Welchen Stellenwert die Taufe im Leben eines Menschen haben kann, zeigt sich an Martin Luther. Es gibt kaum einen Menschen, der seine Stimmungen, Gefühle, Hochs und Tiefs so offen geschildert hat. In angstauslösenden Krisensituationen schrieb er mit Kreide vor sich auf den Tisch: „Ich bin getauft." Ein kompakteres Glaubensbekenntnis gibt es nicht.

Tauflexikon

Was bedeutet die Taufe heute?
Sie ist das Versprechen der Liebe Gottes, Segen Gottes für den Täufling und die Aufnahme in die Gemeinschaft von Christinnen und Christen.

Gibt es eine ökumenische Taufe?
Die Taufe ist die Aufnahme in eine bestimmte Glaubensgemeinschaft.
Also gibt es keine ökumenische Taufe.

Muss man sich noch einmal taufen lassen, wenn man die Konfession wechselt?
Für alle christlichen Kirchen ist die Taufe ein einmaliger Akt, der nicht wiederholt werden kann. Beim Übertritt in die orthodoxe Kirche wird die Salbung hinzugefügt.

Was geschieht in einem Taufgottesdienst?
Taufgottesdienste sollten nicht vom Gemeindegottesdienst abgeschnitten werden.
Das ist ihr eigentlicher Ort. Dennoch wird auch im Kreise der Familie, Verwandten und Bekannten getauft. Zu einem Taufgottesdienst gehören Lieder, die Tauformel, der Taufbefehl, das Vaterunser und das Glaubensbekenntnis. Meistens treten die Eltern mit dem Täufling und den Paten an das Taufbecken, während die kleine Taufgemeinde sitzen bleibt. Es ist aber auch denkbar, dass sie zu ihnen tritt.

Gibt es ein festgelegtes Taufalter?
Meistens findet die Taufe während des ersten Lebensjahres statt. Ein späteres Taufdatum ist natürlich auch möglich.

Warum wird die Taufe als ein Sakrament bezeichnet?
Das Wort Sakrament (lat. sacramentum) hat mehrere Bedeutungen, z.B. religiöses Geheimnis. Für die römischen Soldaten aber war der Fahneneid ein sacramentum.
Nach evangelischem Verständnis gehören zu einem Sakrament ein sichtbares Zeichen (Wasser) und die Einsetzung durch Jesus (Mt 28,19) mit einem Einsetzungswort. Bei der Taufe lautet Letzteres: Ich taufe dich im Namen des Vaters, des Sohnes und des Heiligen Geistes. Amen.

Warum tragen manche Täuflinge ein Taufkleid?
Bei der Erwachsenentaufe im 1. Jahrhundert war es Sitte, dass die Getauften vor der Taufzeremonie ihre „alten" Kleider ablegten und nach dem dreimaligen Untertauchen neue Kleider anzogen. Daran erinnert das Taufkleid. Die Taufe ist das Symbol dafür, dass der Mensch sein altes Leben abgelegt und Jesus Christus angezogen hat. (Galaterbrief 3,27: *Alle, die auf Christus getauft sind, haben Christus angezogen.*)
Bei der Kindertaufe ist diese Aussage problematisch, denn das Bild vom Wechseln der Kleider spricht von einer inneren Wende, die ein Kleinkind noch nicht vollziehen kann.

Was bedeutet die Taufkerze?
Für die Getauften wird die Taufkerze entzündet: Jesus, der Auferstandene, ist das Licht der Welt, an dem sich der Getaufte orientieren soll. Und dieses Licht kann niemand mehr auspusten.

Seit wann gibt es die Kindertaufe?
Die Praxis der Kindertaufe begann im 2. Jahrhundert. Weil sie sich schnell durchsetzte, verlor die Taufe ihren Entscheidungscharakter. Die fehlende und nachzuholende Taufunterweisung war dann später die Begründung für die Einführung der Konfirmation. Wenn ein ungetauftes Kind den Konfirmandenunterricht besucht und sich am Ende taufen lässt, ist die Konfirmation natürlich nicht mehr nötig.

Wer mehr über die Taufe wissen will, sucht unter:
www.ekd.de/initiative/taufe.html (evangelisch)
www.katholisch.de/109.htm (katholisch)

Getauft und nicht getauft
Immer mehr ungetaufte Kinder nehmen am RU teil. Das Nachdenken über die Entscheidung für oder gegen die Taufe ist unausweichlich. Die Kinder können ihre Eltern dazu befragen und die Standpunkte vergleichen.
Dann kann L das Geschehen in der Taufe mit einfachen Worten zusammenfassen: In der Taufe bietet Gott dem Kind an, ihm zu vertrauen. Er sagt: Was auch immer geschieht, ich stehe zu dir. Ich habe mit dir einen Bund geschlossen. Das ist mehr als eine Freundschaft, die oft gebrochen wird. Wenn du im Namen des Vaters, des Sohnes und des Heiligen Geistes getauft wirst, dann bedeutet das: Was immer du im Leben falsch machst, du kannst jeden Tag wieder auf(er)stehen und ein neuer Mensch werden. Ich verspre-

che, bei dir zu sein. Als du noch klein warst, haben deine Eltern für dich geantwortet. Später einmal wirst du auf mein Angebot antworten. Du kannst es annehmen oder ablehnen. Das Angebot bleibt aber in jedem Fall gültig.

In der vorliegenden Unterrichtsreihe sollen die Kinder den Vollzug und die Bedeutung der Taufe kennenlernen. Sie sammeln Fragen zum Thema, recherchieren selbstständig und gestalten mit ihren Arbeitsergebnissen ein Buch über die Taufe. In der Unterrichtsplanung ist genügend Zeit für die Recherche zu berücksichtigen.

Bausteine der Unterrichtsreihe

Baustein 1: Taufe

Unterrichtsmaterial:

- Schale
- Krug mit Wasser
- Wassertropfen aus Papier von L vorbereitet **M 3.1**
- dicke Faserstifte
- Magnete
- Din-A5-Karteikarten
- Folie von Material: „Bild einer Taufe“ (Folie 2) **M 3.5**
- Fragekarten zur Taufe **M 3.2**
- Vorlage „Taufdomino“ **M 3.3**

Unterrichtsschritte:

1. Die Kinder sitzen im Kreis. In der Mitte steht eine große Schale. L füllt aus einem Krug langsam Wasser ein und verstärkt die Aktion gegebenenfalls durch den Impuls: *Wasser hat etwas mit unserem Leben zu tun.* Die Kinder äußern sich spontan.

2. Die Kinder beschreiben, was sie mit Wasser verbinden, z. B.: Wasser löscht Durst, ... macht sauber, ... ist durchsichtig ..., mit Wasser wird getauft.

3. Falls die Kinder nicht „Mit Wasser wird getauft“ nennen, gibt L einen weiteren Impuls, indem das Bild einer Taufe gezeigt wird. **M 3.5**

4. L heftet einen Papierwassertropfen mit der Aufschrift „Mit Wasser wird getauft“ in die Mitte einer freien Tafelfläche. Die Kinder sammeln ihre Fragen, die sie zum Thema Taufe haben. Die Fragen werden auf Karten geschrieben, mit Magneten an die Tafel geheftet und gegebenenfalls im Unterrichtsgespräch gemeinsam thematisch gruppiert. **M 3.1**

5. Die Kinder erinnern sich an eine Taufe, die sie erlebt oder an das, was ihnen Eltern über die eigene Taufe erzählt haben.

6. Im Unterrichtsgespräch werden erste Antworten formuliert, auf Papierwassertropfen geschrieben und den Fragekarten an der Tafel zugeordnet. **M 3.1**

7. Die Fragen, die nicht sofort beantwortet werden können, werden an einzelne Kinder oder Gruppen verteilt. Ihre Aufgabe ist es, zu recherchieren: Erwachsene fragen, Gemeindemitglieder oder Pfarrer/Pfarrerin interviewen, im Internet oder in der Bibliothek recherchieren, in Lexika nachschlagen.
   Mögliche ergänzende Recherchefragen: **M 3.2**
   - Finde heraus, wer getauft werden kann: Kinder, Erwachsene, Menschen aller Völker?
   - Warum benutzt der Pfarrer/die Pfarrerin bei der Taufe Wasser?
   - Wie ist der Ablauf einer Taufe?
   - Wie heißt die Taufformel?
   - Was ist ein Taufbecken?
   - Warum gibt es Taufpaten?
   - Warum bekommt man einen Taufspruch?
   - Warum wird ein Taufkleid angezogen?
   - Warum wird eine Taufkerze angezündet?
   - Was erzählt die Bibel über die Taufe? Schaue im Markusevangelium Kapitel 1, Verse 9-11 und im Matthäusevangelium Kapitel 28, Verse 18-20 nach.

   Eine Aufgabe, die allen Kindern gestellt werden soll, ist:
   Frage deine Eltern, warum du getauft oder nicht getauft worden bist.
   Diese Frage wird in Baustein 2 wieder aufgegriffen.

8. Die Kinder schreiben ihre Antworten auf einen Papierwassertropfen. Da diese nicht genug Platz für lange Texte bieten, müssen sich die Kinder auf das ihrer Meinung nach Wichtigste beschränken. **M 3.1**

9. Die von den Kindern gefundenen Antworten werden gesammelt, besprochen und mit den dazugehörigen Fragekarten an die Tafel geheftet.

10. Zur Ergebnissicherung lässt sich aus den Fragekarten und den dazugehörigen gefundenen Antworten ein Dominospiel erstellen. **M 3.3**

Baustein 2: Jesus und die Taufe

Unterrichtsmaterial:

- ▷ Fragekarten und Papierwassertropfen mit Antworten aus Baustein 1 an die Tafel geheftet
- ▷ Magnete
- ▷ Lied: „Als Jesus einst zum Jordan kam" (◉ I Track 3/4) **M 3.4**
- ▷ Vorlage „Bilder zur Taufe" **M 3.6**
- ▷ verschiedenfarbiger Fotokarton
- ▷ weiße Blätter DIN A5
- ▷ Heftstreifen
- ▷ Locher
- ▷ Buntstifte

Unterrichtsschritte:

1. L führt mit den Kindern ein Unterrichtsgespräch darüber, warum sie getauft oder nicht getauft worden sind. In Unterrichtsbaustein 1 hatten die Kinder die Aufgabe, ihre Eltern danach zu befragen. Die Kinder stellen fest, dass es heute unterschiedliche Begründungen dafür gibt, warum Menschen getauft oder nicht getauft sind.
   L erinnert daran, dass auch Jesus getauft worden ist. Die Kinder, die die Fragekarte „Was erzählt die Bibel über die Taufe?" bearbeitet haben, stellen noch einmal ihr Arbeitsergebnis vor.

2. Mit dem Lied „Als Jesus einst zum Jordan kam" wird die Geschichte von Jesu Taufe vertieft.
   Anhand der einzelnen Strophen arbeitet L mit den Kindern heraus,
   - warum Johannes tauft, und Jesus sich taufen lässt.
   - was die Taufe für Jesus bedeutet.
   - was die Taufe für unser Leben bedeuten kann. **M 3.4**

3. Jedes Kind erhält dazu ein Blatt mit dem Liedtext im DIN-A5-Format. Die Kinder singen das Lied. Dann markieren sie auf ihrem Liedblatt die Kernaussagen des Textes farbig. **M 3.4**

4. Jedes Kind gestaltet ein eigenes Taufbuch im DIN-A5-Format. Grundlage bilden die gesammelten Informationen.

   Gestaltung des Buches:
   - Elf weiße DIN-A5-Blätter, das Liedblatt (s. Unterrichtsschritt 3) und zwei Stücke farbiger Fotokarton als Vorder- und Rückseite (DIN-A5-Format) werden gelocht und mit einem Heftstreifen verbunden.
   - Die Kinder kleben die Bilder auf die einzelnen Seiten und schreiben einen erklärenden Text dazu. **M 3.6**
   - Falls vorhanden, benutzen die Kinder auch eigenes Bildmaterial und gestalten gegebenenfalls eine Seite zu ihrer eigenen Taufe.
   - Die Titelseite kann mit dem Bibelvers „Und siehe, ich bin bei euch alle Tage bis an der Welt Ende." (Mt 28,20b) gestaltet werden. Es ist auch möglich, dass die Kinder diesen Vers in ihren eigenen Worten formulieren.

5. Die entstandenen Bücher werden ausgestellt und das Lied „Als Jesus einst zum Jordan ging" wird noch einmal gesungen. **M 3.4**

Wassertropfen

M 3.1

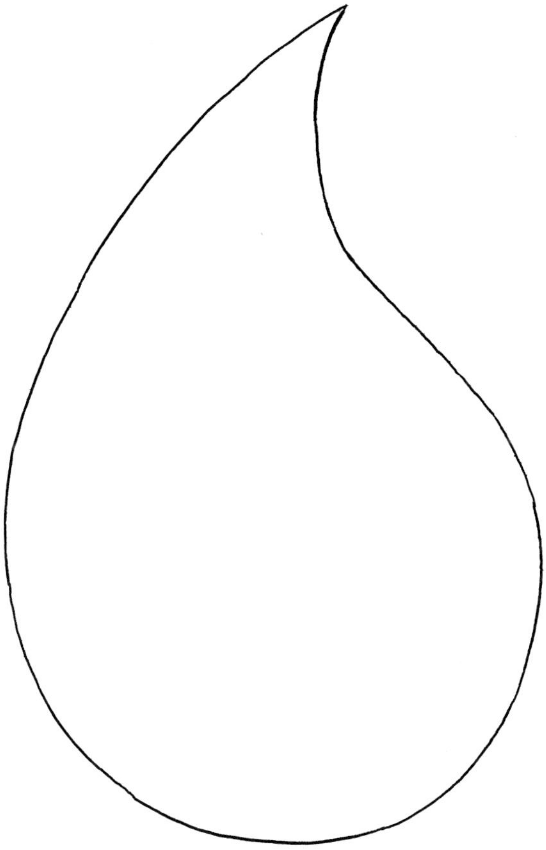

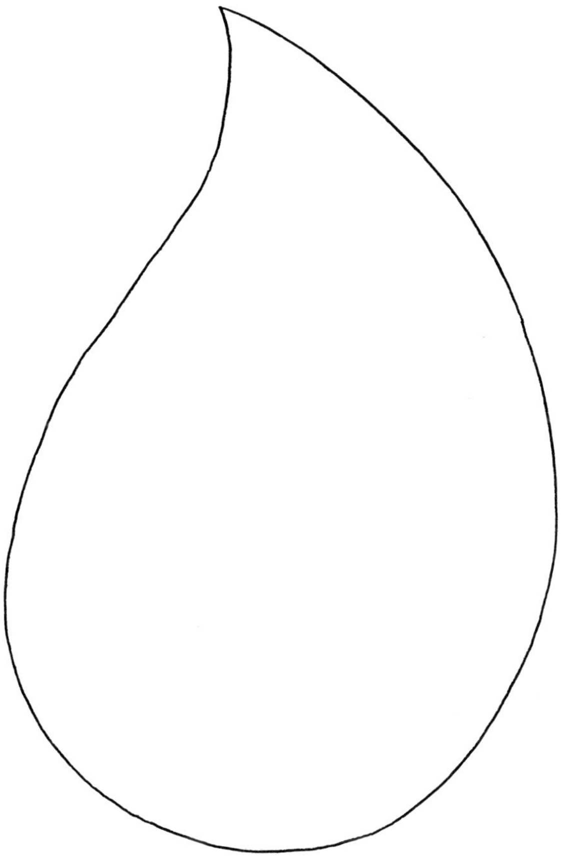

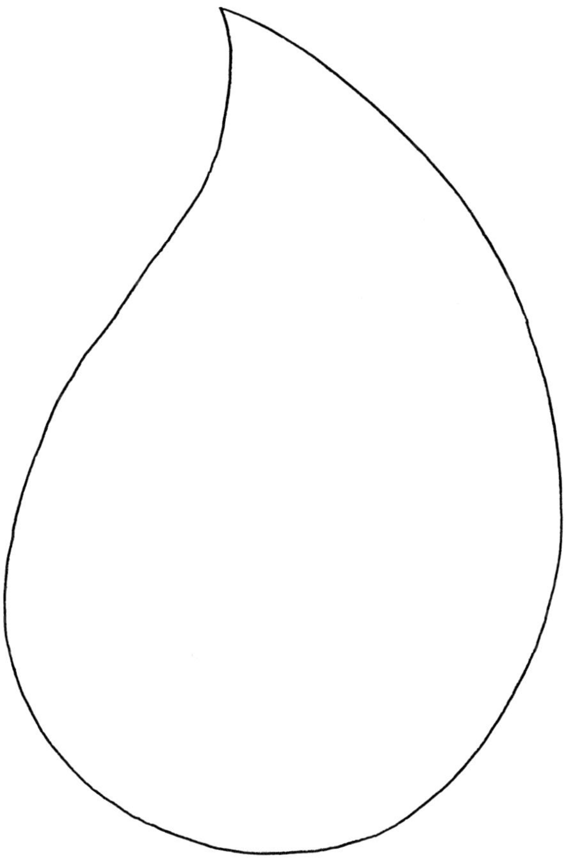

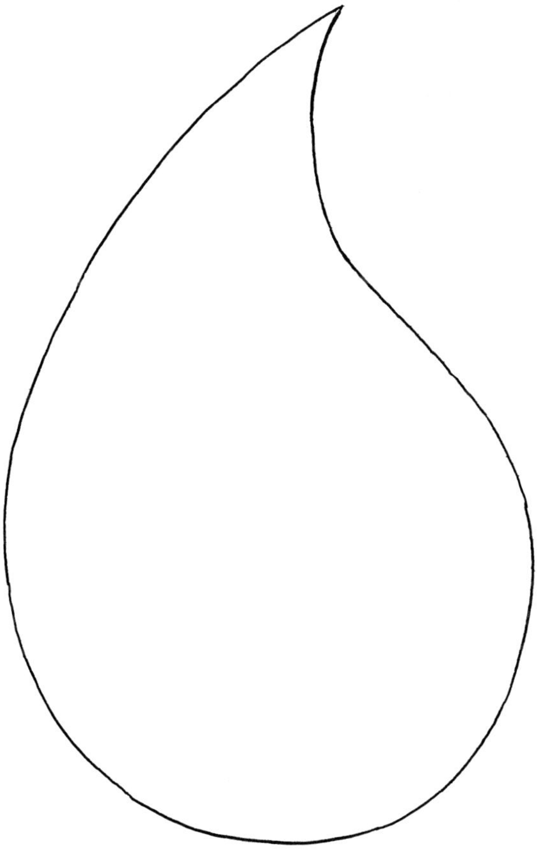

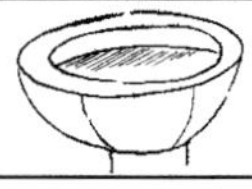

Fragekarten zur Taufe

M 3.2

Wer kann getauft werden?	Warum benutzt der Pfarrer/ die Pfarrerin bei der Taufe Wasser?
Wie ist der Ablauf der Taufe?	Wie heißt die Taufformel?
Was ist ein Taufbecken?	Warum gibt es Taufpaten?
Warum bekommt man einen Taufspruch?	Warum wird ein Taufkleid angezogen?
Warum wird eine Taufkerze angezündet?	Was erzählt die Bibel über die Taufe? Schau im Markusevangelium Kapitel 1, Verse 9-11 und im Matthäusevangelium Kapitel 28, Verse 18-20 nach.
Frage deine Eltern, warum du getauft oder nicht getauft worden bist.	

Auf die leeren Karten können noch weitere eigene Fragen geschrieben werden.

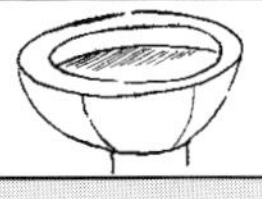

Taufdomino

M 3.3

Wer kann getauft werden?		Warum benutzt der Pfarrer/die Pfarrerin bei der Taufe Wasser?	
Wie ist der Ablauf der Taufe?		Wie heißt die Taufformel?	
Was ist ein Taufbecken?		Warum gibt es Taufpaten?	
Warum bekommt man einen Taufspruch?		Warum wird ein Taufkleid angezogen?	
Warum wird eine Taufkerze angezündet?		Was erzählt die Bibel über die Taufe?	Kinder, Erwachsene, Menschen aller Völker

1. Beantwortet die Fragen. Notiert die Antworten auf dem entsprechenden Dominofeld.
2. Schneide die Dominosteine aus, mischt sie und legt sie richtig aneinander.

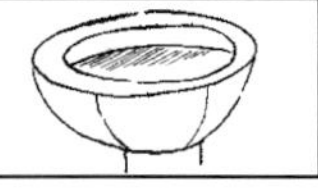

Als Jesus einst zum Jordan kam (1)

M 3.4

Text und Musik: Sebastian Schade ◎ I 3/4

2. Doch einige, die standen von fern und schauten zu.
Sie meinten, sie wären wichtig. Sie hörten leider doch nicht zu.
Und deshalb sprach Johannes sie mit klaren Worten an:
„Kehrt um von euren Wegen, ihr habt nichts Gutes getan.
Ihr habt vielmehr um Arme einen Bogen herum gemacht.
Habt Kranken nicht geholfen, sondern sie nur ausgelacht."
Sieh, ich bin bei euch alle Tage bis ans Ende der Welt. (4 x)

3. Viele Menschen staunten über das, was hier geschah.
Und spürten, was er sagte, das war ja wirklich wahr.
Sie wollten ihr Leben ändern und mit Gott weitergehn.
So gingen sie in den Jordan und blieben vor Johannes stehn.
Und dieser sprach zu ihnen: „Taucht unter und wascht euch rein.
Gott selber nimmt die Schuld weg. Dies soll ein Anfang sein."
Sieh, ich bin bei euch alle Tage bis ans Ende der Welt. (4 x)

KOPIERVORLAGE

Als Jesus einst zum Jordan kam (2) — M 3.4

4. Und nun geschah es plötzlich, dass Jesus vor ihm stand.
Johannes ihn erkannte, denn sie waren ja fern verwandt.
Doch Jesus sein Zögern spürte, und deshalb zu ihm sprach:
„Tauf du mich jetzt mit Wasser, und komm so Gottes Wille nach."
Und als Johannes ihn taufte, da war Gottes Stimme nah:
„Du bist mein geliebter Sohn, ich bin immer für dich da!"
Sieh, ich bin bei euch alle Tage bis ans Ende dieser Welt. (4 x)

5. Am Ende seines Weges, als Jesus zu Gott heimkehrt,
da sprach er: „Tauft nun jeden, denn jeder ist bei Gott was wert.
Erzählet ihnen allen, was ihr mit mir erlebt.
Damit ihr nicht allein seid, mein Geist weiter um euch schwebt."
Die Jünger waren traurig, dass Jesus nun verschwand.
Doch durch die Taufe war klar, dass die Liebe sie verband.
Sieh, ich bin bei euch alle Tage bis ans Ende dieser Welt. (4 x)

Bild einer Taufe — M 3.5

(Folie 2)

	Bilder zur Taufe	M 3.6

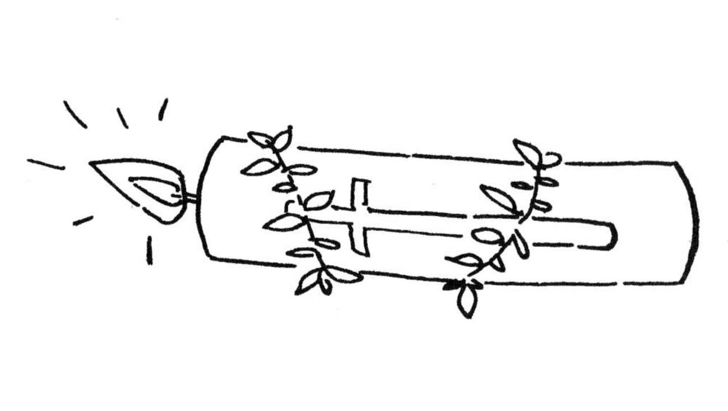
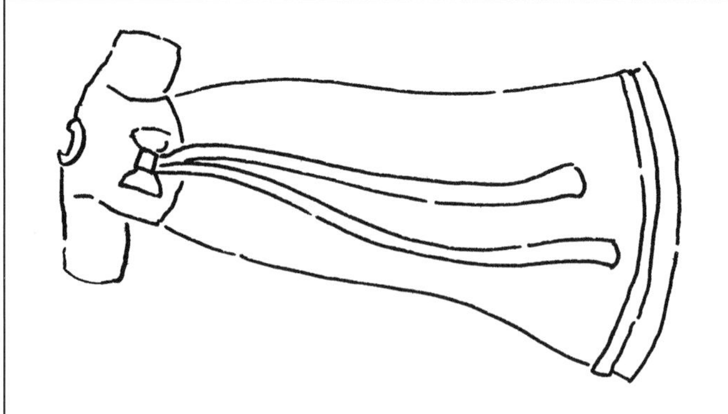

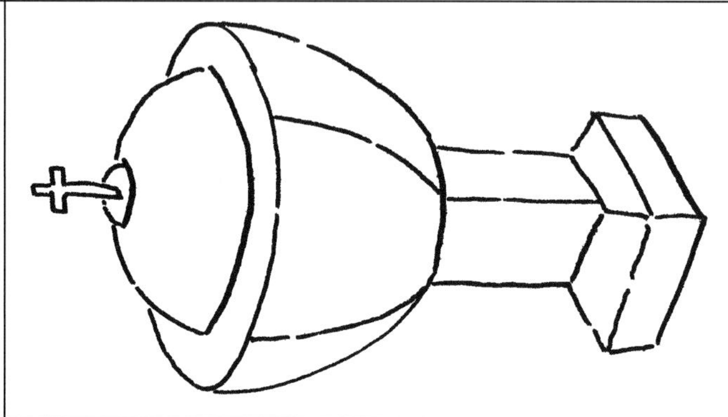
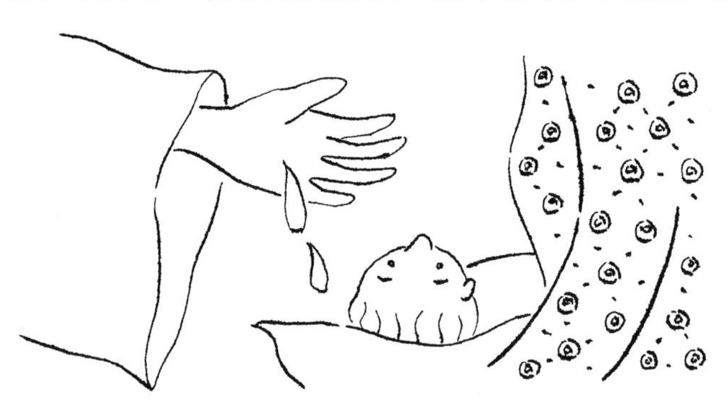

4 Reden mit Gott – fragen nach Gott

Thema: Theodizeefragen (Ps 22,2)

Intention der Unterrichtsreihe

Erkennen, dass Leid eine Erfahrung im Leben des Menschen ist und Gott die Menschen in diesem Leid begleiten will.

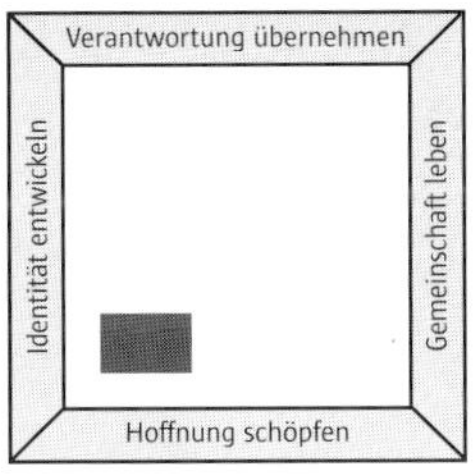

2–4 Std.

Theologisch-didaktischer Kommentar

Kinder werden mit eigenem und fremdem Leid konfrontiert. Es kann uns nicht gelingen, sie ganz davor zu schützen. Wir Erwachsenen können den Kindern aber bei der Verarbeitung dieser Leiderfahrungen eine hilfreiche Stütze sein. Einfühlungsvermögen und Verständnis sind dabei Grundvoraussetzungen. Die Auseinandersetzung mit den dunklen Seiten des Lebens ist ein Schritt innerhalb der Identitätsentwicklung, die nicht nur hilft, eine eigenständige und stabile Persönlichkeit zu werden, sondern auch empathisch auf das Schicksal der Mitmenschen reagieren zu können.
Im Kontext des Religionsunterrichts führt die Beschäftigung mit dem Leid in der Welt unmittelbar zu der Frage: Warum lässt Gott das zu? Theologisch wird dieser Fragehorizont als „Theodizeefrage“ beschrieben.* Philosophie und Theologie beschäftigen sich mit dieser Frage bis heute mit wechselnden Erklärungsansätzen. Doch festzuhalten ist: „Eine *theoretische Antwort* auf das *Theodizee-Problem,* scheint mir, *gibt es nicht!*“** Daran wird deutlich, dass es bei der Behandlung der Theodiezeefrage im Unterricht nicht darum gehen kann, eine allgemeingültige Lösung zu finden, sondern darum, den Kindern ein Gesprächspartner zu sein, der ehrlich ist und Anteil an ihren großen Fragen nimmt. Dazu gehört auch, das eigene Nichtwissen zuzugeben. Unter diesen Voraussetzungen ist es möglich, von den hellen Seiten Gottes, seiner Liebe, und von seinen dunklen Seiten, die die Bibel keineswegs verschweigt, zu sprechen. Durch die persönliche Auseinandersetzung mit dieser Spannung ist die Entwicklung eines emanzipierten Glaubens möglich.***
Vom Leiden des Menschen wird auch in der Bibel erzählt. Vor allem in der Klage der Psalmen findet es seinen Ausdruck. Die Psalmen sind ein beredter Ausdruck dafür, dass der Betende nicht in der Klage verharrt, sondern wieder zum Lob Gottes findet.****

Text (Psalm 22,2):

> 2 *Mein Gott, mein Gott, warum hast du mich verlassen? Ich schreie, aber meine Hilfe ist ferne.*******

Der Psalmbeter spricht eine direkte Sprache.
Er steigt sofort mit dem ein, was ihn bewegt: Mein Gott, warum hast du mich verlassen? Auf seine Frage scheint er keine Antwort zu erwarten. Warum sollte er auch? Gott hat ihn ja verlassen. Es ist verwunderlich, dass er ihn trotzdem noch mit „mein Gott“ anredet. Aus alter Gewohnheit oder erwartet er doch noch etwas von ihm?
Die Frage klingt wie ein Vorwurf: Du kannst doch nicht einfach weg sein! Du kannst dich doch nicht einfach in Luft auflösen! Ich habe dich gerufen, aber du antwortest nicht (V. 3). Wenn meine Vorfahren dich gerufen haben, dann hast du sie gerettet (V. 5 und 6). Wenn ich dich um Hilfe bitte, dann ernte ich nur Spott

* Der Begriff ist von Gottfried Wilhelm Leibniz (1646–1716) durch seine „Essais de Theodicée“ (1710) geprägt. Er setzt sich aus den griechischen Begriffen theos (Gott) und dike (Gerechtigkeit) zusammen. Leibnitz definiert diesen Begriff allerdings nicht. Für ihn selbst ist unsere Welt mit der Erfahrung von Leid und Übel die bestmögliche aller Welten. Alles Böse in der Welt hat einen bestimmten Sinn, der in der Hinführung zum Guten seinen Höhepunkt findet.
Das Leben wird mit dem scheinbar wirren Muster eines Teppichs verglichen, dessen Ordnung für uns nicht ersichtlich ist, allerdings für Gott als planvolles Ganzes durchaus transparent erscheint.

** Küng, S. 121

*** „Die Auseinandersetzung mit diesen Fragen beginnt bereits in der Grundschule und muss im Religionsunterricht begleitet werden, damit nicht – wie ebenfalls empirisch belegt – die Enttäuschung über die ausgebliebene Hilfe Gottes angesichts von Leid, Ungerechtigkeit und Tod spätestens im Jugendalter zu einer wesentlichen ‚Einbruchstelle‘ für den Verlust des Gottesglaubens wird.“ (Oberthür, S. 49)

**** siehe dazu auch Bd. 3, S. 12

***** Der gesamte Psalm wurde aufgrund seiner Länge nicht abgedruckt.

von allen, die meinen Hilferuf mitbekommen haben: Gott rettet dich, wenn er Gefallen an dir hat (V. 9). Aber du scheinst Gott nicht besonders gut zu gefallen, sonst hätte er dir geholfen. Du erfüllst offensichtlich nicht die Kriterien, die dich für ein Eingreifen Gottes qualifizieren. Sie bestätigen dem Beter: Gott hat dich verlassen. Doch noch gibt der Beter nicht auf. Er erinnert Gott daran, dass dieser ihm das Leben gegeben hat. Damit ist er doch verantwortlich für ihn, oder nicht?
Gleich danach beschreibt er mit fünf Bildern seine Situation. Jedes Bild ist ein neuer Anlauf, Gott die Folgen des Verlassenseins klarzumachen:
Ich bin ausgeschüttet wie Wasser (V. 15). Ich versickere, und bald ist nichts mehr von mir übrig.
Alle meine Knochen haben sich voneinander gelöst (V. 15). Ich zerfalle in Einzelteile, die niemand wieder zusammenfügen kann.
Mein Herz ist in meinem Leibe wie zerschmolzenes Wachs (V. 15). Mein zerschmolzenes Herz empfindet nichts mehr und hat aufgehört zu schlagen.
Meine Kräfte sind vertrocknet wie eine Scherbe (V. 16). Meine Lebenskraft ist vertrocknet.
Meine Zunge klebt mir am Gaumen (V. 16). Ohne Wasser des Lebens ist mein Ende unabwendbar.
Alles wird in dem Satz zusammengefasst: Du legst mich in des Todes Staub.
Gott, du bringst mich um.
Sind das nur stark empfundene Bilder und nicht die Wirklichkeit Gottes?
Der Beter hat diesen Psalm bestimmt nicht geschrieben, um sich mit treffenden Todesbildern zu profilieren. Es ist ihm bitterernst damit.
Deshalb mobilisiert er noch einmal alle Kräfte in dem Aufschrei: Sei nicht ferne, meine Stärke, und eile herbei, um mir zu helfen (V. 20).
Und dann heißt es in V. 22 unvermittelt: Du hast mich erhört.
Die Wende kommt sehr überraschend und die Stimmung wechselt: Ich werde es überall erzählen: Gott hat es getan (V. 31). Und alle Menschen werden sich zu dir halten (V. 28), selbst die Toten werden die Knie vor dir beugen (V. 30).

Zentraler Gegenstand dieses Unterrichtsentwurfes ist ein Bild von Käthe Kollwitz. Es wird im Verlauf des Unterrichts mit Psalm 22,2 in Verbindung gebracht und ermöglicht so die Thematisierung von individuellen Leidsituationen und dem Gefühl von Gottverlassenheit. In Anlehnung an die Struktur der Psalmen (Klage *und* Lob) wird den Kindern am Ende der Unterrichtsreihe die Möglichkeit gegeben, zu überlegen, was in Leidsituationen trösten kann, bzw. Worte des Trostes zu formulieren.
Das Bild der Künstlerin wurde aufgrund der eindringlichen Darstellung, die offen für situative Interpretation ist, gewählt. Käthe Kollwitz hat keinen ausgeprägten christlichen Hintergrund, aus dem heraus sie ihre Bilder gestaltet.

Bausteine der Unterrichtsreihe

Baustein 1: Gott, warum hast du mich verlassen?

Unterrichtsmaterial:

- Folie von Material: „Mann und Frau“ (Folie 3) **M 4.1**
- Blankofolie
- vorbereiteter Folienstreifen mit Psalmvers (Psalm 22,2) **M 4.2**
- Arbeitsblatt **M 4.4**

Unterrichtsschritte:

1. Die Kinder entdecken mittels einer gelenkten Betrachtung das Bild „Mann und Frau“ von Käthe Kollwitz. L deckt dazu die Folie komplett ab und deckt dann nach und nach einzelne Felder auf: zuerst den Kopf des Mannes, dann seinen Körper, dann den Kopf der Frau und zuletzt ihren Körper. **M 4.1**

   Die Kinder äußern sich spontan. Sie beschreiben den Ausdruck der Augen und Münder, die Haltung der Hände und Schultern sowie des ganzen Körpers und die Stellung der Personen zueinander. Gegebenenfalls gibt L dazu lenkende Impulse.

2. Die Kinder formulieren, was diese beiden Menschen denken, wie sie fühlen oder was sie sich fragen. L schreibt zentrale Begriffe aus den Aussagen der Kinder auf eine Folie um das Bild herum. Die Sammlung soll den Kindern bei der Bearbeitung des Arbeitsblattes (s. 5.) helfen.
   Die Kinder erzählen von Situationen, in denen sie sich ähnlich gefühlt haben.

3. L legt den Folienstreifen mit dem Psalmvers 22,2 „Mein Gott, mein Gott, warum hast du mich verlassen?“ zu dem Bild auf den Overheadprojektor. **M 4.3**

4. Die Kinder setzen das Bild mit dem Psalmvers in Beziehung.

   - Diese Menschen sind verzweifelt und fühlen sich auch von Gott verlassen.

- Diese Menschen beten zu Gott: „Warum hast du uns verlassen?“
- Diese Menschen sind traurig, weil Gott ihnen nicht hilft.
- Diese Menschen sind mutlos. Keiner hilft ihnen, selbst Gott nicht. Sie fühlen sich allein.

5. Die Kinder bearbeiten den ersten Teil des Arbeitsblattes, indem sie ihre Gedanken zum Bild und zum Psalmvers aufschreiben. **M 4.4**

   Achtung! Das Arbeitsblatt wird in Baustein 2 noch einmal benötigt.

Baustein 2: Danke Gott, dass du mich hörst

Unterrichtsmaterial:

- ▷ Folie von Material: „Mann und Frau“ (Folie 3) **M 4.1**
- ▷ Folienstreifen mit Psalmvers (Psalm 22,2) **M 4.2**
- ▷ Arbeitsblatt aus Baustein 1 **M 4.4**
- ▷ Folienstreifen mit Psalmworten aus Ps 22 **M 4.3**
- ▷ Informationen zu Käthe Kollwitz **M 4.5**

Unterrichtsschritte:

1. L legt die Folie „Mann und Frau“ M 4.1 und den Folienstreifen mit dem Psalmvers (Psalm 22,2) auf den Overhaedprojektor und führt in Baustein 2 ein: **M 4.1/M 4.2**
   Nicht immer geht es allen Menschen gut.
   Manche erleben schlimme Dinge: Menschen, die sie lieb haben, sind sehr krank oder sterben.
   Manche Menschen haben nicht genug zu essen oder zu trinken.
   Manche haben keine Wohnung, nicht genug Geld für Medikamente oder leben mitten im Krieg.
   Wer dieses Leid sieht oder erlebt, stellt manchmal Gott die Frage: „Warum, Gott, lässt du das zu? Warum hast du mich verlassen? Warum geht es mir so schlecht?“
   Wie wir gesehen haben, stellt sich auch der Mensch, dessen Gebet wir in der Bibel in Psalm 22 heute immer noch nachlesen können, diese Frage.
   Doch in diesem Gebet steht noch mehr.

2. L legt zu dem Bild und dem Psalmvers weitere Folienstreifen mit Aussagen aus Psalm 22 auf den Overheadprojektor: **M 4.1–M 4.3**
   - Gott, du bist heilig.
   - Gott, unsere Väter hofften auf dich, und du halfst ihnen heraus.
   - Gott, unsere Väter schrien zu dir und wurden errettet.
   - Gott, ich will meinen Brüdern von dir erzählen und dich rühmen.
   - Gott hat das Elend des Armen nicht verachtet. Er hat sich vor ihm nicht versteckt. Als er zu ihm schrie, hörte Gott es.

3. L führt mit den Kindern ein Gespräch darüber, dass der Mensch, der diesen Psalm formuliert hat, sich nicht nur bei Gott beklagt, sondern auch die Hoffnung hat, dass Gott ihn hört und ihm hilft. Diese Hoffnung hat er, weil Gott auch schon anderen Menschen geholfen hat.

4. L lenkt die Aufmerksamkeit der Kinder noch einmal auf das Bild von Käthe Kollwitz. L erzählt den Kindern über das Leben der Malerin. Käthe Kollwitz hat viel Leid gesehen und auch selbst erlebt. Trotzdem hat sie nicht aufgegeben, sondern durch ihre Bilder immer wieder auf die Not der Menschen hingewiesen und ihre Meinung offen geäußert. Sie hat sich dafür eingesetzt, dass es keine Kriege auf der Welt geben darf. **M 4.5**

5. Die Kinder überlegen, welche Trost- oder Hoffnungsworte sie den Menschen auf dem Bild von Käthe Kollwitz sagen könnten und notieren sie im zweiten Teil des Arbeitsblattes, z. B. „Wenn ihr traurig seid, will Gott euch trösten.“, „Ihr meint, Gott hat euch verlassen, aber Gott ist nicht weg.“ **M 4.4**

6. Mögliche Zusatzaufgabe:
   In Anlehnung an die Gestaltung des Arbeitsblattes entwickeln die Kinder ein eigenes Arbeitsblatt. Sie wählen ein (Zeitungs-)Bild aus, das ihrer Meinung nach zu der Überschrift „Mein Gott, mein Gott, warum hast du mich verlassen?“ passt, beschreiben die Situation und formulieren ein Hoffnungs- oder Trostwort. **M 4.4**

Mann und Frau, 1919

M 4.1

(Folie 3)

Psalmvers 22.2 für Folienstreifen — M 4.2

Mein Gott, mein Gott, warum hast du mich verlassen?

Psalmverse aus Psalm 22 für Folienstreifen — M 4.3

Gott, du bist heilig.
Gott, unsere Väter hofften auf dich, und du halfst ihnen heraus.
Gott, unsere Väter schrien zu dir und wurden errettet.
Gott, ich will meinen Brüdern von dir erzählen und dich rühmen.
Gott hat das Elend des Armen nicht verachtet. Er hat sich vor ihm nicht versteckt. Als er zu ihm schrie, hörte Gott es.

?	Arbeitsblatt	M 4.4

Mein Gott, mein Gott,
warum hast du mich verlassen?
(Psalm 22,2)

1. Meine Gedanken zum Bild und zum Psalmvers:

____

____

____

____

____

2. Worte des Trostes:

____

____

____

____

Informationen zu Käthe Kollwitz

M 4.5

Käthe Kollwitz (1867–1945) malt vor allem Menschen. Einfache Menschen, deren Leid, Freude, Lust und Trauer man sehen und – so eindrücklich malt sie – auch spüren kann. Als Frau eines Armenarztes erlebt sie hautnah die Not der Menschen, die keine Arbeit, kein Geld und nicht genug zu essen haben. Die Sorgen und Nöte dieser Menschen beschäftigen sie sehr.
Käthe Kollwitz hat auch zwei Söhne. Der jüngere, Peter, stirbt im Ersten Weltkrieg und ihr Enkelsohn, der auch Peter heißt, stirbt im Zweiten Weltkrieg.
Nachdem ihr Sohn starb, ist Käthe Kollwitz sehr traurig und verzweifelt. Sie hat keine Kraft mehr für ihre Arbeit. Aber dann beschließt sie, sich noch stärker für die Menschen in Not einzusetzen. Vor allem will sie deutlich machen, dass es nie wieder Krieg geben darf. Sie malt dazu Plakate. Viele Menschen sehen diese Bilder. Für das Plakat mit dem Titel „Nie wieder Krieg!" erhält sie 1929 einen der höchsten Orden, der in Deutschland verliehen wird.
Das Bild „Mann und Frau" malt sie im Jahr 1919. Da ist der Erste Weltkrieg gerade seit einem Jahr zu Ende. Doch vielen Menschen geht es immer noch sehr schlecht und es herrscht eine große Armut. Es gibt deshalb Politiker, die ein besseres Leben für die Armen und weniger Macht für die Reichen fordern. Einer von diesen Politikern ist Karl Liebknecht. Viele Menschen halten seine Ansichten für so gefährlich, dass er Ende des Jahres 1919 ermordet wird.
Die Familie von Karl Liebknecht bittet Käthe Kollwitz, den Toten zur Erinnerung zu zeichnen. Obwohl sie nicht immer der Meinung dieses Politikers gewesen ist, geht sie in das Leichenschauhaus und sieht, wie sich die Menschen von Karl Liebknecht verabschieden.
Seit diesem Tag geht sie öfter an diesen Ort. Die trauernden Menschen dort rühren sie sehr an. In diesem Zusammenhang entsteht auch das Bild „Mann und Frau".

Aus dem Tagebuch von Käthe Kollwitz (Käthe Kollwitz: Aus meinem Leben. Ein Testament des Herzens. 3. Auflage. Freiburg/Basel/Wien, S. 101):

„Früh wieder einmal im Leichenschauhaus gewesen und einen Erschossenen gezeichnet ... Dann nebenan in der Morgue gewesen. Dichtes Vorbeidefilieren der Menschen an den Glasfenstern, hinter denen die nackten Leichen liegen ... O, welch jammervoll trauriger Ort ist das Leichenschauhaus! Welche Qual, einen lieben Menschen dort suchen zu müssen und ihn zu finden!"

5 Ruf zum Frieden und zur Gerechtigkeit

Thema: Erinnern lernen: Otto Weidt

Intention der Unterrichtsreihe

Die Lebenssituation der Juden im 3. Reich und Otto Weidt als Beispiel für einen Menschen, der mutig für die Verfolgten in dieser Zeit eintritt, kennenlernen.

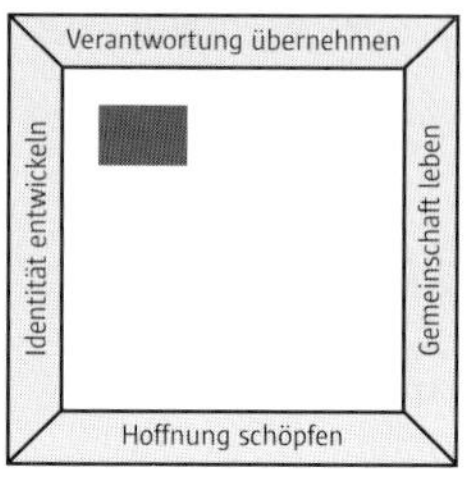

8–10 Std.

Theologisch-didaktischer Kommentar

Der Schriftsteller Elie Wiesel, geb.1928, der den Holocaust überlebt hat, besuchte 20 Jahre nach seiner Befreiung Sighet, seine kleine Heimatstadt in Ungarn. Die Menschen, mit denen er und seine Familie 16 Jahre zusammengelebt hatten, erinnerten sich nicht mehr an ihn und an das damals begangene Unrecht. Beides hatten sie aus ihrem Gedächtnis verbannt. Sie hatten die Menschen und das erlittene Unrecht einfach aus der Zeit vertrieben. Damit war die Chance zur Heilung vertan.
Der amerikanische Philosoph George Santayana (1863–1952) hat Wiesels Erfahrung so formuliert: "Those who cannot remember the past are condemned to repeat it"– Die sich nicht an die Vergangenheit erinnern können, sind verdammt, sie zu wiederholen.*
Deshalb erinnern wir an Otto Weidt.
Nicht weit vom S-Bahnhof Hackescher Markt, dicht an einer lebhaft befahrenen Kreuzung liegt versteckt in einem Hinterhof in der Rosenthaler Straße 39 die frühere Blindenwerkstatt von Otto Weidt. Er hatte den Beruf des Tapezierers und Polsterers gelernt. Eine fortschreitende Sehverschlechterung, die ihn nur noch Konturen wahrnehmen ließ, zwang ihn zum Berufswechsel. Deshalb gründete er um 1940 seine Blindenwerkstatt. Hier beschäftigte er, der ja selbst kein Jude war, blinde und gehörlose Menschen aus einem jüdischen Blindenheim und einige Juden, die ihre Berufe nicht mehr ausüben durften. Zum Personal gehörten auch wenige nicht jüdische Mitarbeiter.
„Bürsten für Industrie und Haushalt", wie es auf dem Firmenbriefkopf hieß, brauchte z. B. die Wehrmacht, für die Weidt arbeitete. Sein Betrieb stellte also kriegswichtige Produkte her. Das bedeutete einen gewissen, aber unsicheren Schutz für seine jüdischen Mitarbeiter. Bürsten waren während des Krieges Mangelware und deshalb gute Tauschobjekte für den Schwarzmarkt.
1942 stürmte die Gestapo die Werkstatt und holte alle jüdischen Mitarbeiter zum Weitertransport ins KZ ab. Wenige Stunden später kehrte Weidt an der Spitze seiner Schutzbefohlenen zurück. Vermutlich hatte er sie freigekauft, d. h. die Gestapoleute bestochen.
1943 versteckte er unter anderem die Familie von Chaim Horn im hintersten, fensterlosen Werkstattraum. Eines Tages traf Horn einen Mann, den er für einen alten Freund hielt, und vertrauensselig erzählte er ihm alles, was er über Weidt, die Werkstatt und untergetauchte Juden wusste. Er ahnte nicht, dass er sich einem jüdischen Spitzel anvertraute. Die Gestapo verhaftete alle, die Weidt versteckt hatte. Ihm selbst geschah nichts. Offensichtlich hatte er die Gestapoleute, die „Geschenke" von ihm angenommen hatten, in der Hand. Er erreichte es sogar, dass die verhafteten Juden nicht nach Auschwitz, sondern nach Theresienstadt (60 km nördlich von Prag) deportiert wurden. Theresienstadt war Vorzeigelager mit einem Schaughetto, in das z. B. eine Delegation des internationalen Roten Kreuzes eingeladen wurde. Die Deportierten durften Pakete bekommen und Briefe und Postkarten schreiben, die natürlich zensiert wurden. Theresienstadt war Vernichtungslager und Durchgangslager nach Auschwitz. Weidt rechnete sich hier einen Aufschub für seine deportierten Mitarbeiter aus. Er schickte ihnen Lebensmittelpakete, die auch ankamen. Ebenso kümmerte er sich um die in Berlin Untergetauchten. Damit rettete er mehreren Menschen das Leben.
Was hat Weidt zu seinem Eintreten für seine jüdischen Mitarbeiter veranlasst? Es waren seine tiefe Abneigung gegen Adolf Hitler und seine große Menschlichkeit.
In der nationalen Gedenkstätte Yad Vashem in Jerusalem steht eine Gedenktafel für ihn. Er wurde unter die „Gerechten der Völker" aufgenommen.

* Santayana, S. 284

Sachinformationen

Davidstern/Judenstern/Hexagramm

Mit dem sechseckigen Stern war ursprünglich keine antisemitische Tendenz verbunden. In der Antike war er ein beliebtes dekoratives Element. Die Bierbrauer in Nürnberg und Augsburg wiesen mit dem Stern auf den Ausschank hin.
Eine spätmittelalterliche Legende deutete ihn als Siegeszeichen auf König Davids Schild. Kaiser Karl IV. verlieh den Juden Prags 1354 das Recht auf eine eigene Fahne mit dem Hexagramm. Damit zeigte er ihnen seine Anerkennung. Das Hexagramm war ein politisches Ehrenzeichen.
Mit der Verordnung zum Tragen des gelben Sterns deuteten die Nationalsozialisten das alte Zeichen um, indem sie an die Kleiderordnungen für Juden im Mittelalter anknüpften: Sie mussten einen gelben Fleck oder Ring an der Kleidung tragen. Gelb war die Farbe der Ausgrenzung, die den verhängten Kirchenbann sichtbar machte. Judas wurde mit einem gelben Gewand gemalt, da ihm Neid und Habgier unterstellt wurden. Das an das Hebräische angelehnte Schriftbild des J für Jude und die Farbe Gelb waren also als Zeichen der Diskriminierung bewusst gewählt.
Für die Zionisten, die im 19. Jahrhundert einen jüdischen Nationalstaat wollten, war der Davidstern ein rein politisches Symbol.
1948 wurde er zum nationalen Symbol in der Flagge des Staates Israel.

Gestapo

Die Heinrich Himmler unterstehende Gestapo, Geheime Staatspolizei, war eine politische Polizei, die die gesamte Bevölkerung bespitzeln und Regimegegner ausschalten sollte. Ohne richterliche Überprüfung konnte sie die sog. „Schutzhaft" in Gefängnissen und Konzentrationslagern verhängen, liquidieren und foltern. Besondere „Einsatzgruppen" beteiligten sich an der Massenvernichtung der Juden.

Deportation bedeutet erzwungenes Wegbringen an einen anderen Ort und Verschleppung.

Kennkarte

Die Kennkarte ist der Vorläufer des Personalausweises. Mit dem eingedruckten J war sie für die Juden ab 1.1.1939 vorgeschrieben. Als Zeichen der Diskriminierung wurde bei Frauen zusätzlich der Name Sarah, bei Männern der Name Israel eingetragen.

Auschwitz

Das KZ Auschwitz liegt etwa 60 km westlich von Krakau in Polen.
Die Vernichtung von Menschen begann im Juni 1940 mit dem Eintreffen des ersten Transportes. Zu dem KZ-Komplex Auschwitz gehörten weitere 40 Außenlager, in denen die Deportierten Zwangsarbeit u. a. für die deutsche Industrie leisten mussten.
Die Zahl der Opfer liegt zwischen 1,1 und 1,5 Millionen. Die Zahl ist nur ein Annäherungswert, weil viele Opfer gar nicht erst registriert, sondern gleich nach ihrer Ankunft umgebracht wurden.

Greifer

Die Gestapo bediente sich jüdischer Spitzel, die hofften, durch diese Tätigkeit ihre Familien schützen und die Deportation hinauszögern zu können.

Hakenkreuz/Swastika

Die Swastika ist aus der altindischen Literatur als Glück bringendes Zeichen bekannt und an vielen Hindutempeln zu finden. Es ist ein Sonnensymbol, das vielen Völkern gemeinsam war.
Adolf Hitler schreibt in „Mein Kampf", er habe das Emblem mit dem Hakenkreuz, das die Fahne, die Parteiabzeichen und Armbinden trugen, selbst entworfen. Rot bedeute den sozialen, Weiß den nationalistischen Gedanken und das Hakenkreuz den Sieg der arischen Rasse.

In dieser Unterrichtseinheit spielt Otto Weidt eine zentrale Rolle, der in beispielhafter Weise für die Juden eingetreten ist. Dabei hat er keinen ausgeprägt christlichen Hintergrund, der sein Handeln begründet. Aufgrund der den Kindern bekannten Geschichten von Jesus ist es allerdings möglich, zu reflektieren, welche christliche Motivation zum Handeln es geben könnte.
Die Unterrichtseinheit beginnt mit einer Einführung in die Zeit, damit die Kinder die Ereignisse verorten können.
Die Erzähl- und Lesetexte sind auf der Grundlage von dem Buch „Ich trug den gelben Stern" von Inge Deutschkron gestaltet.

Bausteine der Unterrichtsreihe

Baustein 1: Am Bahnhof Grunewald

Unterrichtsmaterial:

- Folie von Material: „Denkmäler" (Folie 4) **M 5.1**
- Folie von Material: „Mahnmal Bahnhof Grunewald" (Folie 5) **M 5.2**
- Informationen zum Mahnmal Bahnhof Grunewald **M 5.3**
- Arbeitsblatt: „Bahnhof Grunewald" **M 5.4**

Unterrichtsschritte:

1. L zeigt die Folie „Denkmäler". **M 5.1**
   Die Kindern äußern sich spontan dazu.
   Wenn ihr euch aufmerksam in eurer Umgebung umschaut, werdet ihr Figuren aus Stein oder Bronze, beschriftete Schilder und Steine finden, die an Menschen oder Ereignisse erinnern sollen.
   Die Kinder überlegen, wo es solche Erinnerungszeichen in ihrer Umgebung gibt:
   - Kriegerdenkmäler
   - Wegkreuze
   - Gedenktafeln an Gebäuden zur Erinnerung an bedeutende Menschen oder Ereignisse
   - Straßenschilder, mit oder ohne Erklärung eines Ereignisses oder zu einem Namen, z. B. Konrad-Adenauer-Allee, Straße des 17. Juni
   - Grabsteine

2. Sobald der Begriff *Denkmal* fällt, wird er an die Tafel geschrieben. Der Begriff *Mahnmal* wird durch die Kinder oder L ergänzt.
   Die Kinder erarbeiten Erklärungen für beide Begriffe:

   - Ein *Denkmal* will in der Regel die Erinnerung, die Lebensleistung von Menschen oder die Bedeutung von Ereignissen wachhalten.
     Beachte: Bei Kriegerdenkmälern können Verherrlichung, Dank und Leid zusammenfließen.

   - Das *Mahnmal* erinnert an leidvolle Erfahrungen und will durch sein Mahnen die Wiederholung ähnlicher Ereignisse verhindern.

3. L zeigt die Folie „Mahnmal Bahnhof Grunewald". **M 5.2**
   L: *Diese Mauer befindet sich an einem kleinen Bahnhof in Berlin. Sie soll an eine ganz bestimmte Zeit und an ganz bestimmte Menschen erinnern. Mit ihnen werden wir uns beschäftigen. Jeder, der an dieser Mauer entlanggeht, muss sich seine eigenen Gedanken machen. Eine Tafel mit einer Erklärung gibt es nicht.*

4. Die Kinder äußern sich zu der Folie. Sie beginnen ihre Beiträge zur Bildbetrachtung mit „Ich sehe oder ich erkenne".
   Sie beschreiben die Farbe, die Gestaltung der Oberfläche, das Material, die Figuren, die Richtung des Bildes und die Gefühle, die die Darstellungsart in ihnen auslöst. **vgl. M 5.3**

5. Die Kinder schreiben ihre Wahrnehmungen und Gedanken unter das Bild der Mauer auf dem Arbeitsblatt. **M 5.4**
   Die Kinder stellen fest, dass sie für die Entscheidung, ob es sich um ein Denk- oder Mahnmal handelt, noch mehr Informationen brauchen.

Achtung: Dieses Arbeitsblatt wird in Baustein 5 noch einmal benötigt.

Baustein 2: Maßnahmen gegen die jüdische Bevölkerung

Unterrichtsmaterial:

- Bild: „Mahnmal Bahnhof Grunewald" **M 5.5**
  Die Kopiervorlage wird mindestens auf DIN A3 vergrößert und auf einen dunklen Hintergrund geklebt.
- Magnete
- Klebstoff
- Vorlage für das entstehende Bild **M 5.6**
- Bild von Adolf Hitler **M 5.7**
- Informationen über Adolf Hitler **M 5.8**
- Kopiervorlage: „Maßnahmen gegen die jüdische Bevölkerung", von L vorzubereiten **M 5.9**
- Kopiervorlage: „Verordnung zum Tragen des Judensterns" **M 5.10**
- Kopiervorlage: „Judensterne", auf gelbes Papier kopiert und ausgeschnitten **M 5.11**
- Textmarker

Unterrichtsschritte:

1. L hängt das vorbereitete Bild vom Mahnmal Bahnhof Grunewald mit Magneten an die Tafel. Die Kinder erinnern sich an die Folie aus Baustein 1. Sie wiederholen ihnen wichtige Details. **M 5.5**

2. L klebt das Bild von Adolf Hitler auf die linke Seite des Bildes (vgl. **M 5.6**). **M 5.7**
   Die Kinder äußern sich spontan. L gibt zusätzliche Informationen. **M 5.8**
   Der Name Adolf Hitler wird unter das Bild geschrieben.

3. L: *Das Bild von Adolf Hitler habe ich auf das Bild geklebt, weil er den Juden das Leben mit mehr als 200 Bestimmungen und Gesetzen schwer gemacht hat. Einige dieser Gesetze werdet ihr kennenlernen. Sie stehen auf den Kärtchen, die auf dem Pult liegen. Am Ende überlegen wir, wie sich diese Bestimmungen auf das Leben der Juden ausgewirkt haben.* **M 5.9**

   Jedes abgeholte Kärtchen wird zunächst vorgelesen und danach um die Schattenfiguren geklebt, sodass diese allmählich ringförmig eingeschlossen werden (vgl. **M 5.6**).

4. Im Gespräch arbeitet L mit den Kindern heraus, welche Lebensbereiche der Juden eingeengt und belastet wurden.
   - Einschränkung von Nahrungsmitteln
   - Einschränkung der Bewegungsfreiheit
   - Verlust sozialer Kontakte
   - Beschneidung der Informationsmöglichkeiten
   - ...

5. Die Kinder markieren die Jahreszahlen auf den Karten. Dadurch wird ihnen der Zeitraum des Geschehens (1933–1944) klar.

6. L: *Ab dem 15. September 1941 gab es noch eine ganz besondere Polizeiverordnung. Jeder Jude ab 6 Jahren musste an der Oberbekleidung einen Judenstern tragen.*
   Die Kinder stellen Vermutungen über den Grund an.

7. L klebt den großen Judenstern und die Karte zu den Schattenfiguren (vgl. **M 5.6**). **M 5.11/M 5.10**
   Die Kinder überlegen die Absicht dieser Polizeiverordnung:
   Die Einengung des Lebensbereichs wird durch eine sichtbare Ausgrenzung und Kontrolle in der Öffentlichkeit verschärft.

8. Nachdem L Informationen zum Judenstern gegeben hat, wird auf jede Schattenfigur ein kleiner Judenstern geklebt (vgl. **M 5.6**).

Baustein 3: Otto Weidt

Unterrichtsmaterial:

- Bild: „Mahnmal Bahnhof Grunewald“ aus Baustein 2 **M 5.5**
- Magnete
- Klebstoff
- Bild von Otto Weidt **M 5.12**
- Informationen zu Otto Weidt **M 5.13**

Unterrichtsschritte:

1. L hängt das Bild an die Tafel. Die Kinder wiederholen in Baustein 2 Erarbeitetes. **M 5.5**

2. Danach klebt L das Bild von Otto Weidt auf die rechte Seite des Bildes (vgl. **M 5.6**) und gibt Informationen zu seiner Person. **M 5.12/M 5.13**

3. Die Kinder äußern sich zu dem nun entstandenen Bild. Sie vergleichen die Positionen und Erscheinungsbilder von Adolf Hitler und Otto Weidt in ihrer Beziehung zu den Schattengestalten.

   Schattenfiguren:
   - An ihnen sieht man keine Kleidung.
   - Sie sind die Vernichteten.
   - Für Hitler existieren sie nicht mehr.

   Adolf Hitler:
   - Seine Haltung und Kleidung sind Zeichen der Macht.
   - Er ist der Vernichter.
   - Er verfolgt Menschen.

   Otto Weidt:
   - Der unauffällig und bescheiden wirkende Weidt gehört nicht zu Hitlers Welt.
   - Er steht unter Hitler und näher bei den Schattengestalten.
   - Er ist nicht in ihrer Situation, aber er bewegt sich fast auf gleicher Höhe mit ihnen.
   - Er und sie gehören zusammen.
   - Er beschützt Menschen.

4. L: *Was Otto Weidt in dieser Zeit, von der wir jetzt einiges erfahren haben, erlebt hat, damit beschäftigen wir uns in den nächsten Stunden. Wie konnte er Menschen beschützen, obwohl Adolf Hitler die Macht hatte?*

Baustein 4: Wo alles passierte

Unterrichtsmaterial:

- ▷ Hörspiel Teil 1: Wo alles passierte (Text) (◎ I Track 5) **M 5.14**
- ▷ Arbeitsblatt: „SMS aus Berlin“ **M 5.15**
- ▷ Hörspiel Teil 2: Überraschender Besuch (Text) (◎ I Track 6) **M 5.16**

Unterrichtsschritte:

1. Die Kinder hören den 1. Teil des Hörspiels: „Wo alles passierte“. **M 5.14**

2. L: *Stell dir vor, du bist der Museumsbesucher. Tief beeindruckt verlässt du die Werkstatt von Otto Weidt und schreibst deinem besten Freund/deiner besten Freundin sofort eine SMS.*
   Die Kinder bearbeiten das Arbeitsblatt „SMS aus Berlin“. **M 5.15**
   Sie lesen ihre Ergebnisse vor.

3. Die Kinder hören das Hörspiel Teil 2: „Überraschender Besuch“. **M 5.16**

4. L führt mit den Kindern ein Gespräch darüber, dass in diesem Teil des Textes einige Charakterzüge von Otto Weidt gut beschrieben werden.
   Die Erarbeitung sollte folgende Punkte berücksichtigen:

   Was beabsichtigte Weidt mit der Einladung des Kriminalbeamten?
   - Er will ihn in Sicherheit wiegen.
   - Er will sich als untadligen, strengen Unternehmer empfehlen.
   - Er will sich als jemand zeigen, der auf die Zusammenarbeit mit der Polizei Wert legt.

   Wo lagen die Gefahren eines solchen Unternehmens?
   - Einer der Beteiligten verliert die Nerven.
   - Einer der Arbeiter wird angesprochen und verrät sich.

   Warum bezeichnete Weidt seine Arbeiter als Schmarotzer?
   - Er will sich bei dem Kriminalbeamten einschmeicheln, indem er diese Propagandabezeichnung für Juden benutzt.

5. L erarbeitet mit den Kindern die Eigenschaften von Weidt:
   planvoll handelnd, risikobereit, schauspielerisch begabt, schlau, kaltblütig ...

6. L: *Du weißt jetzt, wer Otto Weidt ist und welche Eigenschaften er hat. Schreibe das deinem Freund/deiner Freundin in der heutigen SMS!* **M 5.15**

Baustein 5: Möbelwagen

Unterrichtsmaterial:

- ▷ Hörspiel Teil 3: „Möbelwagen“ (◎ I Track 7) **M 5.17**

Unterrichtsschritte:

1. Die Kinder hören Teil 3 des Hörspiels: „Möbelwagen“. **M 5.17**

2. Im Gespräch klärt L mit den Kindern ...

   die Rolle der Juden: *Wo sind wir noch sicher?*
   Die Kinder überlegen, welche Möglichkeiten des Überlebens denkbar sind und ob sie verwirklicht werden können:
   - Berlin verlassen
   - sich verstecken – aber wo?
   - sich als Spitzel anbieten
   - in einer Botschaft um Asyl bitten
   - sich als Soldat/Polizist verkleiden
   - ...

   die Risiken beim Untertauchen.
   - häufige Kontrollen
   - alle Situationen, in denen man sich identifizieren muss (z. B. im Krankenhaus)
   - auch ein Untergetauchter braucht Geld und Lebensmittel
   - misstrauische Nachbarn
   - ...

   die Rolle von Otto Weidt.
   - hat keine Angst
   - wird aktiv, um die Juden zu befreien
   - lässt sich nicht entmutigen
   - ...

   die Rolle der Zuschauer im Gegensatz zu der von Otto Weidt. Was steckt hinter ihren Reaktionen?
   - Angst
   - Vorurteile gegenüber den blinden Juden
   - Gleichgültigkeit
   - Erstarrung
   - ...

3. L: *Schreibe deine SMS heute unter folgendem Ge-*

sichtspunkt: Wenn du damals dabei gewesen wä-rest, wie hättest du dich verhalten? **M 5.15**

Baustein 6: Chaim heißt Leben

Unterrichtsmaterial:

- Hörspiel Teil 4: „Chaim heißt Leben" (◎ I Track 8) **M 5.18**

Unterrichtsschritte:

1. Die Kinder hören Hörspiel Teil 4: „Chaim heißt Leben". **M 5.18**
2. Im Klassengespräch werden folgende Punkte besonders erarbeitet:
   - Woher weiß man, ob man jemandem unbedingt vertrauen kann?
   - Wie kann man noch mit Menschen zusammenleben, wenn man eigentlich niemandem mehr vertrauen kann?
   - Was hat sich Horns sog. Freund von dem Verrat versprochen?
   - Warum wurde Otto Weidt nicht verhaftet?
3. L: *In deiner heutigen SMS machst du dir über Folgendes Gedanken:* **M 5.15**
   Warum ist Vertrauen wichtig? Wenn ich kein Vertrauen habe, ... Wenn mir keiner vertrauen kann ...

Baustein 7: Otto Weidt gibt nicht auf

Unterrichtsmaterial:

- Folie: „Mahnmal Bahnhof Grunewald" **M 5.2**
- Hörspiel Teil 5: „Otto Weidt gibt nicht auf" (◎ I Track 9) **M 5.19**
- Arbeitsblatt aus Baustein 1: „Bahnhof Grunewald" **M 5.4**
- Blätter, Stifte

Unterrichtsschritte:

1. Die Kinder hören den 5. Teil des Hörspiels: „Otto Weidt gibt nicht auf". **M 5.19**
2. Zur Nachbereitung wird das Arbeitsblatt dazugenommen. Die Kinder denken über die Begriffe Denkmal und Mahnmal nach. Sie schreiben über das Bild auf dem Arbeitsblatt die Überschrift: *Mahnmal Bahnhof Grunewald.* **M 5.4**
3. Im Gespräch erarbeitet L mit den Kindern, dass Otto Weidt auch ein Denkmal verdient hätte (vgl. Baustein 4, Unterrichtsschritt 5). Darum sollen die Kinder nach ihren Vorstellungen eine Gedächtnistafel gestalten.
4. Die Unterrichtseinheit endet mit einer Reflexion darüber, was wir aus Otto Weidts Verhalten lernen können.

Denkmäler — M 5.1

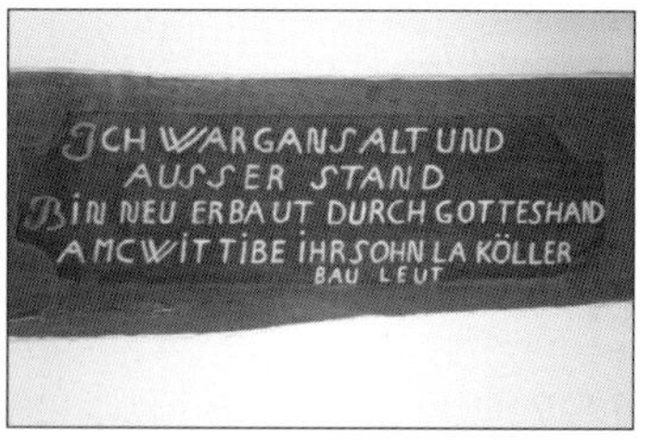

(Folie 4)

Mahnmal Bahnhof Grunewald — M 5.2

(Folie 5)

Informationen zum Mahnmal Bahnhof Grunewald — M 5.3

Die Mauer am Bahnhof Grunewald verläuft parallel zu einem Bürgersteig und einer Straße. Wer sich die Bilder anschaut, wird den Weg mit den abgebildeten Menschen gehen. Bei jedem kann er stehen bleiben. Jeder wird ihm etwas anderes erzählen können.
Fünf Negativabdrücke von Menschen und zwei kaum sichtbare Gestalten beherrschen die Mauer. Sie sind nur noch Schatten oder schwarze Vertiefungen im grauweißen Beton, die die Betrachter mit ihren Händen ertasten können. Die Körperlichkeit der dargestellten Menschen ist aufgehoben. Einige von ihnen haben sogar nur noch einen Teil ihres Körpers. Sie sehen so aus, als seien sie bereits ausgelöscht, obwohl sie sich noch bewegen. Eine schwarze Figur bleibt stehen und schaut zurück, als wolle sie Abschied nehmen oder sich der kleinen, kaum sichtbaren, kindlichen Figur zuwenden, die am Ende der Gruppe zurückgeblieben ist. Deutlich ist der Einschnitt in der Mauer. Er zeigt den Bruch im Leben dieser Menschen. Ein kleines Stück der Vergangenheit ist noch sichtbar, wird aber bald im Nichts versinken. Die Zukunft sieht genau so grau und trostlos aus wie die Vergangenheit. Die Menschen wissen, wohin sie gehen. Wer von ihnen wird überleben?
Das aus Beton bestehende Mahnmal wurde von dem polnischen Künstler Karol Broniatowski entworfen und 1991 eingeweiht. Parallel zum Mahnmal verläuft eine Straße, die nach 200 Metern an den Gleisen des Bahnhofs endet. Von Gleis 17 fuhren die Züge in die Konzentrationslager.
Das sich anschließende Mahnmal Gleis 17 wurde von dem Architektenteam Nicolaus Hirsch, Wolfgang Lorch und Andrea Wandel gestaltet.

Bahnhof Grunewald

M 5.4

Schreibe deine Gedanken zum Bild auf.

Vorlage für das entstehende Bild

M 5.6

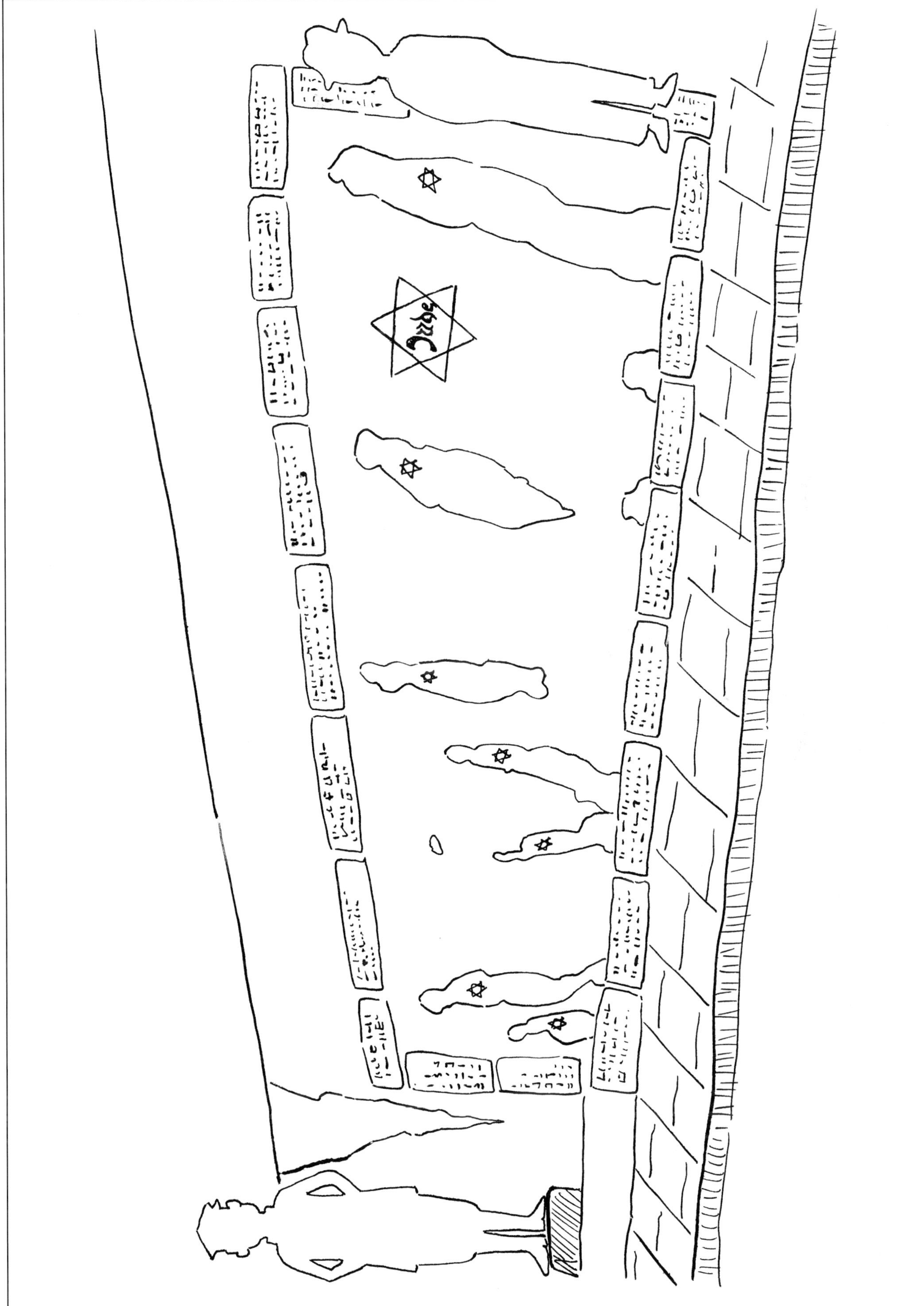

KOPIERVORLAGE

Bild von Adolf Hitler

M 5.7

Informationen über Adolf Hitler

M 5.8

Adolf Hitler (1889–1945)
Von 1933–1945 war Adolf Hitler der mächtigste Mann in Deutschland.
Er nannte sich Führer und regierte in Berlin.
Er wollte über ganz Europa herrschen und begann Krieg gegen viele Länder.
Auf Uniformen, Fahnen etc. trugen er und seine Anhänger das Hakenkreuz.
Das hatte er sich zum Kampfzeichen gemacht.
Es war sein Kampfzeichen gegen alle, die ihm widersprachen oder Widerstand leisteten. Wer das wagte, den ließ er umbringen.
Und es war auch sein Kampfzeichen gegen alle Juden.
Hitler sagte: „Die Juden haben keine richtige Religion.
Die Juden nehmen den Menschen das Geld und die Arbeit weg.
Sind Filme und Zeitungen schlecht, dann sind sie daran schuld.
Die Juden schließen sich von allen anderen Menschen ab und wollen nichts von ihnen wissen. Sie helfen nur ihren eigenen Leuten.“
Obwohl das nicht stimmte, dachten viele Menschen genauso oder glaubten Hitler.
Viele Menschen waren auch neidisch auf die Juden. Viele von ihnen hatten wichtige Erfindungen gemacht, berühmte Bücher geschrieben oder waren hervorragende Ärzte. Ihre Forschungen wurden ausgezeichnet und waren in der ganzen Welt bekannt.
Hitler hasste die Juden und machte ihnen das Leben schwer. Jedes Mittel war ihm recht, sie zu verfolgen und zu erniedrigen. Dabei half ihm die Gestapo, die Geheime Staatspolizei.

Maßnahmen gegen die jüdische Bevölkerung

M 5.9

Juden dürfen nicht ins Kino gehen und keine Konzerte besuchen. 12. November 1938	Juden dürfen im Sommer nach 21.00 Uhr und im Winter nach 20.00 Uhr nicht mehr auf die Straßen. 1. September 1939
Der Besitz von Radios ist Juden verboten. 20. September 1939	Einkaufszeiten für Juden in Berlin: nur von 16.00 bis 17.00 Uhr. 4. Juli 1940
In öffentlichen Büchereien werden keine Bücher mehr an Juden ausgeliehen. 2. August 1941	Juden dürfen ihren Wohnort nur mit polizeilicher Erlaubnis verlassen. 18. September 1941
Juden erhalten keine Milch, keine Eier, kein Fleisch und keine Fleischprodukte. 18. September 1942	Juden ist es verboten, aus Telefonzellen zu telefonieren. 12. Dezember 1941
Jüdische Ärzte dürfen nicht mehr praktizieren. 17. Januar 1939	Juden dürfen keine Haustiere halten. 15. Februar 1942
Juden bekommen keine Zusatzscheine für den Kauf von Seife. 26. Juni 1941	Juden dürfen in vielen Städten Freibäder und Hallenbäder nicht mehr benutzen. 22. August 1933
Die Eingangstüren jüdischer Wohnungen müssen mit einem schwarzen Judenstern gekennzeichnet werden. 13. März 1942	Juden dürfen keine öffentlichen Verkehrsmittel mehr benutzen. 24. April 1942
Alle jüdischen Schulen werden geschlossen. 20. Juni 1942	Jüdische Kinder dürfen keine öffentlichen Schulen mehr besuchen. 11. November 1938

Verordnung zum Tragen des Judensterns — M 5.10

Jeder Jude ab 6 Jahren muss auf seiner Oberbekleidung einen gelben Stern tragen.

1. September 1941

Judensterne — M 5.11

Bild von Otto Weidt

M 5.12

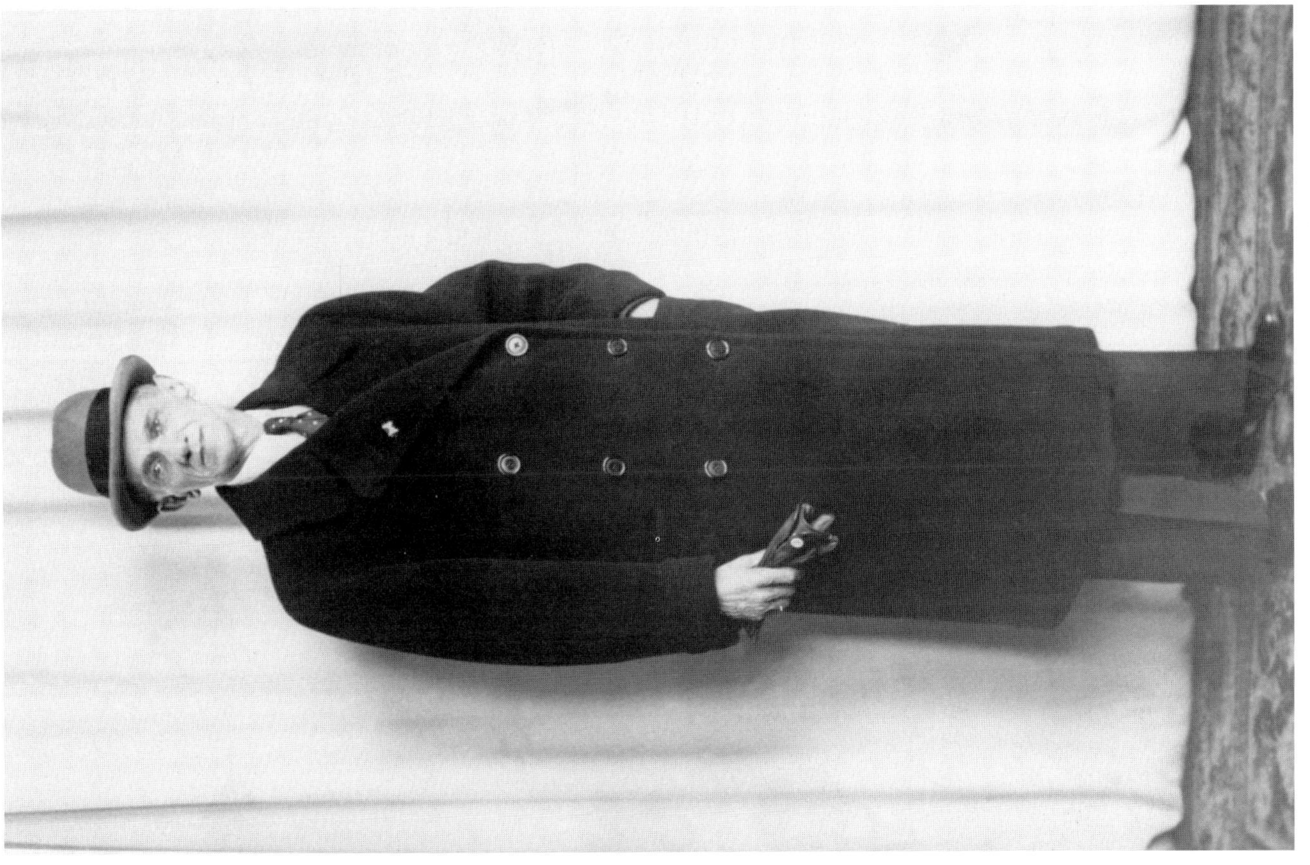

Informationen zu Otto Weidt

M 5.13

Otto Weidt (1883–1947) lebte seit vielen Jahren in Berlin. Als gelernter Polsterer hatte er einmal einen kleinen Betrieb gehabt. Auch das Tapeziererhandwerk hatte er erlernt. Da sich seine Sehfähigkeit ständig verschlechterte, musste er beide Berufe aufgeben. Als er um 1940 eine Werksatt zur Herstellung von Bürsten und Besen gründete, war er fast blind.
In seiner Werkstatt beschäftigte er Blinde, Taubstumme und auch ein paar gesunde Menschen. Er war ein Mann, der den Frieden liebte, Krieg und Gewalt verabscheute. Und er mochte Adolf Hitler nicht, der Krieg gegen andere Völker angefangen hatte. Gegen den mächtigen Hitler war Weidt nur ein ganz kleiner Mann, der tief unter ihm stand.
Aber Otto Weidt sagte: „Was Hitler tut ist ungerecht. Da mache ich nicht mit. Und seine Gestapo, die Juden verfolgt, fürchte ich nicht. Mit der werde ich schon fertig.“

Hörspiel Teil 1: Wo alles passierte (1) M 5.14

Mit Otto Weidt können wir leider nicht mehr sprechen.
Er ist kurz nach Ende des Krieges gestorben.
Aber ich will mehr über ihn wissen.
Also fliege ich nach Berlin, fahre mit der S-Bahn
und steige an der Haltestelle Hackescher Markt aus.
Von der Bürstenwerkstatt soll hier in der Nähe noch etwas zu sehen sein.
Wo ist denn mein Stadtplan?
Na klar, da, wo er hingehört. Zu Hause.
Auch das noch.
Aber an die Adresse erinnere ich mich: Rosenthaler Straße 39.

Ah, da ist ja jemand.
„Können Sie mir sagen, wo die Rosenthaler Straße ist?"

*„Sehn Se da drüben die renovierten Häuser?
Da sind Se gleich in der Rosenthaler Straße. Wat suchen Se denn?"*

„Da soll ein Museum sein: das Museum über Otto Weidt."

*„Da? Ein Museum? Von Otto Weidt? Nie wat von jehört.
Na, man kann ja nich allet wissen."*

Wo ist denn nun Nummer 39, links oder rechts?
Ach hier! Da läuft man ja ganz leicht dran vorbei.
Nach Museum sieht das hier aber nicht aus, eher nach Hinterhof.
Der Toreingang und selbst das Pflaster ist mit bunten Reklamen beklebt.
Scheint aber doch richtig zu sein.
Was steht denn da auf der Tafel?

In diesem Haus befand sich die Blindenwerkstatt von Otto Weidt.

Die Treppe ist neu gemacht.
Wir sind da!

Ich werde freundlich begrüßt. Der Eintritt ist frei.

„Schauen Sie sich einfach um. Wenn Sie Fragen haben, helfe ich Ihnen gern."

Also begebe ich mich auf meine Entdeckungstour.
In einem Raum stehen Glasvitrinen, in denen Postkarten, Judensterne und Ausweise für Juden aufbewahrt werden. Sie sind noch gut zu lesen. Vergrößerungen alter Fotos hängen an den Wänden.
Sie zeigen Otto Weidt und seine Mitarbeiter.

Hörspiel Teil 1: Wo alles passierte (2) — M 5.14

In einem anderen Raum stehen auf mehreren Tischen
kleine Geräte zum Anfertigen von Bürsten.
Fast alles war damals Handarbeit.
Zwei handgemachte Bürsten von damals sind noch zu sehen.
Ich kann mir gut vorstellen, wie hier vor vielen Jahren gearbeitet wurde.
Im Augenblick gibt es gerade keine Führung.
Also benutze ich die Computer, um mehr zu erfahren.
Viele Bilder und Texte erscheinen auf dem Bildschirm.
Ein Plan zeigt, dass die Werkstatt einmal elf Räume hatte.
Heute sieht alles anders aus. Die Werkstatt ist liebevoll renoviert worden.
Ich stehe vor einer hellen, gelb gestrichenen Wand.
Hat jemand ein Bild von einer Schranktür darauf gemalt?
Auf den ersten Blick sieht es so aus.
Dahinter, in einem fensterlosen Raum mit abgetretenen Holzdielen, steht nichts außer einem kleinen, braunen Kachelofen.
Ich nehme mir viel Zeit zum Lesen und Anschauen.
Bevor ich gehe, kaufe ich mir den kleinen Führer über die Ausstellung.
Viele Dinge haben mich neugierig gemacht.
Ich will z. B. noch einmal in die Gesichter der Menschen schauen,
die hier gearbeitet haben.
Draußen blicke ich mich auf dem Hinterhof um.
So ähnlich muss es damals schon gewesen sein.
Nachdem ich die Bilder von Otto Weidt gesehen habe,
kann ich mir vorstellen, wie er in seinem schwarzen Mantel
mit dem Blindenstock in der Hand durch das Tor biegt und den Hof betritt.

SMS aus Berlin — M 5.15

Hörspiel Teil 2: Überraschender Besuch

M 5.16

Immer noch beschäftigt mich mein erster Besuch im Museum von Otto Weidt in der Rosenthaler Straße. Jetzt sitze ich auf einer Bank im Park – mit dem Ausstellungsführer in der Hand. Alles ist so genau beschrieben. Ich habe das Gefühl, dabei zu sein.

Es ist 1941.
Otto Weidt steigt die knarrende Holztreppe zu seiner Blindenwerkstatt hinauf. Niemand gelangt ungesehen in die Werkstatt. Die Treppe zu überwachen, ist Aufgabe des Lehrmädchens, denn in Otto Weidts Werkstatt passiert etwas Verbotenes. Kommt unangemeldeter Besuch oder jemand, den sie nicht kennt, dann drückt sie auf eine Klingel. Sechzehn Stufen führen von der Eingangstür zur Werkstatt im ersten Stock. Auch jemand, der langsam geht, braucht dafür nur ungefähr 20 Sekunden. Was nach der Klingelwarnung geschieht, hat Weidt mit seinen Mitarbeitern oft geübt. Damit werden alle geschützt. Die jüdischen Frauen und Männer, die im Büro mitarbeiten, werfen sich ihre Kittel mit dem Judenstern über und verschwinden in Richtung Werkstatt. Juden dürfen nämlich nicht in Büros arbeiten.
Ein Mann von der Kriminalpolizei steht vor der Tür. Und der heißt ausgerechnet auch noch Prüfer. Weidt kennt ihn. Vor einiger Zeit hat er zu ihm gesagt: „Kommen Sie doch mal vorbei. Dann werde ich Ihnen zeigen, wie ich einen Betrieb mit jüdischen Arbeitern führe." Das war ziemlich riskant. Aber nur so konnte er seine Arbeiter schützen und kein Aufsehen erregen.
Jetzt wird es ernst. Weidt begrüßt ihn freundlich: „Ich freue mich sehr, dass Sie Zeit gefunden haben, meine Werkstatt zu besuchen."
Sie machen einen Rundgang. In der Werkstatt schnauzt Weidt einen Arbeiter an: „Was du da machst, das soll eine Bürste sein?" Der Arbeiter zuckt zusammen. Dann nimmt Weidt sich einen anderen vor: „Zeig mal den Besen her! Hier wird ordentlich gearbeitet und kein Material verschwendet!" Die Arbeiter senken demütig die Köpfe. Er führt den Kriminalbeamten in die Waschräume, die alle benutzen: „Das sind die Waschräume für die Juden. Die benutzen wir natürlich nicht. Wer will sich schon mit Juden gemeinsam waschen." Prüfer lächelt zustimmend. Das ist eine Sprache, die ihm gefällt. „Wissen Sie, man muss diese Leute hart anpacken. Dann klappt alles. Hier haben die arbeiten gelernt." Prüfer ist beeindruckt. Und Weidt fügt hinzu: „Ja, so ist das. Unsere Männer kämpfen für das Vaterland. Da ist es nur richtig, wenn diese Schmarotzer, die wir durchfüttern müssen, hier für unsere Soldaten arbeiten. Und ich muss diese jüdischen Arbeiter haben. Sonst kann ich die Bestellungen für die Wehrmacht nicht liefern." Wieder nickt Prüfer zufrieden und verabschiedet sich. Als er weg ist, löst sich die Spannung. Weidt verteilt Zigaretten. Alle lachen. Alle haben ihre Rollen gut gespielt. Aber ein überraschender Besuch ist jederzeit wieder zu erwarten und bleibt gefährlich. Denn das Polizeirevier liegt gegenüber auf der anderen Straßenseite. Und wenn die Polizei erführe, dass er anders mit seinen Leuten umgeht als er gerade dem Herrn Prüfer vorgespielt hat, dann könnten sie verhaftet oder sogar getötet werden.

Ich lehne mich auf meiner Parkbank zurück. Dieser Otto Weidt, was für ein schlauer Fuchs! Je mehr ich über ihn erfahre, desto neugieriger werde ich.

 KOPIERVORLAGE

Hörspiel Teil 3: Möbelwagen (1)

M 5.17

Ich habe mich noch einmal auf den Weg gemacht. Die Geschichten aus dem Ausstellungsführer lassen mich nicht los. Im Hinterhof des Museums bleibe ich stehen. Durch das Tor kann ich auf die Rosenthaler Straße sehen. Fußgänger gehen vorüber, Autos flitzen vorbei und sind kaum zu hören. Ein paar Sonnenstrahlen fallen in den Hof. Drei Besucher kommen aus dem Museum. Alles sieht ganz friedlich aus. Doch ich weiß inzwischen, dass es hier damals ganz anders zuging.

An einem kalten Februartag 1942 war das
Tor plötzlich wie verdunkelt.
In der Werksatt ahnte niemand etwas.

Die Möbelwagen waren da!
Jeder wusste, was das bedeutete.
Jeder wusste, wer eingeladen wurde.
Und eigentlich wusste auch jeder, wohin die Menschen gebracht wurden.
Es traute sich nur keiner anzusprechen, dass die Juden in ein Gefangenenlager gebracht wurden und Angst haben mussten, getötet zu werden.
Und an diesem Februartag 1942 hielten die Möbelwagen
vor dem Tor zur Rosenthaler Straße 39.
Die Gestapoleute stürmten in die Werkstatt.
Sie schrien: „Alle Juden, fertig machen zum Abtransport. Los, los, los!“
Breitbeinig standen sie da und bewachten die Türen.
Otto Weidt versuchte zu verhandeln:
„Diese Leute hier machen kriegswichtige Arbeit.
Die Bürsten sind für unsere Soldaten bestimmt.“
Der Leiter der Aktion erwiderte:
„Ich habe einen Befehl und an den halte ich mich.
Sie haben hier nichts zu sagen.
Wir nehmen alle mit und bringen sie zum Sammelplatz.“
Weidt erstarrte und schwieg.
Er hatte davon gehört, dass Hitler keine Juden in Berlin,
sogar in ganz Deutschland, haben wollte.
Eine regelrechte Judenjagd hatte begonnen.
Wer konnte, versteckte sich.
Die Blinden hörten auf zu arbeiten.
Schweigend standen sie auf, nahmen ihre Sachen,
fassten sich an den Händen und tasteten sich die Treppe hinunter.
Gestapomänner trieben sie in die Möbelwagen.

Als sich Weidts Erstarrung löste, waren die Möbelwagen schon weg.
Keiner traute sich zu sprechen.
Weidt kannte den Sammelplatz in der Großen Hamburger Straße:
ein Haus mit vergitterten Fenstern und Türen, bewaffnete Wachen überall und grelle Scheinwerfer in der Nacht. Es war nicht weit dorthin. Kaum zehn Minuten.
Entschlossen griff er nach seinem Stock und dem Mantel mit der Blindenbinde.

Hörspiel Teil 3: Möbelwagen (2)

M 5.17

Er ging so schnell er konnte und betrat das Büro der Gestapo.
Was dort gesprochen wurde, wird nie jemand erfahren.
Freundlich verabschiedete ihn später der Gestapobeamte:
„Gehen Sie ruhig schon vor. Die Juden schicken wir Ihnen nach."
Wie war es Weidt gelungen, sie zu befreien?

Seine Arbeiter, die noch ihre Lederschürzen trugen, holte er selbst ab.
Er traute der Gestapo nicht.
Sie hakten sich unter und Weidt setzte sich an die Spitze des kleinen Zuges.
Langsam zogen sie zur Werkstatt zurück.
Aber die Menschen auf der Straße klatschten nicht.
Vielleicht trauten sie sich nicht.
Oder vielleicht wollten sie es nicht.
Neugierige Blicke oder teilnahmslose Gesichter.
Manche wendeten sich ab.
Noch einmal hatte Weidt die Blinden retten können.
Aber er wusste: Das war das letzte Mal!
„Nun müssen wir uns etwas anderes ausdenken.
Wo sind wir noch sicher?"

Fast glaube ich, die Gesichter der Menschen vor mir zu sehen, ihre Stimmen zu hören. Die Juden wurden mit Möbelwagen abgeholt. Damit konnte die Gestapo dicht an Hauseingänge oder Tore heranfahren und die Menschen nahezu ungesehen einladen.
Aus Büchern, die ich gelesen habe, weiß ich,
dass viele Juden versuchten unterzutauchen.
Das war gar nicht so einfach.
Wer hatte genug Mut und Platz, eine oder mehrere Personen aufzunehmen?
Untergetauchte brauchten etwas zu essen und vielleicht auch einen Arzt.
Neugierige Nachbarn konnten gefährlich werden.
Wem konnte man trauen?
Ich weiß, dass Otto Weidt mutige Freunde hatte.
Eine Frau stellte eine Kellerwohnung zur Verfügung, zwei Polizisten stempelten gefälschte Ausweise, ein älteres Ehepaar teilte seine kleine Wohnung mit zwei Untergetauchten.

Hörspiel Teil 4: Chaim heißt Leben

M 5.18

Ich gehe noch einmal in das Museum hinein. Wie schon bei meinem ersten Besuch zieht mich die gelbe Wand am Ende der ehemaligen Werkstatt in ihren Bann. Was hat es damit auf sich? Gern gibt mir der Museumsführer Auskunft:

„Chaim Horn hatte selbst eine Bürstenfabrik gehabt. 1939 wurde er gezwungen, sie für wenig Geld zu verkaufen. Er wollte auswandern und Deutschland verlassen. Aber er durfte nicht. Jetzt arbeitete er in der Blindenwerkstatt. Einen Fachmann konnte Otto Weidt gut gebrauchen.
Chaim Horn flehte ihn an: ‚Bitte hilf uns. Wir wollen nicht abgeholt werden. Rette meine Familie, meine Frau und die beiden Kinder.' Hatten ihm seine Eltern den Vornamen Chaim gegeben, weil er gut auf das Leben aufpassen sollte?

Weidt hätte ihm gerne geholfen. Aber zuerst fiel ihm nichts ein.
Er wusste keine sichere Wohnung. Wo konnte er die vier nur verstecken?
Mit einer Person ginge das viel leichter.
Schließlich hatte er eine Idee: Natürlich, hier in der Werkstatt.
Ganz am Ende war doch ein kleiner Raum. Ohne Fenster.
Und ein Ofen stand auch darin.
4,00 x 2,25 m sind nicht viel. Aber es müsste gehen.
Auf dieses kleine Zimmer würde niemand kommen.
Weidt sagte zu Horn: ‚Sie arbeiten ja schon lange hier.
Und Sie wissen, wie Sie sich in einem Versteck verhalten müssen?'
‚Selbstverständlich weiß ich das. Wenn Besuch kommt, schnell verschwinden, nicht bewegen, nicht sprechen, nicht husten, nicht niesen.'
Weidt ließ einen großen Kleiderschrank vor die Tür schieben.
Um schnell hindurchkriechen zu können, war die Rückwand herausgenommen worden.
Wer in das kleine Zimmer wollte, öffnete die Schranktür, schob Mäntel und Kleider an die Seite und war drin. Die Familie Horn war in Sicherheit.

Chaim blieb nicht immer im Versteck. Ab und zu musste er einfach raus und wenn er nur auf den Hof hinter dem Haus ging. Einmal traf er einen alten Freund. Der hörte aufmerksam zu, als Chaim sich ihm anvertraute: ‚Was ich dir jetzt sage, bleibt unter uns. Versprochen?' Der Freund nickte. ‚Ich arbeite zurzeit in der Blindenwerkstatt von Otto Weidt. Dort bin ich mit meiner Familie auch untergetaucht. Und wir sind nicht die einzigen, die er versteckt.'
Ein paar Tage später, an einem Dienstag, am 5. Oktober 1943, rückte die Gestapo an. Weidt war völlig überrascht und protestierte. Die Polizisten beachteten ihn nicht, sondern steuerten direkt auf den Schrank zu, schoben die Kleidungsstücke zur Seite und führten die Familie Horn ab.
Weidt hat sie nie mehr gesehen."
Noch immer tief berührt fügt der Museumsführer hinzu:
„Weil Chaim geplaudert hatte, wurden noch andere Untergetauchte entdeckt und abtransportiert. Horns Freund ist ein Greifer gewesen."
Doch zum Schluss sagt er bewundernd:
„Und wieder traute sich die Gestapo nicht, etwas gegen Weidt zu unternehmen."

Als ich heute das Museum verlasse, bin ich erfüllt mit dem Gefühl der Achtung für diesen Mann, der sich für Menschen eingesetzt hat, denen solches Leid widerfahren ist.

Hörspiel Teil 5: Otto Weidt gibt nicht auf

M 5.19

Am Abend denke ich noch einmal darüber nach, was ich alles über Otto Weidt erfahren habe. Die Familie Horn hat Otto Weidt nie wieder gesehen. Auch andere Untergetauchte, denen er Verstecke besorgt hatte, fielen der Gestapo in die Hände. In ganz Berlin wurde fieberhaft nach Verstecken, Untergetauchten und ihren Helfern gesucht. Die Aufgespürten wurden zum Bahnhof Grunewald und in Lager gebracht, in denen sie arbeiten und hungern mussten und getötet werden sollten.

Ich kann Otto Weidt nur bewundern.
Trotz aller Rückschläge gab er nicht auf.
Er bekam heraus, wohin die Verhafteten gebracht worden waren.
Er nahm mit ihnen Kontakt auf.
Weil sie hungerten, schickte er ihnen Lebensmittelpakete.
Er reiste ihnen nach.
Er versuchte, Zugang zu ihnen zu bekommen.
Er half ihnen bis zum Ende des Krieges.

Wie viele Menschen hat er gerettet?
Ganz sicher vier.
Es können aber auch mehr gewesen sein.
Die genaue Zahl kennt keiner.
Und die Zahl spielt eigentlich auch keine Rolle.
Wichtig ist, dass er und seine Helfer zu den Verfolgten gestanden haben.
Wichtig ist, diesen mutigen Menschen nicht zu vergessen,
den Mann mit der Blindenbinde, der doch sehen konnte.
„Sein Name soll für immer geehrt werden.“ *

* So steht es in der Ehrenurkunde von Yad Vashem.

6 Hoffnung wächst – Frieden ist möglich

Thema: Die Seligpreisungen (Mt 5,3-11)

Intention der Unterrichtsreihe

Anhand der Seligpreisungen erkennen, wie Jesu Vorstellungen von einem gelingenden (Zusammen-)Leben sind.

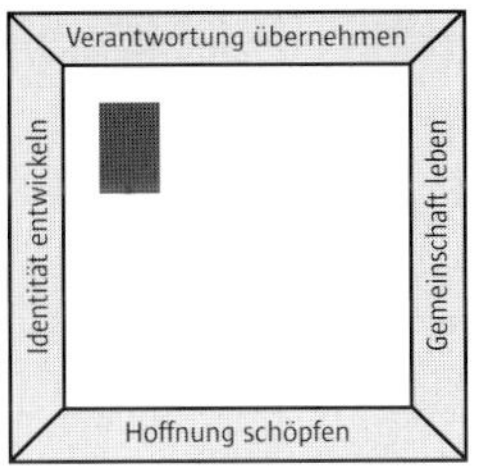

4–6 Std.

Theologisch-didaktischer Kommentar

Text (Mt 5,3-11):

*[3] Selig sind, die da geistlich arm sind; denn ihrer
ist das Himmelreich. [4] Selig sind, die da Leid
tragen; denn sie sollen getröstet werden. [5] Selig
sind die Sanftmütigen; denn sie werden das
Erdreich besitzen. [6] Selig sind, die da hungert
und dürstet nach Gerechtigkeit; denn sie sollen
satt werden. [7] Selig sind die Barmherzigen;
denn sie werden Barmherzigkeit erlangen. [8] Se-
lig sind, die reinen Herzens sind; denn sie wer-
den Gott schauen. [9] Selig sind die Friedfertigen;
denn sie werden Gottes Kinder heißen. [10] Selig
sind, die um der Gerechtigkeit willen verfolgt
werden; denn ihrer ist das Himmelreich. [11] Selig
seid ihr, wenn euch die Menschen um meinet-
willen schmähen und verfolgen und reden aller-
lei Übles gegen euch, wenn sie damit lügen.*

Am nördlichen Ufer des Sees Genezareth liegt ein Hügel mit einer herrlichen Aussicht auf das Wasser und die Berge des Ostjordanlandes. Wenn Jesus hier eine Bergpredigt gehalten hat, war das ein wunderbarer Platz, um den Traum von einer völlig anderen Welt zu träumen.
Diesen Traum und eine Beschreibung der ihm entgegenstehenden Wirklichkeit hat der Evangelist Matthäus in acht Seligpreisungen zusammengefasst. Eine Seligpreisung ist eigentlich ein Lob des Glücks. Und wer das Glück lobt, hat darüber nachgedacht, was der Mensch zu einem glücklichen Leben braucht.

Wie Matthäus schreibt, ist Jesus in Galiläa unterwegs und heilt viele Krankheiten. Das beeindruckt die Menschen und sie weichen ihm nicht von der Seite. Jesus zieht sich aber mit seinen Jüngern auf einen Berg zurück und vermittelt ihnen theologische Grundlagen, denn sie waren ja gerade erst von ihm berufen worden.
Thesenartig spricht er über Elemente des Glücks und verliert dabei die Lebensbedingungen der Menschen nicht aus den Augen, für die er diese Thesen entwickelt. Jede soll die Welt, die seiner Meinung nach Kopf steht, wieder auf die Beine stellen.

Und er beginnt.

*Glücklich sind die geistlich Armen,**
die sich in der Sorge um das Überleben aufreiben,
die außer ihrer Sehnsucht nach einem anderen
Leben nichts vorzuweisen haben,
die aufgrund der äußeren Bedingungen innerlich
verkümmern.
Ihnen gehört das Himmelreich.

Glücklich sind die Trostlosen,
die ihre Lebensbedingungen,
verpasste Chancen,
erlittene Demütigungen,
gescheiterte Beziehungen
und ihre eigene Machtlosigkeit nicht verkraften.
Sie sollen getröstet werden.

*Glücklich sind die Gewaltlosen.***
Sie werden die Verteilungskämpfe um das Land samt
allem, was darauf und darunter ist, beenden.
Ausbeutung und Vertreibung von Menschen werden
aufhören.
Denn die Gewaltlosen sind es, die das Land erben.

Glücklich, die Spielbälle der Ungerechtigkeit sind.
Sie werden den Tag erleben, an dem Recht vor
Macht kommt und nicht umgekehrt.
Gerechtigkeit wird sie sättigen.

* Das in Mt 5,3 gebrauchte Wort bedeutet bettelarm; „geistlich" umfasst das innere Leben des Menschen. Matthäus spricht hier von den äußeren Lebensbedingungen und der inneren Verfassung des Menschen.
** Das griechische Wort bedeutet mild, freundlich, friedlich.

Die Jünger sind beeindruckt. Jesus benutzt eine geprägte und kompakte Sprache. Gern würden sie ein paar Verständnisfragen stellen. Aber eine Diskussion ist an dieser Stelle nicht geplant.
Und schon geht es weiter.

Glücklich sind, die ihr Herz nicht vor der Not anderer verschließen.
Sie werden den Tag erleben, an dem der Spruch „Undank ist der Welt Lohn" nicht mehr gilt.
An diesem Tag wird ihr Einsatz von Herzen gewürdigt werden.

Glücklich sind, die den Menschen mit reinem Herzen begegnen,
sie nicht benutzen,
nicht unterwerfen,
sondern ihre Selbstständigkeit achten und garantieren.
Sie werden Gott sehen.

*Glücklich sind die Friedensmacher.**
Für Versöhnung und Vergebung leben sie.
Den kleinen und den großen Frieden schaffen sie.
Sie stehen nahe bei Gott.

Glücklich sind,
die ihr Leben für die Gerechtigkeit wagen.
Die sich für eine Gerechtigkeit ohne Tricks und Hintertüren einsetzen,
leben gefährlich.
Ihnen gehört das Himmelreich.

Als Jesus zu sprechen aufhört, schweigen die Jünger. Jesus hat eine ideale Welt entworfen. Und die Risiken hat er auch nicht verschwiegen. Aber ist solch eine Welt überhaupt möglich?
Fast 2000 Jahre später antwortet ihm Bertolt Brecht:

„Ein guter Mensch sein! Ja, wer wär`s nicht gern?
Sein Gut den Armen geben, warum nicht?
Wenn alle gut sind, ist Sein Reich nicht fern.
Wer säße nicht sehr gern in Seinem Licht?
Ein guter Mensch sein! Ja, wer wär`s nicht gern?
Doch leider sind auf diesem Sterne eben
Die Mittel kärglich und die Herzen roh.
Wer möchte nicht in Fried und Eintracht leben?
Doch die Verhältnisse, die sind nicht so.
Natürlich hab ich leider recht.
Die Welt ist arm, der Mensch ist schlecht.
Wir wären gut – anstatt so roh.
*Doch die Verhältnisse, die sind nicht so."***

* Was M. Luther mit den Friedfertigen übersetzt, ist im Griechischen ein aktiver Begriff.
** Brecht 1988, S. 262 f.
*** Lukas 13,19 f.

Wie hätte Jesus wohl Brecht geantwortet?

Ein Mensch nahm ein Senfkorn und steckte es
in seinem Garten in die Erde.
Und es wuchs und wurde ein Baum.
*Und die Vögel des Himmels wohnten in seinen Zweigen.****

Im ersten bis dritten Schuljahr haben die Kinder schon viele Informationen über Jesu Reden und Handeln bekommen und sie in Beziehung zu ihrem Leben gebracht. Die Erarbeitung des biblischen Textes Mt 5,3-11 knüpft an dieses Wissen und diese Erfahrungen an. Die in der Unterrichtseinheit auf dem Arbeitsblatt **M 6.5** benutzte Übersetzung „Glücklich sind ..." wurde gewählt, weil sie dem Sprachgebrauch der Kinder mehr entspricht als „Selig sind ...". Somit wird ihnen die Formulierung der Sätze erleichtert.
Baustein 3 ist eine mögliche Weiterführung der Bausteine 1 und 2. Er schafft eine Verknüpfung mit dem Unterrichtsgegenstand „Erinnern lernen". Die Kinder lernen in Martin Luther King eine Person kennen, die Jesu Träume in vorbildhafter Weise gelebt hat.

Bausteine der Unterrichtsreihe

Baustein 1: So begegnet Jesus Menschen

Unterrichtsmaterial:

- Ritual-Kerze, Tuch
- Bibel
- Leinensack mit von L laminierten Bildern zu den Jesusgeschichten (Erste-Hilfe-Tasche, Tisch, Stein, Trage, Fisch, Boot, Blindenbinde) **M 6.1**
  oder: reale Gegenstände
- Papierstreifen, Stifte

Unterrichtsschritte:

1. Die Kinder sitzen im Kreis. In der Mitte liegt ein Tuch, auf dem die Ritual-Kerze steht. Ein Leinenbeutel mit den Bildern zu den Jesusgeschichten und eine Bibel liegen daneben. Durch die einführenden Worte macht L das Thema transparent: **M 6.1**

   Wir haben schon viele Geschichten von Jesus gehört.
   Sie stehen alle in der Bibel.
   Deshalb habe ich auch eine Bibel in unsere Mitte gelegt.

In den Geschichten wird berichtet, wie Jesus Menschen begegnete.

2. Die Kinder holen nacheinander die laminierten Bilder/realen Gegenstände aus dem Leinenbeutel und erinnern sich an die Jesusgeschichten.* Im anschließenden Gespräch wird folgende Frage beantwortet: Wie wünscht sich Jesus, dass wir miteinander umgehen?
   Zum Beispiel:
   - nicht achtlos aneinander vorbeigehen
   - miteinander essen
   - niemanden ausstoßen
   - keinen vorschnell verurteilen
   - den Traurigen trösten
   - ...

   Die Äußerungen werden auf Streifen geschrieben und um die laminierten Bilder gelegt.

   Achtung: Die Streifen werden in Baustein 2 noch einmal benötigt.

Tipp:
Wenn eine Erzählleiste** vorhanden ist, können die laminierten Bilder und Streifen auch aufgehängt werden.

Baustein 2: Glücklich ist ... (Mt 5,3-11)

Unterrichtsmaterial:

- ▷ Streifen aus Baustein 1
- ▷ Textvorlage Mt 5,3-11 **M 6.2**
- ▷ Akrostichon-Beispiel **M 6.3**
- ▷ Arbeitsblatt: „Akrostichon" **M 6.4**
- ▷ Arbeitsblatt: „Glücklich sind ..." **M 6.5**

Unterrichtsschritte:

1. L leitet mit folgenden Worten in Baustein 2 ein:

   Viele Menschen haben Jesus bewundert.
   Viele haben ihn aber auch ausgelacht:
   „Du bist ein Spinner, ein Träumer",
   haben sie gesagt.
   Doch Jesus lebte seinen Traum für eine glücklichere Welt.
   Und er erzählte seinen Jüngerinnen und Jüngern und vielen Menschen davon, was für ihn Glück bedeutet, damit auch sie darüber nachdachten.

2. Die Kinder äußern sich dazu, was sie unter Glück verstehen. Dann schreiben sie ein Akrostichon und einen persönlichen „Glückssatz": Ich bin glücklich, wenn ... **M 6.3/M 6.4**

3. An dieser Stelle wird eine Forscheraufgabe zum Thema Glück gestellt, die verdeutlichen soll, dass Menschen sich vielfältig mit dem Thema auseinandersetzen. Die Kinder suchen Informationen zum Thema Glück, z. B. Definitionen, Geschichten, Gedichte, Bilder ...
   - im Internet
   - in Büchern (Lexika, Lesebücher, Gedichtbände ...)
   - in Poesiealben
   - auf Postkarten/Bildern

   Die gefundenen Informationen werden vor- und ausgestellt.

4. L: *Nachdem wir uns darüber unterhalten haben, was für uns Glück bedeutet und was andere darunter verstehen, wollen wir in der Bibel nachlesen, was Jesus dazu gesagt hat.*

   Die Kinder arbeiten in Gruppen mit dem Text nach Mt 5,3-11. Sie lesen sich die einzelnen Verse vor und markieren ihnen unverständliche Begriffe. Diese werden im Klassengespräch geklärt, bevor die Gruppen das Arbeitsblatt „Glücklich sind ..." bearbeiten. Für die Gruppenarbeit und das Klassengespräch sollten den Kindern Zeiteinheiten vorgegeben werden. **M 6.2/M 6.5**

5. Die Gruppensprecher präsentieren die Ergebnisse.

6. Im Gespräch werden Gemeinsamkeiten und Unterschiede zwischen den Aussagen auf den Streifen, den gefundenen Informationen zum Begriff „Glück" und den Seligpreisungen herausgearbeitet:
   Was sagt Jesus dazu? Ist das ähnlich oder ganz anders? Was bedeutet das für unser Leben und Handeln?

Baustein 3: I have a dream

Mit diesem Baustein kann die Unterrichtseinheit noch einen Schritt weitergeführt werden.

Unterrichtsmaterialien:

- ▷ Lied: „We shall overcome" **M 6.6**
  (◎ I Track 10)
- ▷ Blätter
- ▷ Informationen zu Dr. Martin Luther King jr. **M 6.7**
- ▷ Arbeitsblatt: „Traumblase" **M 6.8**

* vgl. Bd. 2, Kapitel 7 und 8; Bd. 3, Kapitel 14 und 15
** vgl. Kapitel 1, S. 17

Unterrichtsschritte:

1. L spielt das Lied „We shall overcome“ ein. **M 6.6**
   Fragen zum englischen Text werden geklärt.

2. Durch den Inhalt des Liedes kommen die Kinder darüber ins Gespräch, welche Vision Martin Luther King von einer besseren Welt hatte. An dieser Stelle kann L auch Informationen zur Person geben oder die Kinder recherchieren selbst. **M 6.7**

3. Im Gespräch arbeiten die Kinder heraus, wo die „Träume“ von Jesus (vgl. Baustein 1, Unterrichtsschritt 2), Martin Luther King und ihnen selbst übereinstimmen und schreiben ihre Aussagen in eine Traumblase. **M 6.8**

Laminierte Bilder

M 6.1

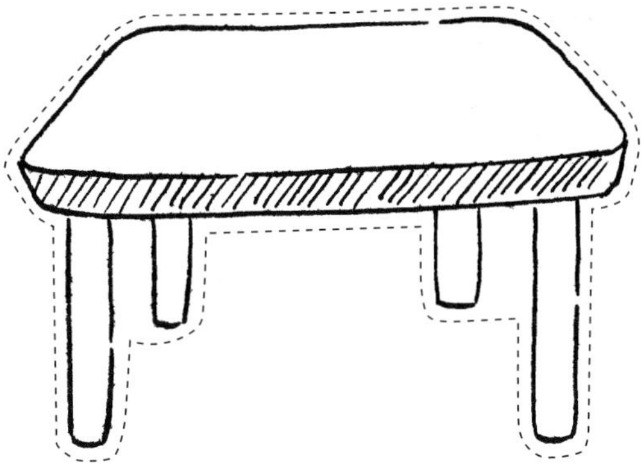

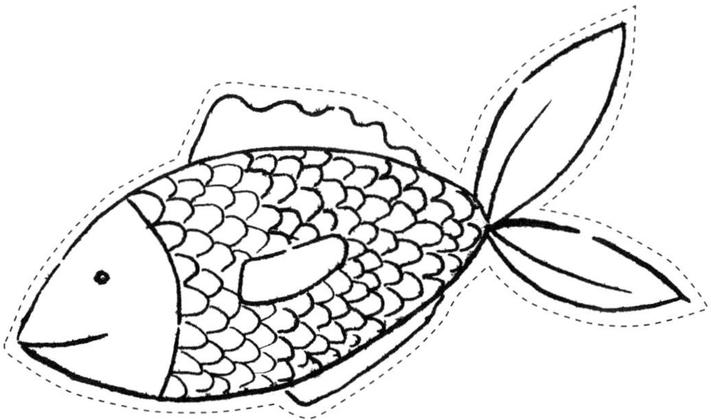

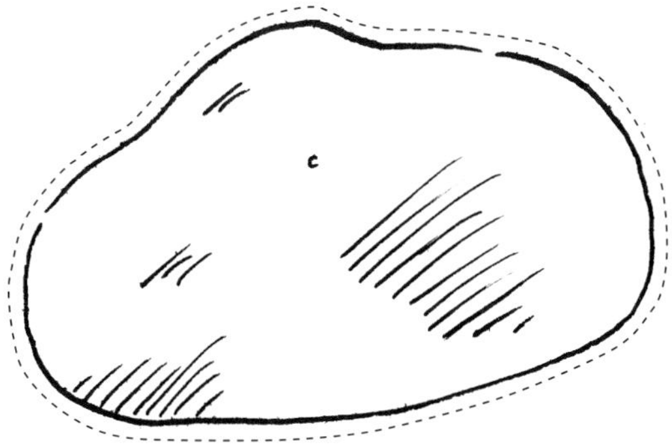

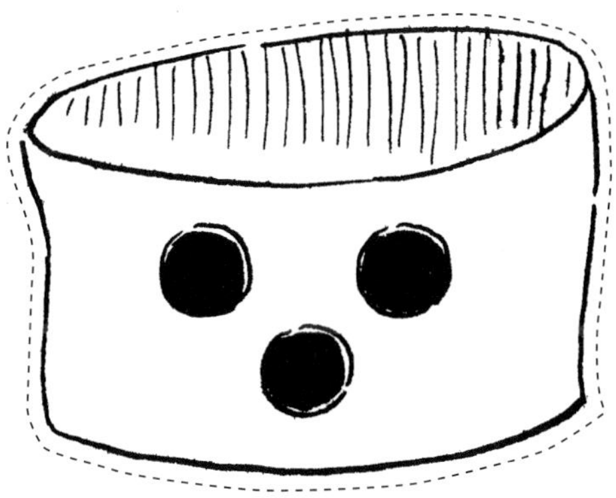

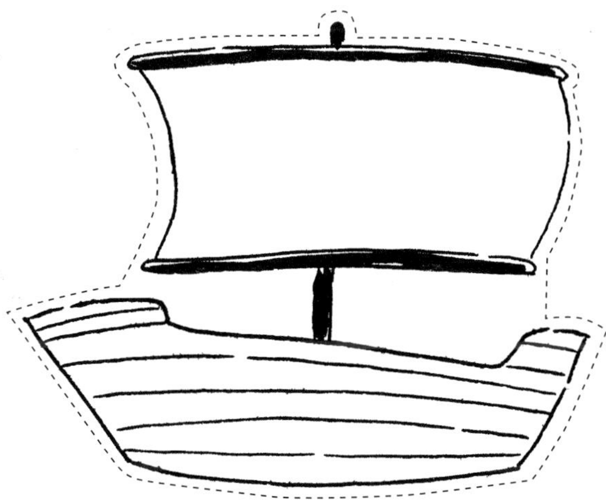

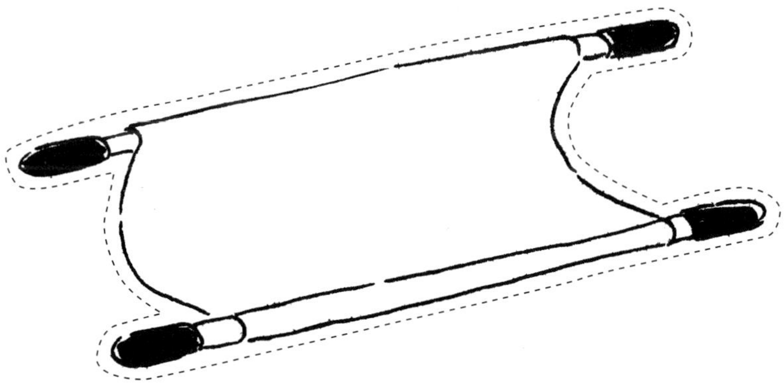

Textvorlage nach Mt 5,3-11

M 6.2

Glücklich sind die geistlich Armen, denn ihnen gehört das Himmelreich.
Glücklich sind die, die da Leid tragen, denn sie sollen getröstet werden.
Glücklich sind die Gewaltlosen, denn sie werden das Erdreich besitzen.
Glücklich sind, die da hungert nach Gerechtigkeit, denn sie sollen satt werden.
Glücklich sind die Barmherzigen, denn sie werden Barmherzigkeit erlangen.
Glücklich sind, die Menschen mit reinem Herzen begegnen, denn sie werden Gott sehen.
Glücklich sind, die Frieden stiften, denn sie werden Gottes Kinder heißen.
Glücklich sind, die ihr Leben für die Gerechtigkeit einsetzen, denn ihnen gehört das Himmelreich.

Akrostichon-Beispiel

M 6.3

Glück
G emeinschaft
L achen
Ü bles überwinden
C hristsein
K inder

Freude
F rieden
R uhe
E rinnerungen
U nternehmungen
D …
E

Akrostichon — M 6.4

Du siehst hier die Buchstaben von zwei Wörtern senkrecht untereinander geschrieben.
Schreibe auf die Linien Begriffe, die mit den Buchstaben anfangen und die deiner Meinung nach zu dem Wort passen.

G ______________________________

L ______________________________

Ü ______________________________

C ______________________________

K ______________________________

F ______________________________

R ______________________________

E ______________________________

U ______________________________

D ______________________________

E ______________________________

Ich bin glücklich, wenn ______________________________

„Glücklich sind …“ — M 6.5

Bevor ihr mit der Gruppenarbeit beginnt, überlegt euch, wer eure Gruppenergebnisse in der Klasse vorstellt.

Jesus sitzt mit seinen Jüngerinnen und Jüngern auf einem Berg. Sie sind noch nicht lange zusammen unterwegs. Jetzt spricht er davon, wie seiner Meinung nach eine glückliche Welt aussieht. Er sagt: ...

Schreibe einen Satz, den Jesus deiner Meinung nach gesagt hat, mit deinen Worten auf. Gib diesen dann an deine Nachbarin/deinen Nachbarn weiter. Sie/Er schreibt einen 2. Satz usw. Dein Satz beginnt mit:

Jesus sagt: Glücklich sind ...

We shall overcome (1)

M 6.6

Text: traditionell, Rap: Ruthild Wilson
Musik: traditionell

I 10

KOPIERVORLAGE

We shall overcome (2)

M 6.6

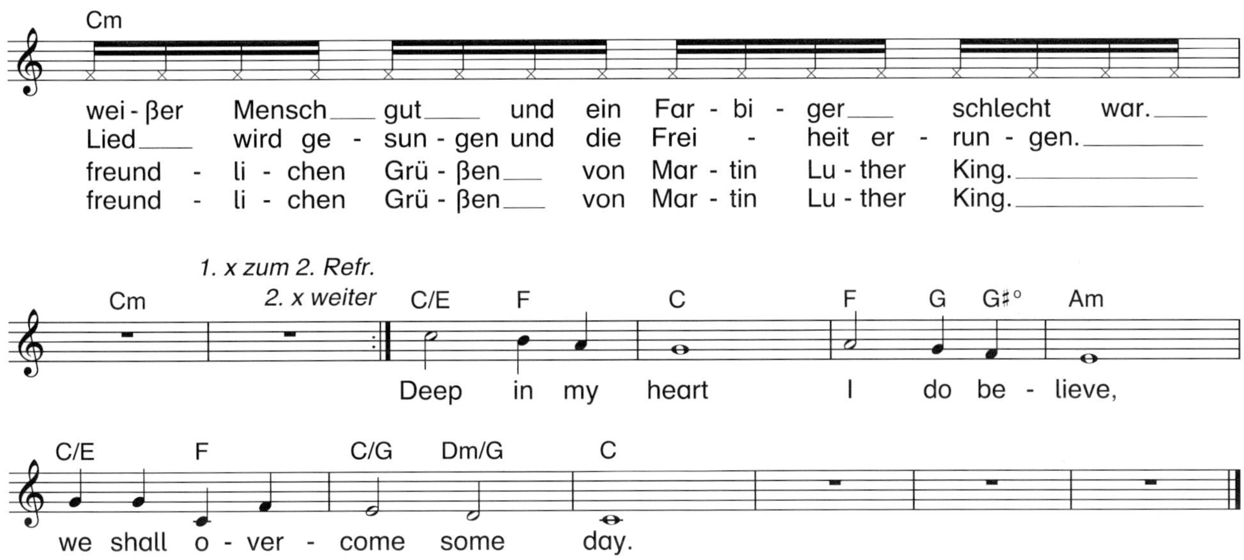

Informationen zu Dr. Martin Luther King jr.

M 6.7

Martin Luther King (1929-1968) wurde in Atlanta/ Georgia geboren.
Schon sein Vater hatte sich im Kampf gegen die Rassendiskriminierung engagiert.
King studierte Theologie und nahm den gewaltlosen Kampf gegen die Unterdrückung der schwarzen Bevölkerung in Montgomery/Alabama, in Atlanta/Georgia und anderen Städten auf.
Berühmt geworden ist seine Rede „I have a dream“, die er 1963 in Washington hielt.
1964 wurde ihm der Friedensnobelpreis verliehen.
1968 starb er als Opfer eines Attentats in Memphis/ Tennessee.
Die Hintergründe dafür sind bis heute nicht geklärt. Immer noch gibt es Vermutungen über eine gemeinsame Aktion von Mafia und US-Regierung. Die Rolle des FBI wird erst nach der Öffnung der Akten durchschaubar, also im Jahr 2027.

Traumblase

M 6.8

7 Weihnachten – Gott wird Mensch – Gottes Licht ist in der Welt

Thema: Und der Engel spricht (Lk 2,10-14a)

Intention der Unterrichtsreihe

Die Botschaft der Engel verstehen, deuten und für sich formulieren.

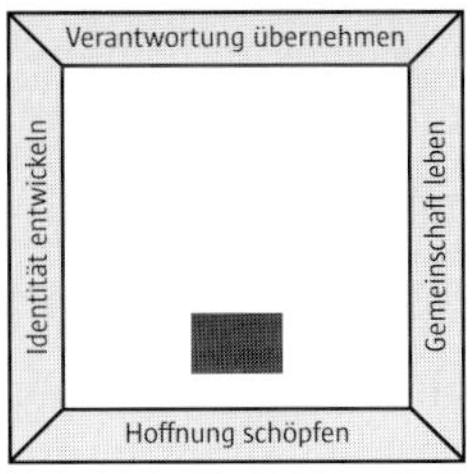

4–6 Std.

Theologisch-didaktischer Kommentar

Text (Lk 2,10-14a):

> 10 *Und der Engel sprach zu ihnen: Fürchtet euch nicht! Siehe, ich verkündige euch große Freude, die allem Volk widerfahren wird,*
> 11 *denn euch ist heute der Heiland geboren, welcher ist Christus, der Herr, in der Stadt Davids.* 12 *Und das habt zum Zeichen: Ihr werdet finden das Kind in Windeln gewickelt und in einer Krippe liegen.* 13 *Und alsbald war da bei dem Engel die Menge der himmlischen Heerscharen, die lobten Gott und sprachen:* 14 *Ehre sei Gott in der Höhe (und Friede auf Erden bei den Menschen seines Wohlgefallens).*

Lukas schrieb sein Evangelium in den achtziger Jahren des ersten Jahrhunderts für sogenannte Heidenchristen, also für Christen ohne jüdischen Hintergrund. Die griechisch-hellenistische Kultur war sein Lebenshintergrund und auch über das Judentum wusste er Bescheid. Er war ein Mann, der sich mit literarischen Formen auskannte und gilt unter den Evangelisten als der Erzähler. In seinem Evangelium und der Apostelgeschichte setzte er deutliche Schwerpunkte: u. a. das Gebet als Mitte christlichen Lebens, das Eintreten Jesu für Verlorene als Zeichen des Gottesreichs, die Frage nach dem Umgang mit der Armut, den Beitrag der christlichen Gemeinde zum Reich Gottes, das Wirken des Geistes (z. B. Jesu Taufe, der 12-jährige Jesus, Pfingsten) und die Mission im Römischen Reich.

Im Unterricht sollten die beiden einleitenden Verse der Hirtenszene unbedingt mit bedacht werden, denn zum Auftritt des Engels gehören wache und aufnahmebereite Zuhörer. Der Verkündigungsengel dringt in eine ganz profane Situation ein. Die Hirten sind bei der Arbeit, beim Wachdienst. Mit Engeln haben sie wie die meisten Menschen normalerweise nichts zu tun. Der Engel tritt zu ihnen. Er ruft ihnen nicht etwas von oben aus den Wolken zu. Der Glanz, der ihn umgibt, ist so etwas wie seine himmlische Legitimation. Solch ein Lichtphänomen kann einen schon einschüchtern. Aber der Engel lässt den Hirten keine Zeit, um sich von ihrem Schock zu erholen.
Er kündigt eine feierliche Proklamation an: Ich überbringe eine gute Nachricht, eine große Freude, die allen Völkern gilt. Diese Freude beginnt heute, denn euch ist heute der Retter geboren. Für Lukas ist das kein Heute von damals. Das Heute und die Rettung sind immer dann gegenwärtig, wenn Menschen von Jesus erfahren und ihm nachfolgen.
Danach erklärt der Engel, wer da in der Stadt Davids geboren ist. Er nennt keinen Namen, sondern seinen Auftrag. Er ist ein Retter (griech. soter), ein Christus (= Gesalbter = Messias), ein Herr (griech. kyrios). Und wenn man bedenkt, dass Lukas für griechisch sprechendes Publikum geschrieben hat, dann kann man davon ausgehen, dass alle wussten, wovon Lukas sprach, denn viele nennen sich Retter. Griechische Götter tun es, allen voran Zeus, und römische Kaiser, die sich ihrer göttliche Abstammung rühmen. Messiasprätendenten schmücken sich mit diesem Titel. Obwohl die Hirten diesen Mächtigen wohl kaum begegnet sind, kennen sie dennoch die Symbole ihrer Macht.

Leider bleibt ihnen keine Zeit, weiter über diese Vertreter der Macht nachzudenken, denn der Engel bringt seine Proklamation zu Ende: Wenn ihr den Retter sucht, der übrigens ein Kleinkind ist, dann achtet auf Windeln und eine Krippe.
Gerade hängen die Hirten noch an den Gedanken, die die Bezeichnungen Retter, Herr und Gesalbter bei ihnen ausgelöst haben, als der Engel mit dem Schlusssatz der Proklamation ihre Assoziationen relativiert: Der Retter, von dem ich spreche, kommt aus einem

anderen Milieu. Ihr habt ein Kriterium erhalten, das euch hilft, zwischen dem wahren und den vorgeblichen Rettern zu unterscheiden.
Kaum ist der Satz verklungen, tritt neben den Proklamationsengel ein ganzes Engelheer. Das ist unglaublich, so viele Engel auf der Erde! Wie der Chor in einem griechischen Theaterstück nehmen sie die Botschaft des Proklamationsengels auf und erklären, worum es eigentlich geht:
Mit der Geburt Jesu beginnt auf der Erde ein Zeitalter des Friedens.
Das bedeutet keine Friedensautomatik nach dem Motto: Jesus ist da und die Verhältnisse ändern sich blitzartig. Wie Frieden möglich ist, wird euch dieses Kind zeigen und vorleben. Friede besteht aus erlebten Friedensmomenten und dem Glauben, dass Gott ihn eines Tages herbeiführen wird. Bis das geschieht, wird es immer zwei Wirklichkeiten geben: den Glanz Gottes in der Höhe und die Friedenssehnsucht auf der Erde.
Die Engel kehren in den Himmel zurück und die Hirten, die eine neue Lebensmöglichkeit erahnen, gehen zur Krippe, um die Geschichte zu sehen, die da geschehen ist.

Diese Unterrichtsreihe zum Schwerpunkt „Weihnachten – Gott wird Mensch – Gottes Licht ist in der Welt" soll die Inhalte aus Klasse 1 bis 3 zusammenfassen und vertiefen. Anhand des Textes Lukas 2,10-14, in dem die zentralen Gedanken der Weihnachtsbotschaft vorkommen, können die Kinder sich an bereits Gelerntes erinnern. In Klasse 1* wurden bereits aufgrund des ganzen Textabschnitts Lukas 2,1-20 die Lebensbedingungen der Hirten und ihre Hoffnung, die sie mit der Geburt des Retters verbinden, thematisiert. In Klasse 2** haben die Kinder erfahren, dass die Menschen von weit her kamen, um diesen besonderen König zu sehen, der die Welt verändern soll. In Klasse 3*** wurde erarbeitet, dass Jesus Licht in die dunkle Wirklichkeit der Menschen bringen will. Er ist ein besonderer König, ein Retter, der Frieden bringt. Diese Wiederholung kann auch anhand des Liedes „Hirten wacht vom Schlafe auf", das Bestandteil dieser Unterrichtseinheit ist, geschehen.****
Vertiefend soll in dieser Unterrichtsreihe mit den Kindern herausgearbeitet werden, wie die Weihnachtsbotschaft für uns Menschen heute lauten könnte.

* Bd. 1, S. 56 ff.
** Bd. 2, S. 119 ff.
*** Bd. 3, S. 64 ff.
**** vgl. S. 91 dieses Bandes

Bausteine der Unterrichtsreihe

Meditativer Einstieg

Die Kinder sitzen im Kreis um eine in die Weihnachtszeit einstimmende Mitte u. a. mit Bibel und Ritual-Kerze. L zündet die Ritual-Kerze an und spricht:

Bald feiern wir wieder Weihnachten.
Wir freuen uns darüber, dass Jesus geboren wurde.
Wir erinnern uns daran, wie Hirten und Weise ihm begegnet sind.
Sie haben große Hoffnungen mit der Geburt dieses Retters verbunden.
Sie hofften darauf, dass er die Welt verändert.
Sie hofften darauf, dass er Frieden bringt.

Gemeinsam wird das Lied „Seht, die gute Zeit ist nah" (Bd. 3, S. 70) gesungen.

Baustein 1: Und der Engel spricht

Unterrichtsmaterial:

- Bibel
- Textblatt Lukas 2,10-14 **M 7.1**
- Tafel und Kreide
- Lied: „Hirten wacht vom Schlafe auf" **M 7.2**
  (◎ I Track 11/12)

Unterrichtsschritte:

1. Ein Kind liest den Text Lk 2,10-14 aus der Bibel vor.

2. Die Kinder arbeiten in Gruppen am Text Lk 2,10-14. Sie lesen ihn noch einmal und unterstreichen die Begriffe in dem Text, die sie für besonders wichtig halten. **M 7.1**

3. Die Kinder nennen ihre Begriffe und schreiben sie an die Tafel (mit Abstand, damit noch etwas dazugeschrieben werden kann). Ergänzend gibt L Impulse, z. B.: *„An wen richtet sich der Text? Zu wem spricht der Engel?"*
   Mögliche Begriffe können sein: Hirten/Engel/Heiland (Retter)/Christus, der Herr/Kind in Windeln/Krippe/Ehre sei Gott/Friede auf Erden.

4. Die Kinder erzählen, was sie aus den Klassen 1 bis 3 zu diesen Begriffen schon wissen. L hält Stichworte an der Tafel fest.

5. In einem anschließenden Unterrichtsgespräch finden die Kinder heraus, dass in diesem Text, der

Verkündigung an die Hirten, sich schon die ganze Besonderheit der Weihnachtsgeschichte spiegelt: Jesus, der Retter, kommt zu den Menschen auf die Erde. Er wird als kleines Kind in ärmlichen Verhältnissen geboren. Die Menschen am Rande der Gesellschaft erfahren als erste von seiner Geburt. Ein Ereignis, das für alle Menschen auf der Welt eine freudige Nachricht sein soll.

6. L führt das Lied „Hirten wacht vom Schlafe auf" ein. Es wird gemeinsam gesungen. **M 7.2**

Baustein 2: Verkündigung an die Hirten

Unterrichtsmaterial:

- Tafelanschrieb aus Baustein 1
- Informationen zum Bild von Beate Heinen für L **M 7.3**
- Folie von Material: „Verkündigung an die Hirten" von Beate Heinen (Folie 6) **M 7.4**
- Arbeitsblatt „Was würde der Engel heute zu uns sagen?" **M 7.5**
- Fotokarton (DIN A4) für jedes Kind
- Pastellkreiden
- Magnete
- Lied: „Hirten wacht vom Schlafe auf" (I Track 11/12) **M 7.2**

Unterrichtsschritte:

1. L erzählt den Kindern, dass die Künstlerin Beate Heinen die Szene aus der Bibel in ein Bild umgesetzt hat. **M 7.3**
2. Die Kinder überlegen gemeinsam, mit welcher der Methoden, die sie bereits kennengelernt haben, sie das Bild von Beate Heinen betrachten und analysieren möchten, z.B. mit der Spotfolie*, der Kamera** oder dem Abdecken von Bildteilen***.
3. Das Bild als Folie wird mit der von den Kindern vorgeschlagenen Methode analysiert. **M 7.4**
4. Die Kinder setzen das Bild mit dem Bibeltext in Beziehung. Wie hat die Künstlerin das, was ihr an dem Text wichtig ist, gemalt?
5. Die Kinder überlegen in Gruppen und schreiben ihre Arbeitsergebnisse auf. **M 7.5**
6. Jede Gruppe liest ihre Arbeitsergebnisse vor. L heftet die Arbeitsblätter mit Magneten an die Tafel, damit die Kinder in Unterrichtsschritt 9 die Möglichkeit haben, noch einmal nachzulesen.
7. In einem anschließenden Unterrichtsgespräch fordert L die Kinder auf, zu überlegen, was sie fühlen und denken würden, wenn der Engel die Worte, die sie formuliert haben, zu ihnen sprechen würde.
8. L überlegt gemeinsam mit den Kindern, wie sie ihre Arbeits- und Gesprächsergebnisse in ein Bild umsetzen könnten.
9. Jedes Kind malt auf schwarzer Pappe mit Pastellkreide. Anschließend entscheidet es sich für eine Aussage des Engels (s. Unterrichtsschritt 6) und fügt diesen Text in das Bild ein.
10. Die Kinder zeigen ihre Bilder und erzählen dazu. Begleitend zur Präsentation der Bilder wird das Lied „Hirten wacht vom Schlafe auf" gesungen. **M 7.2**

---

* s. Bd. 1, S. 145
** s. Bd. 1, S. 128 und 116
*** s. Bd. 3, S. 73 und 77

	Textblatt Lukas 2,10-14	M 7.1

Und der Engel sprach zu ihnen:
„Fürchtet euch nicht!
Siehe, ich verkündige euch große Freude,
die allem Volk widerfahren wird,
denn euch ist heute der Heiland geboren,
welcher ist Christus, der Herr, in der Stadt Davids.
Und das habt zum Zeichen:
Ihr werdet finden das Kind in Windeln gewickelt und in einer Krippe liegen."
Und alsbald war da bei dem Engel die Menge der himmlischen Heerscharen,
die lobten Gott und sprachen:
„Ehre sei Gott in der Höhe und Friede auf Erden
bei den Menschen seines Wohlgefallens."

Hirten wacht vom Schlafe auf

M 7.2

Text: Hanna Lam
Musik: Win ter Burg

I 11/12

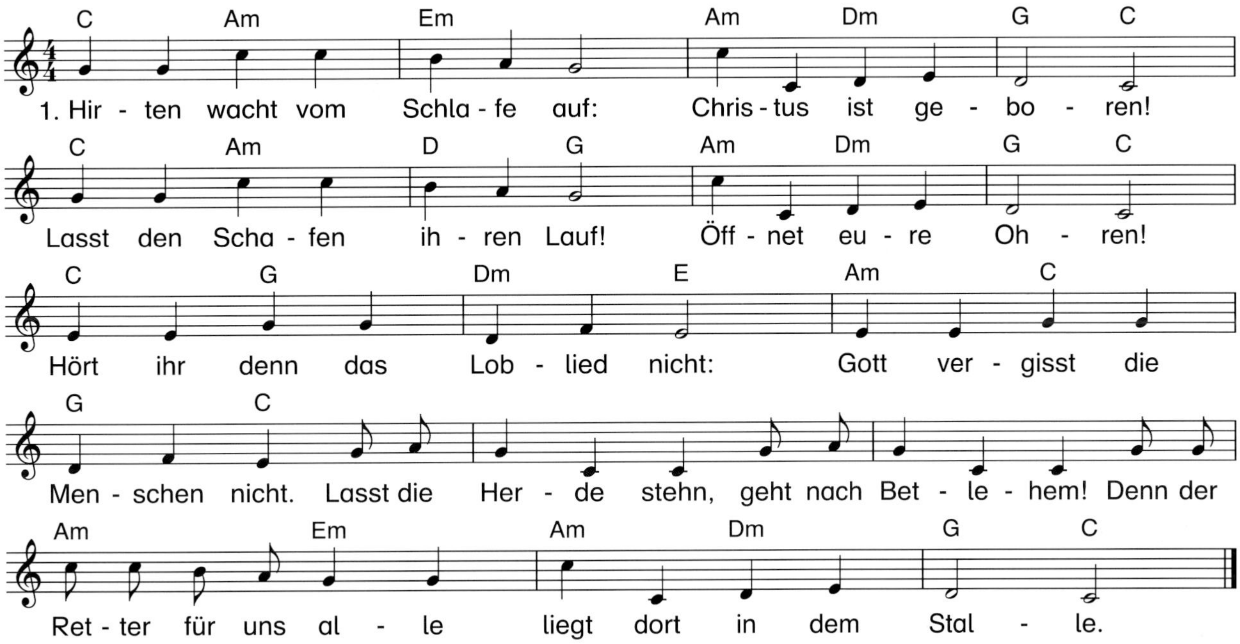

1. Hirten, wacht vom Schlafe auf:
   Christus ist geboren!
   Lasst den Schafen ihren Lauf!
   Öffnet eure Ohren!
   Hört ihr denn das Loblied nicht:
   Gott vergisst die Menschen nicht.
   Lasst die Herde stehn,
   geht nach Betlehem!
   Denn der Retter für uns alle
   liegt dort in dem Stalle.

2. Weise, wacht vom Schlafe auf:
   Christus ist geboren.
   Seht, sein Stern beginnt den Lauf,
   lockt euch aus den Toren.
   Zieht nun in das ferne Land,
   mit Geschenken in der Hand.
   In den Sternen steht,
   wie die Reise geht.
   Denn der Retter für uns alle
   liegt in einem Stalle.

3. Menschen steht vom Schlafe auf:
   Christus ist geboren.
   Boten bringen uns darauf:
   Niemand ist verloren.
   Denn der Friede unsres Herrn
   gilt den Menschen nah und fern.
   Bleibt nicht zögernd stehn,
   geht nach Betlehem.
   Denn der Retter für uns alle
   liegt dort in dem Stalle.

Das Volk im Finstern sah ein großes Licht

Eine kleine Gruppe von Menschen. Arm, ausgeliefert, ängstlich. Ungeschützt in der unendlichen Weite des Himmels und der Erde. Der kleine Hund wirkt fast lächerlich in seiner Rolle als Beschützer. Zum Spiel mit den Kindern ist er gerade gut genug. Einzig die geschlossene Geborgenheit, die sich Menschen und Tiere gegenseitig vermitteln, wirkt trostvoll.

Doch da erscheint ein helles Wesen, ein Engel, Heerscharen von Engeln am Himmel. Er ist wie Sturm und Sphärenklang: „Geht! ER ist geboren, das Heil der Welt ist da! Schaut und staunt, steht auf und findet, was die Menschheit sucht. Es ist winzig klein und schutzlos, wie eure Kindlein. Es ist arm – und doch alles und alle bereichernd."

Und Welten von Engelwesen erfüllen den Himmel und brechen in lauter Jubel aus. So viel Licht und Klang fällt in so viel Stille und Dämmerung herein. Der Horizont stimmt ein in dieses Jubellied mit dem Feuer des anbrechenden Tages.

Christus, die Sonne, ist geboren.

Ein neues Leben beginnt für uns alle.

Die Menschen in der Wüste fürchten sich. Nur die Kinder und Tiere sind ohne Angst und voll Freude.

Einer der Hirten steht etwas außerhalb. Er ist Wächter. Aufrecht steht er und bildet so mit seiner Gestalt und der zusammengekauerten Gruppe die Form des Kreuzes. Sein Ohr ist dem Morgenrot und dem Botenengel am nächsten. Eine Mosefigur, also jemand, der einer Verheißung von oben folgt und sein Volk aus der Wüste führt ins Gelobte Land.

Immer sind es die aufrechten Menschen, die Wächter und Hüter, die nicht die volle Geborgenheit der Gruppe kosten, deren Schultern die Last des Himmels am meisten tragen und deren Ohr so nah den Weisungen Gottes ist; sie sind es, die ihre Brüder ein Stück weit hinausführen aus der Finsternis ins Licht.

Und dieses Licht ist in dieser Nacht geboren und wird diesen Weg mit uns gehen - bis zum Kreuz, hinter dessen totaler Dunkelheit die Ostersonne aufgeht, der Tag anbricht, der keinen Abend mehr kennt.

Weihnachten geschieht,
wenn Menschen mit offenem Ohr
die Stille ertragen,
um sich anrühren zu lassen von dem:
„Steh auf und gehe und du wirst finden ..."
Weihnachten geschieht,
wenn Menschen sich aufmachen,
bereit,
Gott in der Armut des Alltäglichen zu begegnen.

Beate Heinen, Wassernach 1985

Beate Heinen, geb. 1944 in Essen, studierte Malerei, Grafik, plastisches Gestalten, Fotografie und Kunstglaserei. Sie lebt als freischaffende Künstlerin nahe bei Maria Laach. Mit ihren Bildern zu Weihnachten will sie immer wieder zeigen, dass sich Weihnachten auch heute, mitten unter uns ereignet.

Verkündigung an die Hirten

M 7.4

Was würde der Engel heute zu uns sagen?

M 7.5

Stell dir vor, der Engel spricht heute zu dir.
Was würde er sagen?
Formuliere in deinen eigenen Worten.

8 Sehend werden

Thema: Simeon *sieht* Jesus (Lk 2,25-32)

Intention der Unterrichtsreihe

Erkennen, was für Simeon die Geburt Jesu bedeutet.

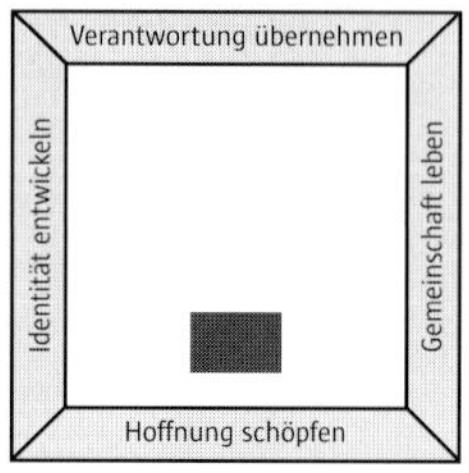

3 Std.

Theologisch-didaktischer Kommentar

Text (Lk 2,25-32):

> 25 *Und siehe, ein Mann war in Jerusalem, mit*
> *Namen Simeon; und dieser Mann war fromm*
> *und gottesfürchtig und wartete auf den Trost Is-*
> *raels, und der heilige Geist war mit ihm.* 26 *Und*
> *ihm war ein Wort zuteil geworden von dem hei-*
> *ligen Geist, er solle den Tod nicht sehen, er ha-*
> *be denn zuvor den Christus des Herrn gesehen.*
> 27 *Und er kam auf Anregen des Geistes in den*
> *Tempel. Und als die Eltern das Kind Jesus in*
> *den Tempel brachten, um mit ihm zu tun, wie es*
> *Brauch ist nach dem Gesetz,* 28 *da nahm er ihn*
> *auf seine Arme und lobte Gott und sprach:*
> 29 *Herr, nun lässt du deinen Diener in Frieden*
> *fahren, wie du gesagt hast;* 30 *denn meine Au-*
> *gen haben den Heiland gesehen,* 31 *den du be-*
> *reitet hast vor allen Völkern,* 32 *ein Licht, zu er-*
> *leuchten die Heiden und zum Preis deines Vol-*
> *kes Israel.*

In der Weihnachtserzählung hatte Lukas seinen Lesern klargemacht, dass die Rettung der Welt nicht durch den römischen Kaiser, sondern durch ein Kind geschehen wird. Der Neubeginn für die Menschheit geht nicht von Rom, sondern von einem Landstädtchen Palästinas aus. Gott kooperiert nicht mit den Mächtigen, sondern mit den Verlorenen. Das neue Zeitalter, das Reich Gottes, wird trotz aller Hemmnisse im Leben Jesu sichtbar werden.

Lukas schrieb keine Erzählung über heranwachsende und spielende Kinder, sondern eine theologisch reflektierte Kindheitsgeschichte. Hier ging alles seinen vorgeschriebenen Gang nach den Regeln der jüdischen Tradition: Jesus war beschnitten worden (Bundeszeichen) und hatte seinen Namen erhalten. Nun war er mit seinen Eltern unterwegs zum Tempel, weil er als Erstgeborener noch ausgelöst* werden musste. Dieser Akt war Sache eines Priesters. Aber den erwähnt Lukas nicht. Anstelle des Priesters taucht Simeon auf, ein vorbildlicher Jude. Er ist fromm und gerecht. Er wartet auf den Trost Israels, das Eingreifen Gottes ins Weltgeschehen und den Anbruch des messianischen Zeitalters.** Und der Geist war mit ihm. Er hatte also prophetische Gaben. Und außerdem verfügte er über eine exklusive Verheißung: Du wirst erst sterben, wenn du den Christus, den Gesalbten des Herrn gesehen hast. Den Gesalbten noch zu sehen, wäre die Erfüllung eines Lebenstraums.

Just in dem Augenblick, als Josefs Familie den Tempel betrat, kreuzte Simeon auf Veranlassung des Geistes ihren Weg. Dieser Zufall ist natürlich der theologischen Regie des Lukas zu verdanken. Und dann folgt eine ganz rührende Szene. Der alte Mann nahm das Kind, den Retter, auf den Arm und begann ein Loblied. Er sang ihm kein Kinderlied, sondern einen bekennenden und in die Zukunft weisenden Hymnus: Ich habe den Herrn gesehen, den du gemacht hast im Angesicht aller Völker. Das heißt ganz klar: Der Anspruch des Retters geht über Israel hinaus und gilt der ganzen Welt. Ich habe das Licht der Völker gesehen, das von Israel ausging. Gelobt sei Israel!

Danach taucht die theologische Figur des Simeon im NT nicht wieder auf. Aber für Lukas ist die Simeonepisode wichtig.

Simeon war ein Mann der Zeitenwende. Er stand noch in der Vergangenheit, sah aber klar die Zukunft. Er wusste, dass mit der Geburt des Retters die Versprechen Gottes Wirklichkeit werden. Er hatte erlebt, dass der Retter keinen Bruch mit der Tora provozierte, sondern ihre Vorschriften achtete und erfüllte.

Und deshalb konnte er in Frieden gehen.

Tora und Heiliger Geist sind sich in ihm begegnet.

---

* Nach israelitischer Auffassung gehören alle Erstlinge Jahwe: das erste Getreide, die ersten Früchte, die ersten Tiere und die männlichen Erstgeburten. Die männliche Erstgeburt wurde durch Zahlung einer festgelegten Summe ausgelöst.

** Hier bezieht sich Lukas auf Jes. 40,1-11.

Diese Unterrichtseinheit schließt an Kapitel 7 Lk 2,10-14a an. So wie die Hirten das Kind in der Krippe sehen und in ihm den Retter erkennen, so weiß auch Simeon um die Besonderheit des Kindes, das Maria und Josef in den Tempel bringen.

Bausteine der Unterrichtsreihe

Meditativer Einstieg

L sitzt mit den Kindern um eine gestaltete Mitte. Bei der Ritual-Kerze liegt das Bild von Beate Heinen aus Kapitel 7 oder Dinge, die an Hirten erinnern.
L beginnt mit den Worten:

„Fürchtet euch nicht, siehe ich verkündige euch große Freude, die allem Volk widerfahren wird, denn euch ist heute der Heiland geboren, welcher ist Christus, der Herr, in der Stadt Davids."
So haben es die Hirten auf den Feldern vor Bethlehem von den Engeln erfahren.
Eilig machten sie sich auf den Weg und sahen das neugeborene Kind – das Kind, das Licht in ihre dunkle Welt bringen sollte, den verheißenen Retter. Für die Hirten ist Weihnachten geworden.

Die Kinder erinnern sich an das Weihnachtsgeschehen.

Baustein 1: Simeon sieht Jesus

Unterrichtsmaterial:

- ▷ Erzählung: „Simeon sieht Jesus" **M 8.1**
- ▷ Bibelcomic **M 8.2**
- ▷ Lied: „Hoffnung für die Welt" **M 8.3**
  (◎ I Track 13/14)
- ▷ Bilderbuch: Weihnachten ist, wenn … *

Unterrichtsschritte:

1. Mit dem Satz *„Für die Hirten ist Weihnachten geworden"* leitet L in den Baustein über und führt mit den Kindern ein Gespräch darüber,
   - dass sie das Kind in der Krippe, den Retter, sehen.
   - dass sie glauben, dass dieses Kind die Welt verändern wird.
   - dass sie hoffen, dass dieses Kind den Frieden bringt.
2. Es folgt die Erzählung „Simeon sieht Jesus". **M 8.1**
3. Die Kinder setzen sich mit dem Text auseinander, indem sie einen Comic gestalten. **M 8.2**
4. Die Kinder stellen ihre Ergebnisse vor.
5. Im Gespräch wird die Bedeutung des Satzes „Für Simeon ist Weihnachten geworden" herausgearbeitet.
   - Er sieht das Kind, den Retter, auf den Armen seiner Eltern.
   - Er glaubt, dass dieses Kind die Welt verändern wird.
   - Er weiß, dass dieses Kind den Frieden bringt.
   - Im Vertrauen darauf kann er beruhigt sterben.
6. Lied: „Hoffnung für die Welt" **M 8.3**
7. Die Fragestellung „Wann ist für uns Weihnachten?" kann L mit den Kindern mit dem Bilderbuch „Weihnachten ist, wenn …" bearbeiten.

---
* Max Bolliger, Giovanni Manna, Zürich: bohem press 2002

Erzählung: Simeon *sieht* Jesus

M 8.1

Maria und Josef konnten es manchmal nicht begreifen.
So viel war geschehen, seit die Hirten zum Stall gekommen waren.
Nach einiger Zeit packten sie ihre Sachen zusammen
und machten sich auf den Weg nach Jerusalem zum Tempel.
Sie wollten Gott für ihr Kind danken.
In Jerusalem lebte Simeon.
Die Leute kannten den alten Mann gut.
Immer wieder sahen sie ihn.
Sie trafen ihn oft, wenn er auf dem Weg zum Tempel war.
In den letzten Tagen war sein Schritt manchmal
ein wenig schwer gewesen,
doch heute eilte er rasch den Berg hinauf.
Vor dem Tempel blieb er stehen.
Dann begann er, unruhig auf und ab zu gehen
und es schien, als spräche er mit sich selbst.
„Ich bin ganz sicher.
Es wird so geschehen, wie Gott es versprochen hat.
Er wird ihn schicken, den Retter,
den, der Licht und Frieden bringt.
Das würde ich gern noch erleben.
Ich würde ihn gern noch sehen, bevor ich sterbe."
Da erblickte Simeon Maria und Josef,
die sich dem Tempel näherten.
Als sie bei ihm waren, schaute er auf das Kind
und rief ganz aufgeregt:
„Das ist er!
Das ist Jesus, auf den ich so lange gewartet habe."
Vorsichtig nahm er das Kind auf seine Arme und
betete mit lauter Stimme zu Gott:
„Herr, mein Gott, ich danke dir,
dass du meine Bitte erhört hast.
Ich halte das Kind auf den Armen,
das du als Licht in die Welt geschickt hast.
Nun, da ich den Retter gesehen habe,
kann ich in Frieden sterben. Amen."
Für Simeon ist Weihnachten geworden.

Bibelcomic

M 8.2

Hinweis für die Lehrkraft:
Die Kinder bekommen die Bilder und füllen die Denk- bzw. Sprechblasen aus.

Arbeitsanweisung
Schreibe in die Denk- und Sprechblasen, was die Personen denken und sagen.

Oder:
Die Kinder teilen die Geschichte **M 8.1** selbstständig in Abschnitte und gestalten Bild und Text.

Arbeitsanweisung
Lies die Geschichte aufmerksam durch und teile sie in sechs Abschnitte.
Male Bilder dazu und schreibe in Denk- und Sprechblasen, was die Personen denken und sagen.

Hoffnung für die Welt

M 8.3

Text: Micaela Röse
Melodie: Sebastian Schade

I 13/14

KOPIERVORLAGE

9 Sehend werden

Thema: Paulus

Intention der Unterrichtsreihe

Das Leben und Wirken des Paulus kennenlernen und formulieren können, was er durch Jesus erkennt.

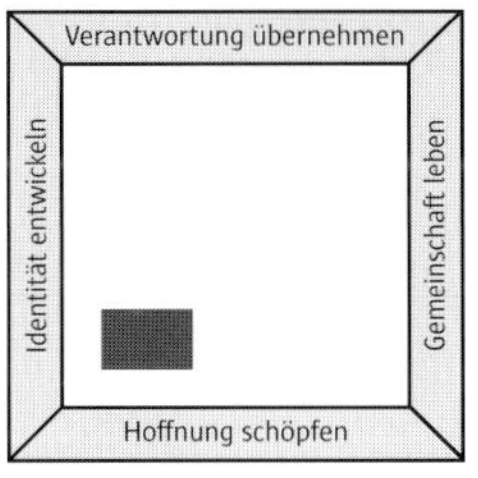

6–8 Std.

Theologisch-didaktischer Kommentar

Keiner anderen Berufung gibt Lukas in seinem Geschichtswerk (Lukasevangelium und Apostelgeschichte) so viel Raum wie der des Paulus. Er baut seine Geschichte systematisch auf, weil er das Evangelium nach Rom, ins Zentrum der Welt, trägt. Er ist der Apostel der Nichtchristen*.

Lukas will zeigen, dass das Christentum eine Religion für alle Völker ist. Es darf nicht zu einer jüdischen Sekte oder Sonderform werden. Es muss sich vom Judentum lösen, ohne seine Wurzeln zu verleugnen. Und das lässt sich an keiner Person der frühchristlichen Geschichte besser zeigen als an Paulus.

Paulus ist Jude, ein Toralehrer mit der Handwerkerausbildung eines Zeltmachers.

Er spricht selbst davon, dass er die Christen verfolgt hat. Solange die christlichen Gruppen die Grundregeln des Judentums befolgen, gibt es keine Probleme. Als aber Gruppen, die sich nicht aus dem Judentum rekrutieren, die Beschneidung ablehnen, beginnt der Konflikt. Die Aktionen gegen die „Separatisten“ führen Paulus nach Damaskus. Was dort lebensentscheidend mit ihm geschieht, fasst er selbst so zusammen: „Ich habe den Herrn gesehen wie auch andere vor mir.“** Diesen Sachverhalt gestaltet Lukas (Apg 9) in einer Erzählung.

Auf dem Weg nach Damaskus hat Paulus eine Vision, die ihn wortwörtlich umwirft. Er fällt zur Erde und hört eine Stimme. Lukas lässt den Auferstandenen fragen: „Saul***, warum verfolgst du mich?“ Paulus fragt zu Recht zurück: „Wer bist du eigentlich?“ „Ich bin Jesus, den du verfolgst. Steh auf, geh in die Stadt (Damaskus). Dort wirst du erfahren, wie es mit dir weitergeht.“

Dass Lukas auf einer symbolischen Ebene erzählt, wird daran deutlich, dass Paulus ein Licht sieht und eine Stimme hört. Seine Begleiter aber hören nur die Stimme. Das reicht, um zumindest eine Audition, ein Hörerlebnis, zu bezeugen. Ein Licht muss ja nur Paulus aufgehen. Eigentlich wäre zu erwarten, dass Paulus sein Leben und seinen Glauben nun in einem neuen Licht sieht. Aber nein, er ist geblendet und stürzt in tiefe Dunkelheit. An der Hand wird er nach Damaskus geführt. Der Mann, der vor Kurzem noch eine Aktion gegen Abweichler leitete, ist jetzt orientierungslos. Die Situation hat sich total gedreht. Der Verfolger gehorcht nun dem Verfolgten. Was bedeutet die Blindheit? Ist sie der Beginn einer Klärungsphase?

Paulus hatte bisher geglaubt, alles richtig zu machen. Aber der, der bisher den Weg wusste, muss ja nun geführt werden. Der anderen keinen Fluchtweg offen ließ, findet jetzt nicht mal seinen eigenen. In diesen Tagen stirbt Paulus einen kleinen Tod. Drei Tage lang ist er blind.

Über den Visionsmittelsmann Hananias wird Paulus mit dem Heiligen Geist erfüllt und erhält einen Missionsauftrag.**** Die Blindheit weicht und Paulus lässt sich taufen.

Danach isst er erst einmal tüchtig*****, um für die bevorstehende Aufgabe genug Kraft zu haben.

Mit seiner Taufe hat die Neuorientierung begonnen. Paulus erlebt, was eigentlich die Erfahrung jedes Christen sein sollte: Du bist getauft. Also mach dich auf den Weg und tu etwas in Jesu Namen. Dann bist du auch ein Licht.

In der Unterrichtsreihe werden neben der bereits erwähnten Textgrundlage aus Apostelgeschichte 9 auch noch Apostelgeschichte 16,11-15; 19,1-40 und 17,16-34 verwendet (Paulus in Philippi, Ephesus und Athen).

* Die Bezeichnung Heiden wird nicht mehr benutzt.
** 1. Korinther 15
*** Eine Wandlung vom Saulus zum Paulus gibt es nicht, wohl aber eine lautliche Nähe. In seinen Briefen benutzt er den Namen Paulus.
**** Vgl. Apg 2: Verleihung des Geistes und polyglotter Sprachfähigkeit
***** Apg 9,19

Philippi (Apg 16,11-15)

Als Purpurhändlerin war Lydia eine Unternehmerin, die mit größeren Geldsummen umgehen musste, denn Purpur war ein sehr teurer Rohstoff, der zum Färben benutzt wurde. Frauen in leitenden Funktionen gehörten zum Bild der frühen christlichen Gemeinden, bis sie dann schnell von den Männern verdrängt wurden.

Ephesus (Apg 19,1-40)

Ephesus, ein Handelszentrum mit ungefähr 200.000 Einwohnern, gehörte zu den Großstädten im Römischen Reich. Der Tempel der Artemis (= Diana) zählte wegen seiner Größe und der kostbaren Ausstattung zu den sieben Weltwundern. Artemis war eine Fruchtbarkeitsgöttin, die Göttin der Jagd und die Beschützerin der Frauen und Kinder. Sie selbst zog es vor, frei und kinderlos zu bleiben. Männliche Götter hielt sie auf Distanz, weil sie die Männer für die Geburtsschmerzen verantwortlich machte. Da Ephesus viele Tempelbesucher anzog, blühte natürlich auch der Andenkenhandel.
Vor dem Eintreffen des Paulus gab es hier schon eine selbstständige christliche Gemeinde. Paulus spielt in der Erzählung nur eine Nebenrolle, auch wenn er ins Gefängnis muss. Dass eine kleine christliche Gemeinde in einer Großstadt eine nicht ungefährliche Demonstration wagt, beweist ihren Mut.

Athen (Apg 17,16-34)

Es ist ziemlich unwahrscheinlich, dass Paulus jemals in Athen gewesen ist. Lukas hat bei der Abfassung der Apostelgeschichte aber nicht auf Athen verzichtet, weil sie als Stadt der Bildung und Kultur ein Begriff war.
Die Idee, Paulus auf den Altar für einen unbekannten Gott stoßen zu lassen, ist literarisch geschickt, um den Gott der Christen einzuführen. In der Athenepisode verschweigt Lukas nicht, dass es in der Mission Misserfolge gibt.

Die Unterrichtsreihe gibt mit vier Briefen, die Paulus an die Kinder schreibt, einen Einblick in sein Leben und Wirken.
Alle im Unterricht verwendeten Briefe sind natürlich keine echten Paulusbriefe, die im NT stehen. Sie folgen aber dem Vorbild des Paulus, der mit den Gemeinden brieflich Kontakt hielt. Die angegebenen Texte wurden in Briefform gebracht, damit die Kinder die Reise des Paulus verfolgen und die Bedingungen der Mission kennenlernen können.

Der Briefkopf entspricht dem im 1. Jahrhundert nach Christus üblichen Briefstil.

Bausteine der Unterrichtsreihe

Baustein 1: Der erste Brief von Paulus

Unterrichtsmaterial:

- ▷ Rollenbrief, von L vorbereitet **M 9.1**
- ▷ Kopie des Briefes und des Paulus-Bildes in entsprechender Anzahl der Gruppen **M 9.1/M 9.2**
- ▷ Stifte
- ▷ Papier
- ▷ großes Plakat mit Landkarte, an dem unten eine Schnur befestigt ist, an die die Rollenbriefe gehängt werden **M 9.3**
- ▷ Wäscheklammern
- ▷ Magnete
- ▷ Arbeitsblatt: „Paulus“ **M 9.4**
- ▷ Lied: „Du hast mir die Augen geöffnet“ (◎ II Track 1/2) **M 9.5**
- ▷ Vorlage: „Auge“ (laminiert) **M 9.9**

Unterrichtsschritte:

1. L zeigt den Kindern den Rollenbrief. Sie äußern ihre Vermutungen. Es wird festgestellt, dass es sich um einen Brief handelt. Die Form weist auf eine frühere Zeit. **M 9.1**

2. Ein Kind öffnet den Brief und liest ihn vor. Die Kinder stellen fest, dass der Brief von einem Mann namens Paulus stammt. Sie äußern sich spontan zum Inhalt des Briefes.

3. Die Kinder erhalten die Aufgabe, in Gruppen einen Steckbrief des Paulus zu entwickeln. Vorbereitend führt L mit den Kindern ein Gespräch darüber, was alles zu einem Steckbrief gehört. Jede Gruppe erhält dann eine Kopie des Briefes, ein DIN-A4-Blatt (blanko) und ein Bild des Paulus. Während der Gruppenarbeit gibt L Hilfestellung. Die Ergebnisse werden zusammengetragen. Zur eigenen Unterrichtsdokumentation entscheidet sich jedes Kind für einen der entstandenen Steckbriefe. Sie werden von L für die Kinder vervielfältigt. **M 9.2**

4. L: *Wir haben heute einiges über Paulus erfahren. In der Bibel gibt es viele Briefe, die von seinen Reisen*

und Erlebnissen berichten. Oft antwortete er auch auf Fragen, die die Menschen hatten. Denn manchmal gab es Streit darüber, wie man als Christ lebt und handelt. In den nächsten Stunden erfahren wir noch mehr von Paulus.
Damit wir seine Reisen verfolgen können, werden wir auf einem Plakat die Reiseroute festhalten.

5. Die Kinder benennen die Orte, um die es in dem ersten Brief ging.
   L heftet das vorbereitete Landkartenplakat mit Magneten an die Tafel und hängt den Brief mit einer Wäscheklammer an die Schnur unter dem Plakat. **M 9.3**
   Die Kinder suchen und markieren die Orte Tarsus und Damaskus auf dem Plakat und auf ihrem Arbeitsblatt. **M 9.4**
6. L: *Paulus schreibt in seinem Brief, dass Jesus ihm die Augen geöffnet hat. Jetzt überlegen wir, was Paulus auf einmal erkennen konnte.*
   L hängt zur visuellen Unterstützung die Augenkarte an die Tafel. **M 9.9**
   Gegebenenfalls wird dazu noch einmal der zweite Teil des Briefes gelesen. Abschließend formulieren die Kinder auf dem Arbeitsblatt ein bis drei zusammenfassende Sätze, indem sie den Satzanfang: „Paulus erkennt, dass ..." ergänzen. **M 9.4**
   Z. B. „Paulus erkennt, dass es nicht richtig ist, Menschen aufgrund ihres Glaubens zu verfolgen. Er verfolgt die Christen nicht mehr. Er wird selbst Christ."
7. Gemeinsam wird die erste Strophe des Liedes „Du hast mir die Augen geöffnet" gesungen. **M 9.5**

Baustein 2: Paulus schreibt aus Ephesus

Unterrichtsmaterial:

- ▷ Rollenbrief, von L vorbereitet **M 9.6**
- ▷ großes Plakat mit Landkarte (s. Baustein 1) **M 9.3**
- ▷ Wäscheklammern
- ▷ Magnete
- ▷ Arbeitsblatt: „Paulus" **M 9.4**
- ▷ Lied: „Du hast mir die Augen geöffnet" (◎ II Track 1/2) **M 9.5**
- ▷ Vorlage: „Auge" (laminiert) **M 9.9**
- ▷ Klebeetiketten für Rollennamen

Unterrichtsschritte:

1. L weist die Kinder darauf hin, dass ein zweiter Brief von Paulus angekommen ist. Der Brief wird entrollt und von einem Kind vorgelesen. Die Kinder äußern sich spontan zur Geschichte und stellen ggf. Fragen. **M 9.6**
2. Die Kinder suchen Ephesus auf der Karte an der Tafel und markieren den Ort. **M 9.3**
3. L fordert die Kinder auf, die Geschichte nachzuspielen. Das Rollenspiel wird gemeinsam vorbereitet, indem die Personen und deren Handeln von den Kindern benannt werden. L hält Stichworte an der Tafel fest.
4. Das Rollenspiel wird durchgeführt. Zur besseren Erkennbarkeit der Rollen werden den Kindern große Klebeschilder mit den Namen (Paulus, Gaius, Aristarch, Kunsthandwerker, Andenkenhändler, Epheser etc.) angeheftet. Nach dem Spiel
   - erzählen die Kinder, wie sie sich in ihren Rollen gefühlt haben.
   - finden die Kinder gemeinsam heraus, warum die Personen so gehandelt haben: Warum haben sie Artemisfiguren gekauft? Warum haben sie gegen Paulus und seine Freunde protestiert?
   - ...
5. L hängt als visuellen Impuls die Augenkarte an die Tafel und die Kinder fassen abschließend zusammen, worüber Paulus dieses Mal die Augen geöffnet worden sind, was er in Ephesus erkannt hat. **M 9.9**
   Z. B.: „Paulus erkennt, dass er manche Menschen nicht davon überzeugen kann, Christ zu werden. Wenn er es dennoch versucht, kann das sehr gefährlich werden."
6. Die Kinder schreiben ihre Sätze an die entsprechende Stelle auf dem Arbeitsblatt und markieren Ephesus auf der Karte. **M 9.4**
7. Gemeinsam wird die zweite Strophe des Liedes „Du hast mir die Augen geöffnet" gesungen. **M 9.5**

Baustein 3: Paulus schreibt aus Philippi

Unterrichtsmaterial:

- ▷ Rollenbrief, von L vorbereitet **M 9.7**
- ▷ großes Plakat mit Landkarte (s. Baustein 1) **M 9.3**
- ▷ Wäscheklammern
- ▷ Magnete
- ▷ Arbeitsblatt: „Paulus" **M 9.4**
- ▷ Lied: „Du hast mir die Augen geöffnet" (◎ II Track 1/2) **M 9.5**
- ▷ Vorlage: „Auge" (laminiert) **M 9.9**

Unterrichtsschritte:

1. Die Kinder erinnern sich mithilfe der Karte an der Tafel an die Orte, über die Paulus berichtet, und an die Geschichten, die er erzählt hat. **M 9.3**

2. Der dritte Brief des Paulus wird gemeinsam gelesen. **M 9.7**
Die Kinder äußern sich spontan zum Inhalt des Briefes. Sie erinnern sich an das, was sie selbst über das Judentum wissen und versuchen, die Fragen, die Paulus von den Frauen gestellt werden, zu beantworten. Sie suchen den Ort auf der Karte an der Tafel und markieren ihn. **M 9.3**

3. L: *Aus Philippi erfahren wir von Paulus, wie er eine christliche Gemeinde gründet. Wie gelingt es?*
   - Er trifft auf Menschen, die sich für den Glauben interessieren, sie haben einen Gebetskreis.
   - Er erzählt ihnen von Jesus.
   - Der Leiterin des Gebetskreises gefällt, was sie über Jesus hört, sie möchte ihm auch nachfolgen.
   - Sie lässt sich und alle ihre Mitarbeiter von Paulus taufen.

4. L heftet die Augenkarte an die Tafel. **M 9.9**
Die Kinder formulieren für ihr Arbeitsblatt, was Paulus in Philippi erkannt hat. Z. B.: „Paulus erkennt, dass Lydia, eine Frau, eine gute Gemeindeleiterin ist und dass er andere Menschen für den Glauben an Jesus begeistern kann."
Sie markieren den Ort auf ihrer Karte. **M 9.4**

5. Gemeinsam wird die dritte Strophe des Liedes „Du hast mir die Augen geöffnet" gesungen. **M 9.5**

Baustein 4: Paulus schreibt aus Athen

Unterrichtsmaterial:

- ▷ Rollenbrief, von L vorbereitet **M 9.8**
- ▷ großes Plakat mit Landkarte (s. Baustein 1) **M 9.3**
- ▷ Wäscheklammern
- ▷ Magnete
- ▷ Arbeitsblatt: „Paulus" **M 9.4**
- ▷ Lied: „Du hast mir die Augen geöffnet" (◎ II Track 1/2) **M 9.5**
- ▷ Vorlage „Auge"(laminiert) **M 9.9**

Unterrichtsschritte:

1. L weist die Kinder darauf hin, dass ein weiterer Brief von Paulus angekommen ist. **M 9.8**
Der Brief wird entrollt und von einem Kind vorgelesen. Die Kinder äußern sich spontan zur Geschichte und stellen ggf. Fragen. Sie erinnern sich gemeinsam an das, was sie im Zusammenhang mit Ostern über die Auferstehung gelernt haben.*

2. Die Kinder suchen Athen auf der Karte an der Tafel und markieren den Ort. **M 9.3**

3. L: *Paulus ist sehr verzweifelt. Die Athener lassen ihn noch nicht einmal ausreden und am nächsten Tag kommt niemand mehr, um ihm zuzuhören. Die Frage nach der Auferstehung ist ja auch schwierig. Könnt ihr Paulus helfen? Wie würdet ihr versuchen, die Athener davon zu überzeugen, dass es gut ist, ein Christ zu sein?*

4. Die Kinder formulieren in Gruppen „Werbereden" für das Christentum, die Menschen überzeugen könnten, Christ zu werden.

5. Die Kinder stellen sich ihre Reden gegenseitig vor und kommentieren sie wertschätzend (Was mich überzeugt hat ... Was ihr hättet besser machen können ...).

6. L hängt die Augenkarte als visuellen Impuls an die Tafel. Abschließend formulieren die Kinder für ihr Arbeitsblatt, was Paulus in Athen erkannt hat. Z. B.: „Paulus erkennt, dass er nicht alle Menschen überzeugen kann. Doch das darf ihn nicht hindern, immer wieder von Jesus zu erzählen." Sie markieren den Ort auf ihrer Karte. **M 9.9/M 9.4**

7. Gemeinsam wird das Lied „Du hast mir die Augen geöffnet" gesungen. **M 9.5**

* vgl. Bd. 3, S. 94

Rollenbrief des Paulus aus Tarsus

M 9.1

Gnade und Friede möge auf Euch kommen von Gott,
unserem Vater, und dem Herrn Jesus Christus.

Da ich viel unterwegs bin und ständig andere Menschen treffe, muss ich mich immer wieder vorstellen. Und das will ich jetzt kurz tun.
Zu Hause wurde ich Saul oder Schaul genannt. Draußen hörte ich auf den griechischen Namen Paulos. Wer Latein spricht, kann auch Paulus zu mir sagen.

Ich wurde in der Handelsstadt Tarsus geboren. Sie liegt nah am Mittelmeer.
Wie die meisten Menschen hier, spreche ich die Weltsprache Griechisch.
Ihr merkt schon, Sprachen spielten in Tarsus eine große Rolle.
Und fast zu jeder der hier gesprochenen Sprachen gab es eine Religion.

Ich stamme aus einer jüdischen Familie und wuchs mit den vielen jüdischen Glaubensregeln auf. Sie zu halten machte mir nichts aus. Ich fand sie sogar gut. Leute, die sich um diese Regeln herumdrückten, mochte ich nicht besonders. Manchmal machten diese Menschen mich richtig wütend.

Da ich Geld verdienen musste, wurde ich Zeltmacher. In Tarsus wurde ein gutes Leinen hergestellt, aus dem ich Sonnenblenden für Marktstände und Brunnen machte. Daneben hatte ich mit Lederarbeiten zu tun. Von meinem Handwerk konnte ich ganz gut leben.

Meine erste Auslandsreise machte ich nach Damaskus.
Von Tarsus nach Damaskus sind es ungefähr 460 römische Meilen (= 690 km).
Was ich in Damaskus wollte?
Wenn ich Euch darüber erzähle, dann komme ich zu einer Zeit meines Lebens, auf die ich nicht gerade stolz bin. Ich habe Christen verfolgt, weil sie anders dachten als ich.
Ich habe sie verfolgt, weil sie anders glaubten als ich. Das konnte ich nicht ertragen.
Deshalb war ich mit ein paar Begleitern nach Damaskus gereist.
Kurz vor der Stadt geschah etwas Unvorstellbares. Ein blendendes Licht hat mich umgeworfen.
Ich hörte eine Stimme fragen: „Saul, warum verfolgst du mich?"
„Wer bist du?", fragte ich.
„Ich bin Jesus, den du verfolgst."
Die nächsten drei Tage waren schrecklich. Alles war dunkel um mich her.
Ich fühlte mich, als hätte ich total die Orientierung verloren.
Am dritten Tag fiel es mir wie Schuppen von den Augen.
Ich begriff: Ich sollte mich selbst ändern und nicht andere –
und schon gar nicht mit Gewalt.
Das hatte die Stimme gemeint.
Ich dachte darüber nach und ließ mich taufen.
Ich wurde Christ.

So weit erst einmal. Ich melde mich bald wieder bei Euch.

Euer Paulus

Bild Paulus

M 9.2

Landkarte

M 9.3

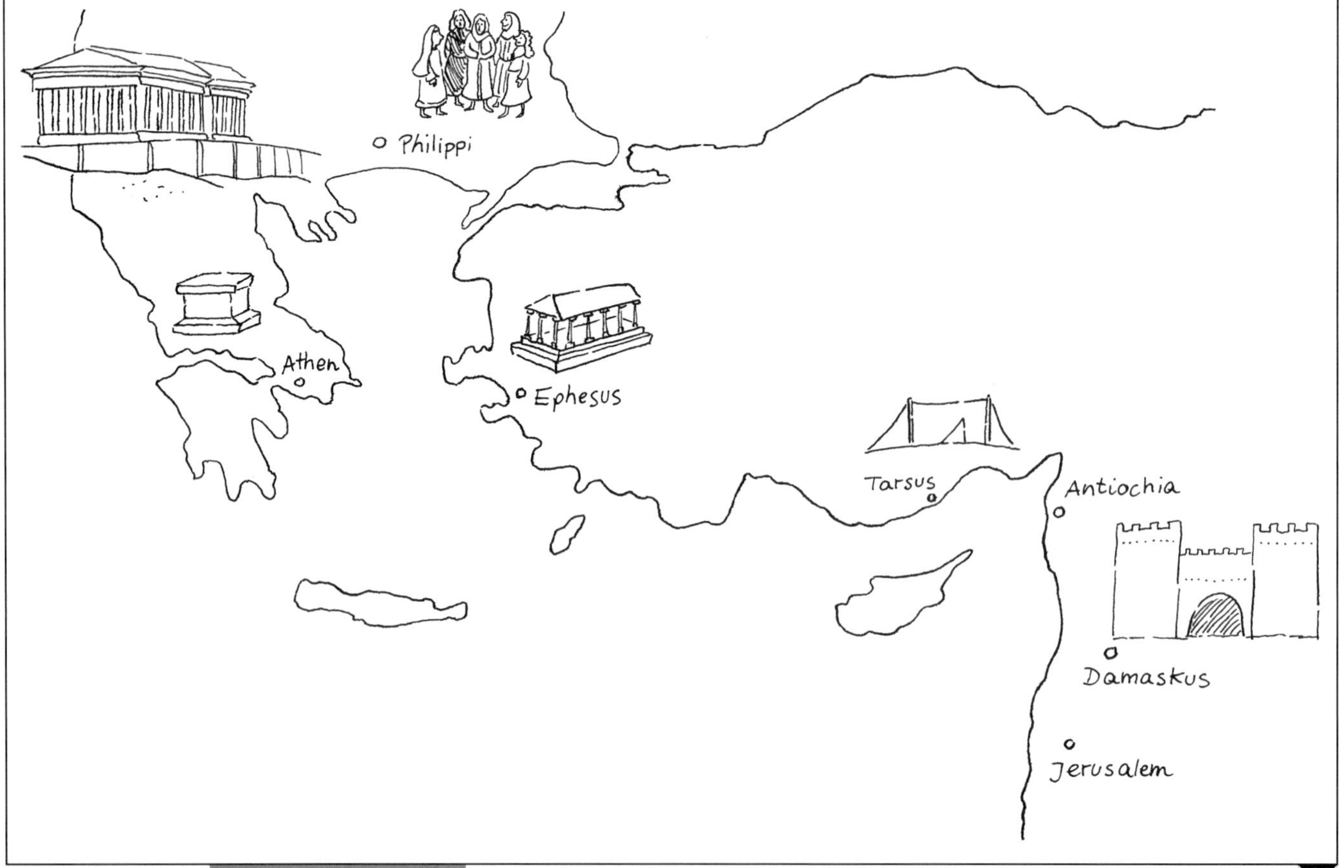

Farbige Materialien/Folien

(vgl. Liste auf S. 193)

Wartburg, Lutherstube

M 2.1

Bild einer Taufe

M 3.5

?

Mann und Frau, 1919

M 4.1

© VG Bild-Kunst, Bonn 2008

Denkmäler

M 5.1

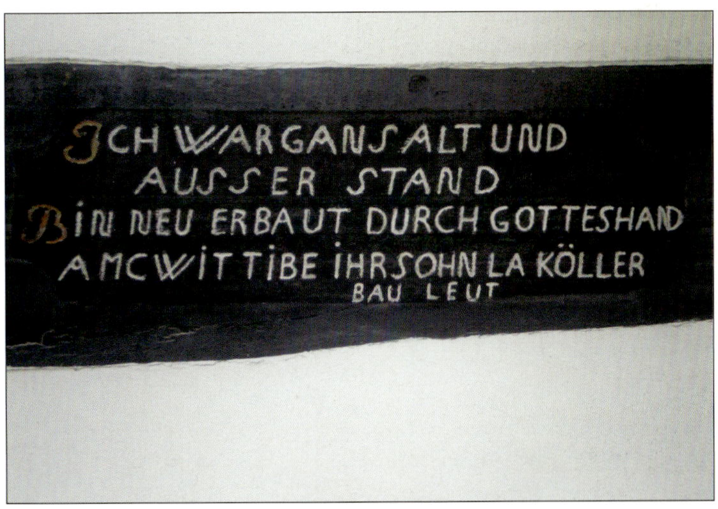

Bahnhof Grunewald

M 5.2

Verkündigung an die Hirten

M 7.4

Zeichen der Ökumene

M 15.2

Ein Kreis –
Kannst du dir vorstellen,
was er bedeutet?

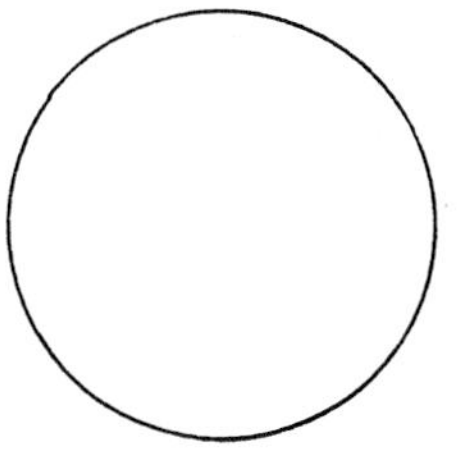

Ein Kreuz im Kreis –
Kannst du erklären,
was es bedeutet?

Das Kreuz steht in einem Schiff,
das sich in unruhigen Wellen befindet –
Überlege, was das bedeuten soll.

Skulptur des Afrikaners

M 16.2

Bild eines Leprakranken

M 16.7

© dpa-Bildarchiv

Paulus

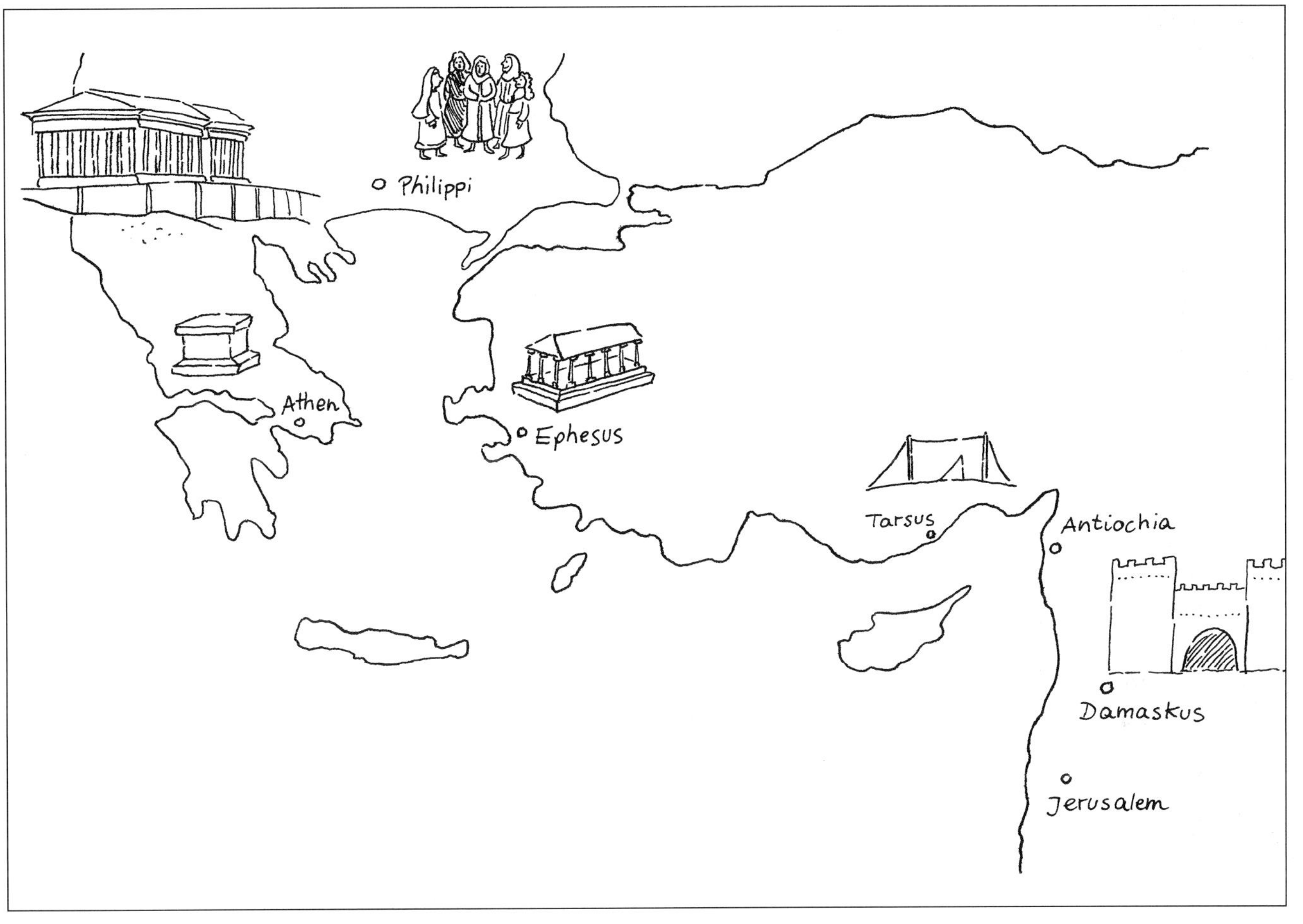

Tarsus und Damaskus

Ephesus

Philippi

Athen

Du hast mir die Augen geöffnet

M 9.5

Text: Sabine Grünschläger-Brenneke
Musik: Sebastian Schade

II 1/2

2. Auch wenn ich ängstlich bin und feig',
ist Gott da, lässt mich nicht allein. (x 2)

3. Fröhlich erzähle ich von dir
und du berührst der Menschen Herz. (x 2)

4. Auch wenn es manchmal sinnlos scheint,
Gott weiß, dass nichts vergeblich ist. (x 2)

Rollenbrief des Paulus aus Ephesus

M 9.6

Gnade und Friede möge auf Euch kommen von Gott,
unserem Vater, und dem Herrn Jesus Christus.

Diesmal schreibe ich Euch aus Ephesus.
Mein Bericht ist etwas ausführlicher. Ich muss nämlich ein paar Dinge erklären.
Ephesus gehört zu den größten Städten des Römischen Reiches.
Hier befindet sich der Tempel der Göttin Artemis.
Er steht auf der Liste der sieben Weltwunder.
Das sind die berühmtesten Bauwerke meiner Zeit.

In Ephesus hatte ich Kontakt mit Gaius und Aristarch und entdeckte eine kleine
christliche Gemeinde. Die beiden beschlossen, den christlichen Glauben bekannter zu machen.
Gegen Artemis anzukommen, war nicht so leicht.
Für die Menschen hier ist sie eine Glücksgöttin.
Tausende kommen zu ihrem Tempel.
Sie bitten sie um neues Leben und auch großen Kindersegen.
Die Frauen bitten sie um Schutz und Hilfe in der Schwangerschaft.
Überall werden Artemisfiguren und Andenken verkauft.
Gaius und Aristarch nahmen mich mit in die Stadt.
Wir sprachen Leute an, die sich Artemisfiguren gekauft hatten.
„Das soll eine Göttin sein? Die ist doch mit Händen gemacht. Eine handgemachte
Göttin ist keine Göttin. Götter aus Silber oder Stein sind keine Götter.
Diese Artemis hat doch kein Leben."
Die meisten Leute blieben bei ihrer Artemis.
Die Silberschmiede, Kunsthandwerker und Andenkenhändler organisierten eine große
Protestversammlung gegen uns. In Sprechchören riefen sie:

„Ephesus heißt unsre Stadt, die eine große Göttin hat.
Artemis und wir – bleiben hier."

Sie lebten ja von den Menschen, die den Tempel besuchten.
Wer bei Artemis gewesen war, nahm auch ein Andenken mit.
Ich hatte nicht damit gerechnet, dass die ganze Sache so gefährlich werden würde.
Es ging sogar so weit, dass ich verhaftet wurde.
Ich saß lange im Gefängnis und rechnete mit meinem Tod.
Das ließ mich an Damaskus denken.
Gestern wurde ich plötzlich freigelassen.
Morgen werde ich Ephesus verlassen, mir wird es hier zu gefährlich.
Für die Christen sieht es im Moment ziemlich schlecht aus, aber ich hoffe,
dass, wenn das Licht erst einmal angezündet ist, es nicht so leicht ausgeht.

Für heute schließe ich erst einmal. Bis bald.
Viele Grüße von
Eurem Paulus

Rollenbrief des Paulus aus Philippi

M 9.7

Gnade und Friede möge auf Euch kommen von Gott, unserem Vater, und dem Herrn Jesus Christus.

Wenn ich in eine fremde Stadt komme, dann schaue ich mich zuerst um.
Das tat ich auch in Philippi.
Der Fluss vor der Stadt schien ein beliebter Treffpunkt zu sein.
Ich sah einige Frauen am Ufer sitzen.
Ich ging zu ihnen.
Sie erzählten mir, dass sie sich hier zum Beten träfen,
denn ein eigenes Gebetshaus hatten sie nicht.
Ich fand heraus, dass sie der jüdische Glaube interessierte.
Von Jesus wussten sie nichts.
Und dann fragten sie mich aus: „Wie heißt du? Woher kommst du?
Bist du verheiratet? Woran glaubst du? Welchen Beruf hast du?
Was willst du hier in Philippi?"
Unter ihnen fiel mir eine sehr selbstbewusste Frau auf.
Es stellte sich heraus, dass sie eine Purpurfärberei leitete.
Sie war eine Unternehmerin.
Sie schien der Mittelpunkt dieses Gebetskreises zu sein.
Sie hörte mir aufmerksam zu und sagte dann:
„Du bist als Jude aufgewachsen, aber jetzt bist du Christ?"
Wie sollte ich den Wechsel in wenigen Sätzen erklären?
„Ich bin mit vielen religiösen Regeln erzogen worden.
Die Christen dagegen haben nur eine wichtige Lebensregel.
Liebe deine Mitmenschen so, wie Jesus es gezeigt hat."
Lydia nickte. Sie schien genau zu verstehen, was ich meinte.
Sie, ihre ganze Familie und ihre Mitarbeiter ließen sich von mir taufen.
Ich wollte bald weiterreisen, aber Lydia ließ es nicht zu.
Einige Zeit blieb ich ihr Gast.
Ich sah, dass sie ihren Glauben ernst nahm und den Menschen so begegnete,
wie Jesus es getan hat.
Eine bessere Leiterin für die neue Christengemeinde gab es einfach nicht.

Was ich noch erlebt habe, erzähle ich Euch später.
Viele Grüße von

Eurem Paulus

Rollenbrief des Paulus aus Athen

M 9.8

Gnade und Friede möge auf Euch kommen von Gott,
unserem Vater, und dem Herrn Jesus Christus.

Vor den Athenern hatte man mich gewarnt:
„Pass auf, die wollen nur ihren Spaß haben.
Richtig diskutieren wollen die gar nicht."
Ich fand einen Platz, auf dem viel los war.
Ich stellte mich vor und begann zu sprechen:
„Athener und Athenerinnen, eure Stadt ist wirklich sehenswert.
Sie gefällt mir wirklich gut. Und ich habe etwas gefunden, das mir noch besser
gefällt. Einen Altar! Und darauf steht geschrieben, was mir am besten gefällt:
‚Für den unbekannten Gott.' An den glaube ich. Und den bringe ich euch."

Dann erzählte ich von Jesus und seinem Leben. Als ich zum Thema Auferstehung kam,
riefen sie dazwischen: „Auferstehung, was ist das denn? Das geht doch nicht.
Ein Toter kann doch nicht aus dem Grab klettern." Sie wandten sich ab und sagten:
„Komm morgen wieder und erzähl uns mehr." Sie hatten ihre Unterhaltung gehabt.
Ich kam nicht mehr dazu, zu erklären, was Auferstehung bedeutet.
Ich war mutlos und niedergeschlagen.
Am nächsten Tag kam kaum jemand. Das war Jesus auch passiert.
Dann sagte ich mir: „Lass den Kopf nicht hängen. In anderen Städten
gibt es schon lebendige Gemeinden. Also weiter, nach Rom,
in die Hauptstadt der Welt!
Und vielleicht schaffe ich es noch nach Spanien. Wer weiß?"

So, das war jetzt erst mal mein letzter Brief für Euch.
Wenn Ihr noch mehr von dem erfahren wollt, was ich erlebt und welche Orte
ich besucht habe, dann könnt Ihr das in der Bibel im Neuen Testament,
in meinen Briefen und der Apostelgeschichte, nachlesen.

Gott segne Euch!

Euer Paulus

Auge

M 9.9

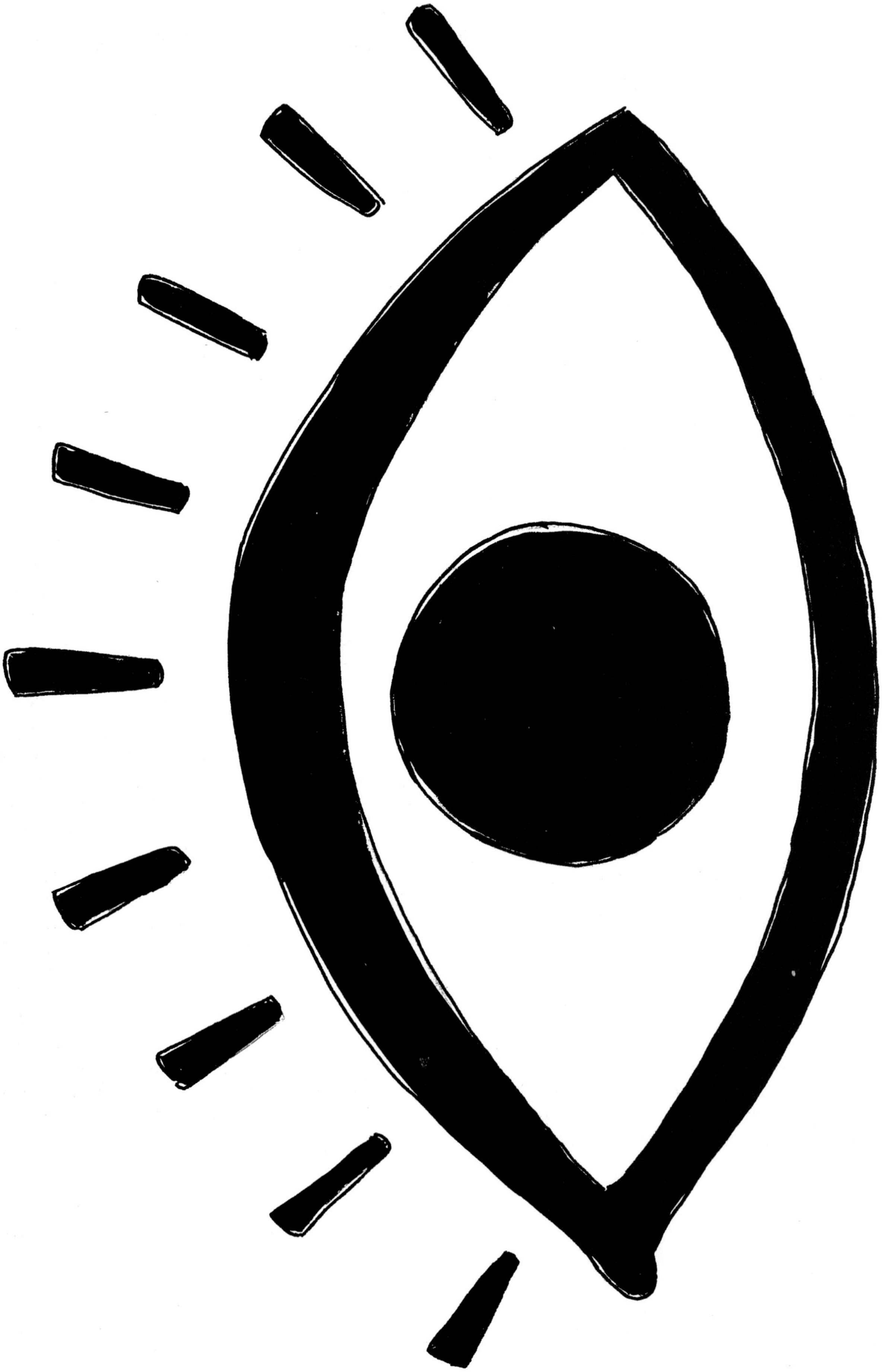

KOPIERVORLAGE

10 Schöpfung als Geschenk und Verpflichtung für uns heute

Thema: Bebauen und Bewahren (1. Mose 2,15)

Intention der Unterrichtsreihe

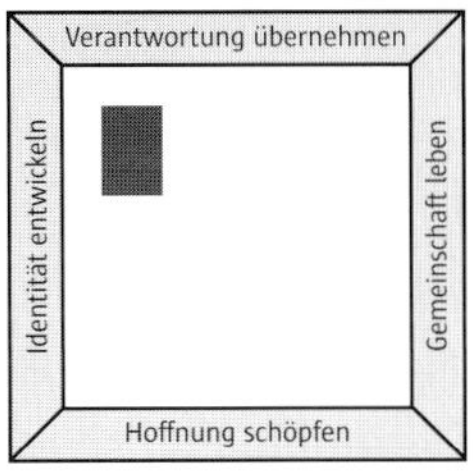

Anhand des zweiten Schöpfungsberichtes (1. Mose 2,4b-25) erkennen, dass die Menschen Verantwortung für die Erhaltung der Welt, in der sie leben, haben.

4–6 Std.

Theologisch-didaktischer Kommentar

Text (1. Mose 2,4b-25):

*Es war zu der Zeit, da Gott der HERR Erde und
Himmel machte. 5 Und alle die Sträucher auf
dem Felde waren noch nicht auf Erden, und all
das Kraut auf dem Felde war noch nicht gewachsen;
denn Gott der HERR hatte noch nicht
regnen lassen auf Erden, und kein Mensch war
da, der das Land bebaute; 6 aber ein Nebel
stieg auf von der Erde und feuchtete alles Land.
7 Da machte Gott der HERR den Menschen aus
Erde vom Acker und blies ihm den Odem des
Lebens in seine Nase. Und so ward der Mensch
ein lebendiges Wesen.
8 Und Gott der HERR pflanzte einen Garten in
Eden gegen Osten hin und setzte den Menschen
hinein, den er gemacht hatte. 9 Und Gott
der HERR ließ aufwachsen aus der Erde allerlei
Bäume, verlockend anzusehen und gut zu essen,
und den Baum des Lebens mitten im Garten
und den Baum der Erkenntnis des Guten
und Bösen. 10 Und es ging aus von Eden ein
Strom, den Garten zu bewässern, und teilte sich
von da in vier Hauptarme. 11 Der erste heißt Pischon,
der fließt um das ganze Land Hawila
und dort findet man Gold; 12 und das Gold des
Landes ist kostbar. Auch findet man da Bedolachharz
und den Edelstein Schoham. 13 Der
zweite Strom heißt Gihon, der fließt um das
ganze Land Kusch. 14 Der dritte Strom heißt Tigris,
der fließt östlich von Assyrien. Der vierte
Strom ist der Euphrat.
15* ***Und Gott der HERR nahm den Menschen
und setzte ihn in den Garten Eden, dass er
ihn bebaute und bewahrte.*** *16 Und Gott der
HERR gebot dem Menschen und sprach: Du
darfst essen von allen Bäumen im Garten,
17 aber von dem Baum der Erkenntnis des Guten
und Bösen sollst du nicht essen; denn an
dem Tage, da du von ihm isst, musst du des Todes
sterben.
18 Und Gott der HERR sprach: Es ist nicht gut,
dass der Mensch allein sei; ich will ihm eine Gehilfin
machen, die um ihn sei. 19 Und Gott der
HERR machte aus Erde alle die Tiere auf dem
Felde und alle die Vögel unter dem Himmel und
brachte sie zu dem Menschen, dass er sähe,
wie er sie nennte; denn wie der Mensch jedes
Tier nennen würde, so sollte es heißen. 20 Und
der Mensch gab einem jeden Vieh und Vogel
unter dem Himmel und Tier auf dem Felde seinen
Namen; aber für den Menschen ward keine
Gehilfin gefunden, die um ihn wäre. 21 Da ließ
Gott der HERR einen tiefen Schlaf fallen auf
den Menschen, und er schlief ein. Und er nahm
eine seiner Rippen und schloss die Stelle mit
Fleisch. 22 Und Gott der HERR baute eine Frau
aus der Rippe, die er von dem Menschen nahm,
und brachte sie zu ihm. 23 Da sprach der
Mensch: Das ist doch Bein von meinem Bein
und Fleisch von meinem Fleisch; man wird sie
Männin nennen, weil sie vom Manne genommen
ist. 24 Darum wird ein Mann seinen Vater
und seine Mutter verlassen und seiner Frau anhangen,
und sie werden sein "ein" Fleisch.
25 Und sie waren beide nackt, der Mensch und
seine Frau, und schämten sich nicht.*

Der zweite Schöpfungsbericht beginnt mit einer Bewässerungsgeschichte. Nachdem das Land befeuchtet worden war, setzte Gott den Einzelgänger Adam in den Garten Eden. Der Name sagt etwas über die Qualität des Gartens, denn Eden bedeutet Wonne und Freude. In diesem landwirtschaftlich geprägten, mit einer Mauer abgegrenzten Umfeld gab es alles,

was zum Leben nötig war. Adam bekam den Auftrag, diesen Garten zu bebauen und zu bewahren. Gott beteiligte ihn sogar ein wenig an der Schöpfung. Den Tieren sollte er Namen geben.
Dann kommt in der Schöpfungserzählung für einen kurzen Moment eine geografische Information zur Lebensgrundlage Wasser in den Blick. Außerhalb des eingezäunten Gartens fließen die vier großen Ströme des Vorderen Orients. In den biblischen Namen sind aber nur Euphrat und Tigris sicher wiederzuerkennen und zu lokalisieren.
Adam und Eva hätten zusammen im perfekten Eden ein beschauliches Leben führen können. Aber Isolation führt leicht zum Stillstand der Entwicklung.
Mit ihren neugierigen Fragen leitete die Schlange eine Veränderung ein (1. Mose 3). Mit ihrem Drängen nach Erkenntnis haben sie und Eva Gott so provoziert, dass alle drei den Garten verlassen mussten.
Draußen waren die Existenzbedingungen härter und das Leben offenbarte eine vorher unbekannte Zwiespältigkeit, die mal zum Guten und öfter zum Bösen tendierte und mit dem Brudermord von Kain an Abel* begann.
Der Auftrag zum Bewahren und Bebauen galt aber auch in der neuen Situation, in der sich die Menschen zurechtfinden mussten.
Und wir stehen heute an genau derselben Stelle wie Adam und Eva. Nur die Probleme haben sich verschärft. Mit dem Fortschritt ist der Schaden an der Natur und gleichzeitig damit auch das Potential gewachsen, den Schaden zu begrenzen.
Die damit verbundene Frage aber lautet: Bewahren wir wirklich die Schöpfung oder nur uns? Nicht jeder Eingriff in die Schöpfung kann verboten werden, aber er sollte in jedem Fall gut begründet und rechenschaftspflichtig sein. Ist der Eingriff umweltverträglich? Welche Auswirkungen hat er auf die Menschen? Welche sozialen Folgen verursacht er? Was verändert er kulturell? Welche nationalen und internationalen politischen und wirtschaftlichen Folgen hat er? Kosten, Nutzen und Risiken müssen abgewogen werden. Woran ist eine Ethik zu messen, die solche Beurteilungskriterien entwickelt?
Vielleicht an dem Satz von Albert Schweitzer: „Ich bin Leben, das leben will, inmitten von Leben, das leben will“** (s. auch M 10.7).

Der Schwerpunkt liegt in dieser Unterrichtseinheit auf 1. Mose 2,15. Die Kinder setzen sich auf der Handlungsebene mit der Aufforderung des „Bebauens und Bewahrens“ auseinander. Dabei wird das Verständnis vertieft, das in Band 2 Kap. 1 („Gott für seine Schöpfung loben und danken“) schon angebahnt wurde.

Es bietet sich an, diese Unterrichtseinheit fächerübergreifend durchzuführen, da sie sowohl in Kunst, Musik und Deutsch als auch im Sachunterricht zahlreiche Anknüpfungspunkte bietet.

Bausteine der Unterrichtsreihe

Meditativer Einstieg

Die Kinder sitzen im Kreis. Neben der Ritual-Kerze steht ein Globus und liegt eine Bibel. L spielt leise Musik ein. (◉ II Track 18)
Es ist möglich, dass die Kinder sich durch den Globus an die Schöpfungseinheiten aus vergangenen Schuljahren erinnern und sich spontan äußern.***
Dann führt L das Gespräch weiter:
Sicher erinnert ihr euch noch an die Geschichte des Priesters, die er für das Volk Israel geschrieben hat, die Geschichte von Gott, dem Schöpfer, die Geschichte, die dem Volk Israel Mut machen und Hoffnung geben sollte.

An dieser Stelle kann die Geschichte von Gott, dem Schöpfer, wiederholt werden.**** Zum Abschluss wird das Lied „Siehe da, es war gut“***** gesungen.

L: *Wir finden in der Bibel aber noch einen weiteren Bericht, der die Schöpfung anders erzählt. Damit wollen wir uns in diesem Schuljahr beschäftigen.*

Baustein 1: Der Garten Eden

Unterrichtsmaterial:

- schwarzes Tonpapier
- Bibeltext: „1. Mose 2,4b-5“ **M 10.1**
- Textvorlage nach 1.Mose 2,6-25: „Eine Welt wie ein Garten“ **M 10.2**
- Zuckerkreide oder Ölmalkreiden **M 10.3**
- Papierstreifen
- dicke Faserschreiber
- Klebstoff

Unterrichtsschritte:

1. L zeigt den Kindern einen schwarzen Bogen Tonpapier. Die Kinder assoziieren: leer, nichts da, dunkel ...

* 1. Mose 4,1-16
** Schweitzer, S. 181
*** vgl. Bd. 1, S. 113 ff., Bd. 2, S. 11 ff.
**** vgl. Bd. 3, S. 33 f.
***** vgl. Bd. 3, S. 35

2. Der biblische Text 1. Mose 2,4b-5 wird vorgelesen. Die Kinder verbinden die Aussage des Textes mit dem schwarzen Bogen Papier. **M 10.1**

3. In Gruppen gestalten die Kinder nach der Textvorlage mit Zuckerkreide oder Ölmalkreiden den Garten Eden auf einem Bogen schwarzen Tonpapier, wie er ihrer Vorstellung nach aussieht.
   Dabei lassen sie unten einen Rand in Breite eines Papierstreifens (s. Unterrichtsschritt 6). **M 10.2/M10.3**

4. Die Kinder stellen ihre Ergebnisse vor und erklären, was ihnen an den Bildern besonders wichtig ist.

5. Im Gespräch arbeitet L mit den Kindern heraus, dass die Umgebung „Garten Eden“ genannt wird. Sie bietet alles, was der Mensch zum Leben braucht:
   - Wasser
   - Tiere
   - Bäume
   - ...

6. Dieser Garten Eden, die Schöpfung Gottes, wird von ihm mit einem Auftrag an die Menschen versehen. Die Kinder suchen die Stelle im Text „... setzte er einen Menschen in den Garten Eden, dass er ihn bebaute und bewahrte“ heraus, schreiben ihn auf einen Papierstreifen und kleben ihn auf ihr Bild. **M 10.2**

7. Sie überlegen, was dieser Satz bedeutet:
   - Gott überträgt dem Menschen eine Verantwortung, die er wahrnehmen soll.
   - Der Mensch erhält den Auftrag, bestimmte Dinge nicht zu tun.
   - Der Mensch zerstört sonst die von Gott anvertraute Lebensgrundlage.
   - ...

8. Die Kinder bekommen den Auftrag, für die nächste Stunde etwas mitzubringen, das sie besonders schützens- oder bewahrenswert finden. Das können reale Dinge, Bilder ... sein.

Baustein 2: Deine Welt ist meine Welt

Unterrichtsmaterialien:

- ▷ mitgebrachte Dinge (s. Baustein 1)
- ▷ Arbeitsblatt: „Schöpfungsgedicht“ **M 10.4/M 10.5**
- ▷ Lied: „Deine Welt ist meine Welt“ (◎ II Track 3/4) **M 10.6**

Unterrichtsschritte:

1. Die Kinder zeigen die Dinge, die sie mitgebracht haben, erzählen dazu und begründen ihre Wahl.
   Je nach Möglichkeit beschreiben sie das Aussehen, riechen daran, befühlen es ...
   Wichtig ist, dass sie herausfinden, dass Schöpfung mit all unseren Sinnen zu tun hat.
   Die Sammlung kann von L noch durch Erde, Wasser, Moos u.a. ergänzt werden. In der Klasse entsteht ein Ausstellungstisch zum Thema „Gottes Schöpfung“.

2. Die Kinder schreiben ein Schöpfungsgedicht. **M 10.4/M 10.5**

3. Sie lesen ihre Ergebnisse vor und legen sie auf den Ausstellungstisch.

4. Im anschließenden Gespräch erarbeitet L mit den Kindern, dass Schöpfung etwas Wertvolles ist.
   Darum ist es die Aufgabe des Menschen, verantwortlich mit ihr umzugehen, sie zu bewahren, nicht zu zerstören.*

5. Lied: „Deine Welt ist meine Welt“ **M 10.6**

Baustein 3: ... dass wir sie bewahren

Unterrichtsmaterial:

- ▷ Zeitungen, Zeitschriften
- ▷ DIN-A2-Karton
- ▷ Scheren, Klebstoff
- ▷ Lied: „Deine Welt ist meine Welt“ (◎ II Track 3/4) **M 10.6**
- ▷ Informationen zu Albert Schweitzer **M 10.7**

Unterrichtsschritte:

1. L führt mit den Kindern ein Gespräch darüber, ob die Bewahrung der Schöpfung von den Menschen ernst genommen wird, ob der Mensch sich wirklich als ein Teil der Schöpfung versteht.

2. In Gruppen sammeln die Kinder schriftlich ...
   - Pro- und Kontra-Argumente.
   - Beispiele, wo und wie sich der eigene Umgang zeigt.

* vgl. Bd. 2, S. 13 ff.

- welche Auswirkungen dieser auf die Schöpfung hat. (Was tun wir?)

3. Sie informieren sich über Initiativen, die sich für die Schöpfung einsetzen.

4. Sie fertigen (auch mithilfe der Zeitschriften) Collagen an:
   SO NICHT! SONDERN SO!

5. Sie formulieren eigene Versprechen für die Schöpfung, z. B.:
   - Ich werfe keinen Müll auf die Straße.
   - Ich reiße keine Pflanzen ab.
   - Ich lasse mich nicht immer mit dem Auto fahren.
   - Ich kontrolliere den Wasserverbrauch.
   - ...

   Diese werden auf den Ausstellungstisch gelegt oder zu den Bildern (s. Baustein 1) geklebt.

6. Lied: „Deine Welt ist meine Welt"* **M 10.6**

7. Zum Abschluss der Einheit schreibt L den Satz von Albert Schweitzer an die Tafel: „Ich bin Leben, das leben will, inmitten von Leben, das leben will." **M 10.7**

   Im anschließenden Gespräch wird die Bedeutung des Satzes erarbeitet.

* Hier kann auch das Lied „Da vertraute Gott die Erde" (Bd. 2, S. 20) gesungen werden.

1. Mose 2,4b-5 — M 10.1

4b Es war zu der Zeit, da Gott der HERR Erde und Himmel machte.
5 Und alle die Sträucher auf dem Felde waren noch nicht auf Erden,
und all das Kraut auf dem Felde war noch nicht gewachsen;
denn Gott der HERR hatte noch nicht regnen lassen auf Erden,
und kein Mensch war da, der das Land bebaute ...

Eine Welt wie ein Garten — M 10.2

Eine Welt wie ein Garten

Nachdem Gott Himmel und Erde geschaffen hatte, legte er einen großen Garten für die Menschen an. Hier sollten sie einmal wohnen.
Vier große Flüsse versorgten den Garten mit Wasser.
Als Gott alles so weit vorbereitet hatte, setzte er einen Menschen in den Garten Eden, dass er ihn bebaute und bewahrte.
Damit er nicht allein leben musste, bekam er eine Partnerin.
Und für Tiere sorgte Gott auch noch.
In die Mitte des Gartens pflanzte er den Baum des Lebens und dazu noch viele andere Bäume, die ständig Früchte trugen, die Schatten spendeten, aus denen Bauholz gewonnen wurde.
In Gottes Garten standen Bäume, die zum Ausruhen einluden, die vor Regengüssen schützten, die sich im Wind wiegten, deren Blätter die Tiere fressen konnten.
Die Bäume verhinderten das Austrocknen des Bodens.
Ihre Wurzeln reichten tief in die Erde.
Sie fürchteten die Hitze nicht.
Sie zeigten Stärke.
Sie bewahrten das Leben.
Die Menschen, die von ihnen umgeben im Garten Gottes wohnten, brauchten sich um ihr Leben keine Sorgen zu machen.

Herstellung von Zuckerkreide — M 10.3

- Bunte Tafelkreide (möglichst keine staubfreie) für 1–2 Stunden in eine gesättigte Zuckerlösung legen.
- Nach dem Herausnehmen trocken tupfen.
- Nicht aufgebrauchte Kreide kann aufbewahrt werden. Zuckerkristalle, die sich bei der Lagerung bilden, werden vor nochmaligem Gebrauch abgewischt. Kreide nicht noch einmal einlegen!

Schöpfungsgedicht, Beispiel — M 10.4

Ein Gedicht mit allen fünf Sinnen

Schöpfung

Schöpfung *sieht* aus wie ein Kaleidoskop
Schöpfung *riecht* nach frischer Erde
Schöpfung *klingt* wie sanfte Gitarrenmusik
Schöpfung *schmeckt* nach frischem Wasser
Schöpfung *fühlt* sich gut an

Wasser

Wasser *sieht* klar und durchsichtig aus
Wasser *riecht* frisch
Wasser *klingt* rauschend
Wasser *schmeckt* köstlich
Wasser *fühlt* sich kühl an

Schöpfungsgedicht

M 10.5

Dein Gedicht:

____

sieht ______________________________ aus

riecht ______________________________

klingt ______________________________

schmeckt ______________________________

fühlt sich ______________________________ an

Deine Welt ist meine Welt

M 10.6

Text: Rolf Krenzer
Musik: Detlev Jöcker

◎ II 3/4

2. Deine Welt
ist meine Welt …
dass ich sie gut pflege,
sorgsam hege,
dass ich sie gut nutze,
nicht beschmutze,
dass sie das behält,
was dir und mir gefällt!
Deine Welt!

3. Deine Welt
ist meine Welt …
dass ich auf dich höre,
nichts zerstöre
und mich ihr verpflichte,
nichts vernichte,
dass sie das behält,
was dir und mir gefällt!
Deine Welt!

4. Deine Welt
ist meine Welt …
dass ich alle Jahre,
sie bewahre,
dass ich alle Tage
Sorge trage,
dass sie das behält,
was dir und mir gefällt!
Deine Welt!

Informationen zu Albert Schweitzer

M 10.7

Prof. für Ev. Theologie, Musiker und Bachforscher, Orgelfachmann, Arzt, Gründer des Hospitals in Lambarene im heutigen Gabun, Friedensnobelpreisträger

Die Frage nach dem Niedergang der Kultur hatte Schweitzer schon länger beschäftigt. Sein Nachdenken darüber wurde durch den Ausbruch des 1. Weltkrieges noch verschärft. 1915 befand er sich auf einer Flussreise auf dem Ogowe. Er suchte nach einem zentralen Begriff für eine Ethik. Am dritten Tag dieser Reise kam er auf den Begriff Ehrfurcht vor dem Leben. „Was ist Ehrfurcht vor dem Leben, und wie entsteht sie in uns? Die unmittelbarste Tatsache des Bewusstseins des Menschen lautet: Ich bin Leben, das leben will, inmitten von Leben, das leben will.“*

* SCHWEITZER, S. 181

Bergedorfer Grundschulpraxis: Religion – 4. Klasse

11 Gottes Bund mit den Menschen

Thema: Die Sintflut (1. Mose 7) und Gottes Bund mit Noah (1. Mose 9,13)

Intention der Unterrichtsreihe

Erkennen, dass Gott zu den Menschen steht, auch wenn sie nicht immer nach seinem Willen handeln.

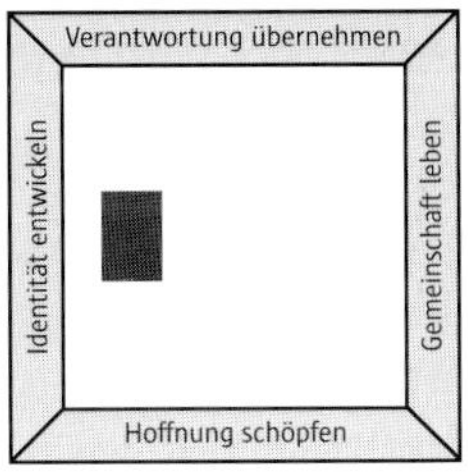

4 Std.

Theologisch-didaktischer Kommentar

Text (1. Mose 7):

Die Sintflut

1 Und der HERR sprach zu Noah: Geh in die Ar-
che, du und dein ganzes Haus; denn dich habe
ich gerecht erfunden vor mir zu dieser Zeit.
2 Von allen reinen Tieren nimm zu dir je sieben,
das Männchen und sein Weibchen, von den un-
reinen Tieren aber je ein Paar, das Männchen
und sein Weibchen.
3 Desgleichen von den Vögeln unter dem Him-
mel je sieben, das Männchen und sein Weib-
chen, um das Leben zu erhalten auf dem gan-
zen Erdboden.
4 Denn von heute an in sieben Tagen will ich
regnen lassen auf Erden vierzig Tage und vier-
zig Nächte und vertilgen von dem Erdboden al-
les Lebendige, das ich gemacht habe. 5 Und
Noah tat alles, was ihm der HERR gebot. 6 Er
war aber sechshundert Jahre alt, als die Sintflut
auf Erden kam.
7 Und er ging in die Arche mit seinen Söhnen,
seiner Frau und den Frauen seiner Söhne vor
den Wassern der Sintflut. 8 Von den reinen Tie-
ren und von den unreinen, von den Vögeln und
von allem Gewürm auf Erden 9 gingen sie zu
ihm in die Arche paarweise, je ein Männchen
und Weibchen, wie ihm Gott geboten hatte.
10 Und als die sieben Tage vergangen waren,
kamen die Wasser der Sintflut auf Erden. 11 In
dem sechshundertsten Lebensjahr Noahs am
siebzehnten Tag des zweiten Monats, an die-
sem Tag brachen alle Brunnen der großen Tie-
fe auf und taten sich die Fenster des Himmels
auf, 12 und ein Regen kam auf Erden vierzig
Tage und vierzig Nächte. 13 An eben diesem Ta-
ge ging Noah in die Arche mit Sem, Ham und
Jafet, seinen Söhnen, und mit seiner Frau und
den drei Frauen seiner Söhne; 14 dazu alles wil-
de Getier nach seiner Art, alles Vieh nach sei-
ner Art, alles Gewürm, das auf Erden kriecht,
nach seiner Art und alle Vögel nach ihrer Art, al-
les, was fliegen konnte, alles, was Fittiche hat-
te; 15 das ging alles zu Noah in die Arche paar-
weise, von allem Fleisch, darin Odem des Le-
bens war. 16 Und das waren Männchen und
Weibchen von allem Fleisch, und sie gingen hi-
nein, wie denn Gott ihm geboten hatte. Und der
HERR schloss hinter ihm zu. 17 Und die Sintflut
war vierzig Tage auf Erden, und die Wasser
wuchsen und hoben die Arche auf und trugen
sie empor über die Erde. 18 Und die Wasser
nahmen überhand und wuchsen sehr auf Er-
den, und die Arche fuhr auf den Wassern.
19 Und die Wasser nahmen überhand und
wuchsen so sehr auf Erden, dass alle hohen
Berge unter dem ganzen Himmel bedeckt wur-
den. 20 Fünfzehn Ellen hoch gingen die Wasser
über die Berge, sodass sie ganz bedeckt wur-
den. 21 Da ging alles Fleisch unter, das sich auf
Erden regte, an Vögeln, an Vieh, an wildem Ge-
tier und an allem, was da wimmelte auf Erden,
und alle Menschen. 22 Alles, was Odem des
Lebens hatte auf dem Trockenen, das starb.
23 So wurde vertilgt alles, was auf dem Erdbo-
den war, vom Menschen an bis hin zum Vieh
und zum Gewürm und zu den Vögeln unter dem
Himmel; das wurde alles von der Erde vertilgt.
Allein Noah blieb übrig und was mit ihm in der
Arche war.
24 Und die Wasser wuchsen gewaltig auf Erden
hundertundfünfzig Tage.

Die gesamte Flutgeschichte wird in mehreren Textebenen erzählt. Das wird auch im vorliegenden Kapitel mit seinen Wiederholungen und Abweichungen sichtbar. Dieser Text ist aber mit Absicht so zusammengestellt. Für den Unterricht ist jedoch eine klare Auswahl nötig.

Bei der Betrachtung der Fluterzählung ist es sinnvoll, noch einmal einen kurzen Blick auf den Zusammenhang zu werfen. Gottes zweckmäßige Schöpfung wird sehr schnell infrage gestellt. Das Problem ist der Ausbruch der Gewalt, der Verlust der Solidarität, und die schwindende Achtung vor dem Leben (Kain und Abel, 1. Mose 4,1-24). Deshalb beschließt Gott, die Verhältnisse zu revidieren. Er beschließt, die gesamte Menschheit mit einer den Leser erschreckenden Radikalität zu vernichten. Lediglich Noah und seine Familie werden verschont, weil er ein gerechter Mann ist. Deshalb darf er den inneren Bereich des Tempels betreten. Und damit ist er auch der richtige Mann, in die Arche zu gehen, die bereits gebaut ist.* Gott ordnet an, sie mit Paaren aller Lebewesen zu beladen. In sieben Tagen müssen die Vorbereitungen für die Rettung abgeschlossen sein (1. Mose 7,4). Vielleicht vergleicht der Verfasser den 7. Tag der Schöpfung, als Gott sein Werk vollendete, mit der Situation des geplanten Neuanfangs.

Fürsorglich schließt Gott selbst die Arche, nachdem der Letzte an Bord gegangen ist (1. Mose 7,16). Dann kommt das Wasser von oben und unten. Die Brunnen der Tiefe öffnen sich (1. Mose 7,11). Ihre Wasser saugen die Schöpfung von unten auf. Das Wasser von oben schüttet sie zu. Das ist kein Regen aus den Wolken, sondern die Fluten des Himmelsozeans stürzen aus Fenstern herab. Alle Schleusen sind geöffnet.

Die globale Vernichtung hat begonnen. Sie dauert 40 Tage.** Als selbst die Berge im Wasser verschwinden, ist klar: alles Lebendige, das sich auf der Erde geregt hatte, ist untergegangen. Nur die Arche, dieser riesige, dreistöckige Kasten mit vielen Räumen, birgt die Überlebenden. Sie ist Zeichen des Gottes, der Leben für die Zukunft bewahren will.***

Text (1. Mose 9,13):

> *Meinen Bogen habe ich in die Wolken gesetzt; das soll ein Zeichen sein des Bundes zwischen mir und der Erde.*

Nach dem Verschwinden des Wassers schließt Gott mit Noah einen Bund und erinnert an Aussagen der Schöpfungserzählung. Gott stellt sein Verhältnis zu den Menschen auf eine neue Basis: „In Zukunft verzichte ich auf weitere radikale Maßnahmen gegen die Gewalt. Ich garantiere das Fortbestehen der menschlichen Lebensgrundlagen. Das unsoziale Verhalten der Menschheit hat mich zwar zum Äußersten gezwungen, aber meine Lebenszusage für die ganze Welt ist unerschütterlich. Als Zeichen des Bundes mit euch setze ich meinen Bogen in die Wolken. Die einen werden einen Regenbogen sehen, die anderen werden einen Kampfbogen erkennen.**** Den Kampfbogen habe ich abgelegt, aber nicht die Bereitschaft, einzugreifen. Denn das Schicksal der Welt ist mir nicht gleichgültig. Deshalb werde ich euch Menschen schicken, die euch vorleben, wie ihr mit meiner Schöpfung umgehen sollt."

Diese Unterrichtseinheit schließt durch das Bodenbild zu Beginn von Baustein 1 direkt an Kapitel 10 an. Sie konzentriert sich auf die Bundeszusage, nicht auf eine breite Entfaltung der Erzählung der Noah-Geschichte. Um die Bewahrung zu betonen, wird vorher von der Vernichtung berichtet. Diese Struktur der biblischen Erzählung im ersten Buch Mose wird auch in der Unterrichtsreihe aufgegriffen.

Bausteine der Unterrichtsreihe

Baustein 1: Die Sintflut

Unterrichtsmaterial:

- ▷ Materialien für das Bodenbild: grünes, blaues, braunes, gelbes Tuch (ersatzweise wird mit Servietten und Krepppapier gearbeitet), Kegelfiguren, Tierfiguren
- ▷ meditative Musik (◎ II Track 18)
- ▷ Lied: „Deine Welt ist meine Welt" (◎ II Track 3/4) **M 10.6**
- ▷ schwarze Stoffstücke oder schwarzes Krepppapier
- ▷ Erzählung: „Die Sintflut" **M 11.1**

* Der „Tempel war Symbol und Sakrament der Gegenwart des lebendigen und lebensschaffenden Gottes" (Keel, S. 99)

** Wenn die Symbolzahl 40 in biblischen Texten mit einem Zeitraum (Tage, Wochen, Jahre) verbunden wird, dann spricht sie von einer inneren Wandlung, auch von Krisen, die einer Neuorientierung vorangehen, die mit einer Gottesbegegnung zusammenhängt, z.B. die Bewohner Ninives fasten 40 Tage (Jona 3,4 f.), Elia ist 40 Tage zum Gottesberg Horeb unterwegs (1. Kön 19,9), Jesus ist 40 Tage in der Wüste (Mt 4,2), bevor er öffentlich auftritt.

*** In symbolischer Sicht ist die Arche ein schwimmender Tempel. Diese Vorstellung gibt es bereits im Gilgamesch-Epos.

**** Das hebräische Wort bedeutet beides: Kampfbogen und Regenbogen.

- Kopiervorlage „Die Arche“, mindestens auf DIN A3 vergrößert, braun ausgemalt **M 11.2**
- blaues Tonpapier
- Klebeschilder

Unterrichtsschritte:

1. L sitzt mit den Kindern im Kreis. Langsam baut L zu meditativer Musik ein Bodenbild auf, z. B.:
   ein grünes Tuch (Wiese, Bäume), ein braunes Tuch (Erde), ein blaues Tuch oder blaue Krepppapierbänder (Wasser), ein gelbes Tuch (Licht, Sonne), bunte Tupfen (Blumen), Kegelfiguren (Menschen), evtl. einige Tierfiguren ...
   Die Kinder erinnern sich an das Schöpfungskapitel.*

2. Die Kinder und L singen das Lied „Deine Welt ist meine Welt“.** **M 10.6**

3. Dann legt L schwarze Stoffstücke (Papierstücke) in das Bodenbild. Sie veranschaulichen den verantwortungslosen Umgang der Menschen mit der Schöpfung. Schöpfung wird zerstört. Die Kinder äußern sich dazu.

4. Mit folgenden Worten leitet L in den nächsten Unterrichtsschritt über:
   Schon immer war es so, dass viele Menschen mit der von Gott anvertrauten Schöpfung nicht sorgsam umgegangen sind. Sie zerstörten alles. Streit und Neid brachen unter den Menschen aus. Darüber ärgerte sich Gott sehr. Nur wenige beachteten Gottes Gebote.
   Es folgt die Erzählung „Die Sintflut“. **M 11.1**

5. In Gruppen erarbeiten die Kinder,
   • was die Sintflut bedeutet.
   • was die Aufgabe der Arche ist.
   Dazu schreiben sie Aussagen zur (zerstörerischen) Kraft des Wassers auf Wellen aus blauem Tonpapier und legen diese über das Bodenbild.
   Die Aussagen zur (schützenden) Aufgabe der Arche schreiben sie auf Klebeschilder, die auf den Rumpf der Arche geklebt werden. **M 11.2**
   Diese wird zwischen die Wellen gelegt.

6. Die Kinder tauschen sich in Zweier- oder Dreiergruppen darüber aus, wie sie Gottes Handeln finden:
   • nachvollziehbar,
   • ungerecht,
   • ...
   Sie teilen ihre Ergebnisse der Klasse mit.

7. Die Kinder überlegen, wie die Geschichte wohl weitergeht.

Baustein 2: Gottes Bund mit den Menschen

Unterrichtsmaterial:

- meditative Musik (◎ II Track 18)
- Regenbogen aus Tonpapier, von L vorbereitet, oder Chiffontücher in Regenbogenfarben (rot, orange, gelb, grün, blau, indigo, violett)
- Arbeitsblatt: „Regenbogen“ **M 11.3**
- Lied: „Gottes Regenbogen“ (◎ II Track 5/6) **M 11.4**
- kleine Zettel, Stifte

Unterrichtsschritte:

1. Die Kinder und L sitzen um das Bodenbild aus Baustein 1. Wenn nicht alle Elemente gelegt werden, sollten zumindest das Bild der Arche und die Wellen aus Tonpapier vorhanden sein.
   L: *Und das Wasser bedeckte alles,*
   was Gott geschaffen hatte.
   Es hatte alles Lebendige auf der Erde zerstört.
   Nur das Leben in der Arche hatte Gott erhalten.
   Da ging das Wasser zurück.
   (Die Wellen werden entfernt.)
   Und Gott sagte zu Noah:
   Meinen Bogen setze ich
   in die Wolken.
   Das soll das Zeichen des Bundes
   zwischen mir und der Erde sein.
   (Der Regenbogen wird gelegt.)

2. L schreibt den Vers 1. Mose 9,13 an die Tafel. Die Kinder sprechen über die Bedeutung, insbesondere des Wortes „Bund“. An dieser Stelle geht es jedoch nur um eine Begriffsklärung (Bund – Bündnis – verbünden – Vertrag)***. Die inhaltliche Erarbeitung folgt in Unterrichtsschritt 6.
   Die Kinder übertragen den Bibelvers in den Regenbogen auf dem Arbeitsblatt. **M 11.3**

* s. Kapitel 10
** s. Kapitel 10
*** Zu einem Bund/Bündnis gehören mehrere gleichberechtigte Partner. Die gängige Rechtsform verändert sich allerdings, wenn sie theologisch ausgelegt wird: Gott bietet eine einseitige Verpflichtung an und gewährt seinem Partner ein Bündnis. Die Verpflichtungen, die sich aus diesem Bund ergeben, kann der Bündnispartner nicht einklagen.

3. Dann erarbeiten sie in Partner- oder Gruppenarbeit mithilfe des Liedes „Gottes Regenbogen“, wer die Bündnispartner sind, und unterstreichen, was der Regenbogen (als Zeichen des einen Bündnispartners) verspricht. **M 11.4**

4. L erinnert an die Versprechen, die die Kinder in Kapitel 10 der Schöpfung (Gott) gegeben haben. Nun verspricht Gott uns etwas.
   Die Kinder schreiben ihnen wichtige Aussagen in den Regenbogen auf ihrem Arbeitsblatt. **M 11.3**

5. Die Kinder lesen ihre Ergebnisse vor und singen das Lied „Gottes Regenbogen“. **M 11.4**

6. Im Gespräch erarbeitet L mit den Kindern, was es bedeutet, ein Bündnis einzugehen:
   - Man ist einer Meinung.
   - Man vertraut (glaubt) einander.
   - Man hofft, dass Absprachen eingehalten werden.
   - Man ist bereit, Verantwortung zu übernehmen.
   - ...

7. Gottes Versprechen/Bund entlässt uns nicht aus der Eigenverantwortung! Darum setzen wir ein Zeichen der „Besiegelung“ auf den Regenbogen, z. B. Namen, Fingerabdruck, Bild ...

8. Im abschließenden Gespräch überlegt L mit den Kindern, was Gottes Bund für Auswirkungen auf unser Leben und Handeln hat:
   - Wir können verzeihen.
   - Wir können aufeinander zugehen.
   - Wir können voller Hoffnung sein.
   - Wir sind nicht allein.
   - Wir sollen Frieden verbreiten.
   - Wir sollen Gerechtigkeit üben.
   - ...

8. Die Kinder suchen sich eine Auswirkung heraus und formulieren dazu einen Ich-Satz, z. B.
   - Ich will eine Woche darauf achten, dass ich friedlich reagiere.
   - Wenn ich jemanden sehe, der allein ist, gehe ich zu ihm/ihr.

   Sie schreiben ihren Vorsatz auf einen kleinen Zettel, den sie in die Hosentasche stecken können (Hosentaschenvertrag).
   Nach einer Woche sollte sich im Unterricht ein Gespräch anschließen, in dem die Kinder ihre Erfahrungen berichten. Dabei wird auch zur Sprache kommen, dass es nicht immer einfach ist, die (guten) Vorsätze einzuhalten und durchzuführen.
   Aber: *Gottes Zusage des Bundes ist zuverlässig, auch wenn wir Schwierigkeiten haben.*

9. Zum Abschluss wird noch einmal das Lied „Gottes Regenbogen“ gesungen. **M 11.4**

Die Sintflut

Die Türen der Arche waren geschlossen.
Alle warteten darauf, was weiter geschehen würde.
Schwarze und graue Wolken zogen auf.
Es begann zu regnen.

Tagelang geschah nichts.
Noah, seine Familie und die Tiere wurden schon ganz unruhig.
Aber die Arche, das Rettungsschiff, lag noch immer am gleichen Platz.
Es regnete weiter.
Draußen bot sich ein trostloses Bild,
dicke Wolken, graue Wolken, schwarze Wolken.
Nieselregen, Platzregen und Wolkenbruch.
Dann ging ein Ruck durch die Arche.
Sie schwamm. Das schützende Haus schwamm.
Alle umarmten sich erleichtert.
Noch ragten Häuser und hohe Bäume aus dem Wasser.
Manchmal schien es, als sprudelte das Wasser auch von unten.
Bald waren nur noch ein paar Bergspitzen zu sehen.
Es regnete weiter.

Schließlich kam der Tag, an dem Noah sagte:
„Es hat aufgehört zu regnen.
Wohin ich schaue, überall sehe ich Wasser.
Es gibt nur noch Wasser!"

Das war wie ein Schock.
Kein Leben ringsumher.
Einsamkeit.
Erdrückende Stille.
Hoffnung?

Die Arche

M 11.2

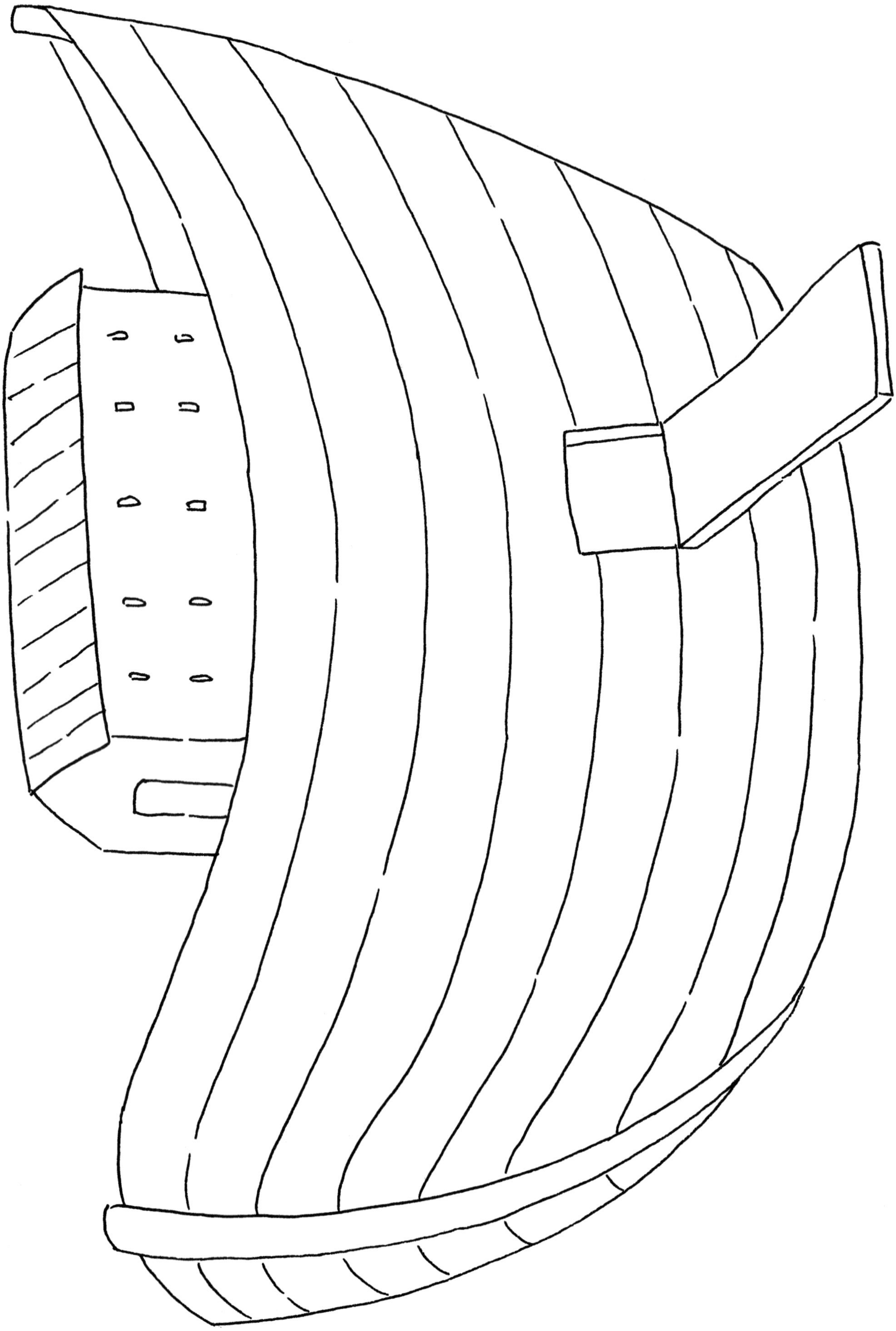

KOPIERVORLAGE

Regenbogen

M 11.3

1. Male deinen Regenbogen mit Buntstiften aus!
   Schreibe den Vers 1. Mose 9,13 in den Regenbogen.

2. Wenn du Gottes Versprechen in den Regenbogen schreibst, kannst du auch einige Wörter durch die Schriftgestaltung besonders hervorheben.

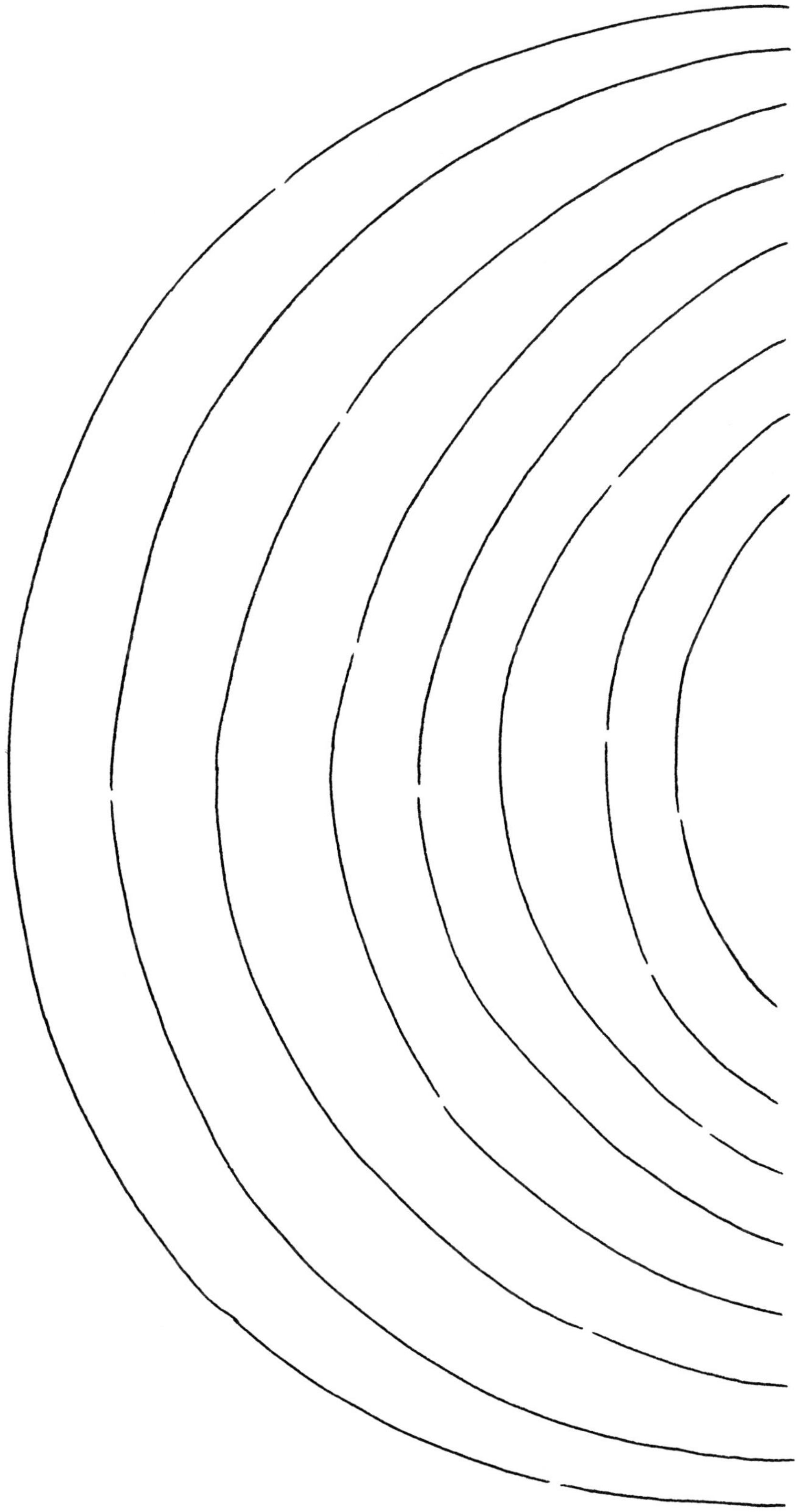

Gottes Regenbogen

M 11.4

Text: Rolf Krenzer
Musik: Reinhard Horn

II 5/6

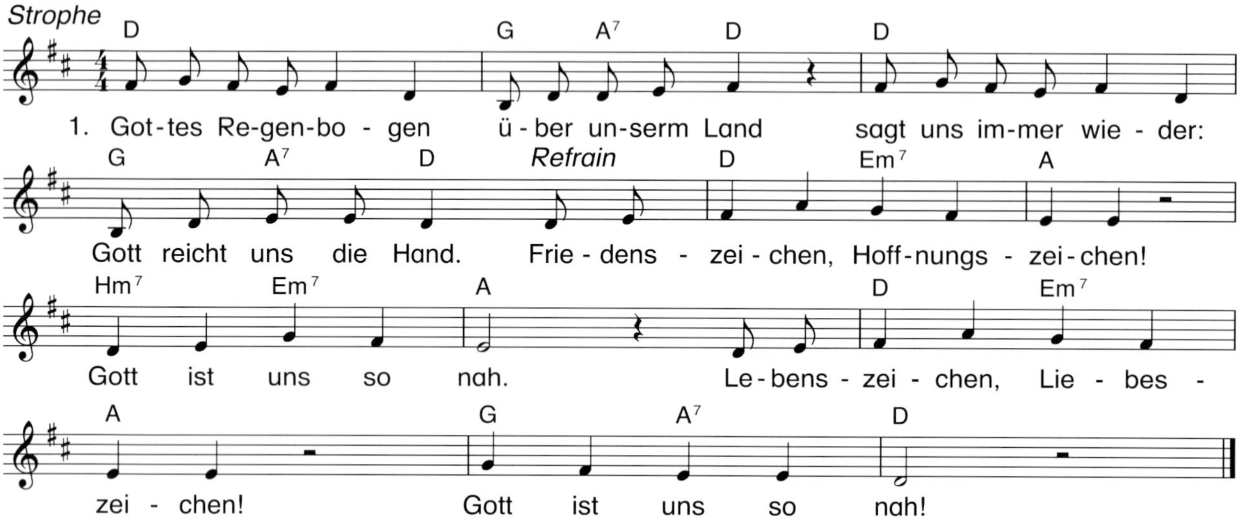

2. Gottes Regenbogen über unsrer Welt
zeigt, dass Gott trotz allem immer zu uns hält.

3. Gottes Regenbogen soll das Zeichen sein:
Was auch mag geschehen, wir sind nicht allein.

4. Weil nur Gottes Liebe, Gottes Treue zählt,
steht der Regenbogen über unsrer Welt.

5. Seht das Himmelszeichen und macht euch bereit
für die Welt des Friedens, der Gerechtigkeit.

6. Seht, die Himmelsbrücke, sie hat einen Grund.
Gottes Regenbogen: alter, neuer Bund.

12 Auferstehung – Christus, Licht der Welt

Thema: Maria von Magdala (Joh 20,11-18)

Intention der Unterrichtsreihe

Die Kinder erkennen am Beispiel der Maria, dass sich zwar die Bedingungen des Glaubens aber nicht seine Inhalte verändert haben.

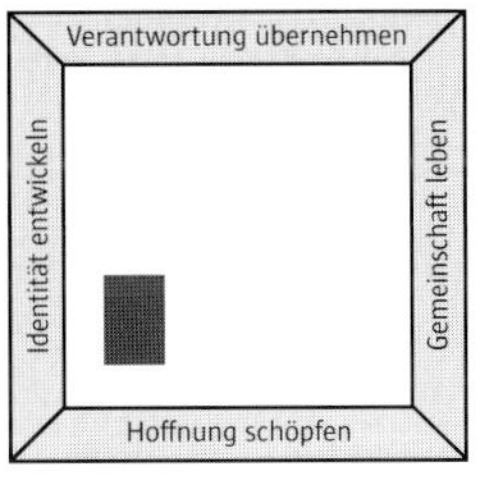

4 Std.

Theologisch-didaktischer Kommentar

Text (Joh 20,11-18):

> 11 *Maria aber stand draußen vor dem Grab und weinte. Als sie nun weinte, schaute sie in das Grab* 12 *und sieht zwei Engel in weißen Gewändern sitzen, einen zu Häupten und den andern zu den Füßen, wo sie den Leichnam Jesu hingelegt hatten.* 13 *Und die sprachen zu ihr: Frau, was weinst du? Sie spricht zu ihnen: Sie haben meinen Herrn weggenommen, und ich weiß nicht, wo sie ihn hingelegt haben.* 14 *Und als sie das sagte, wandte sie sich um und sieht Jesus stehen und weiß nicht, dass es Jesus ist.* 15 *Spricht Jesus zu ihr: Frau, was weinst du? Wen suchst du? Sie meint, es sei der Gärtner, und spricht zu ihm: Herr, hast du ihn weggetragen, so sage mir, wo du ihn hingelegt hast, dann will ich ihn holen.* 16 *Spricht Jesus zu ihr: Maria! Da wandte sie sich um und spricht zu ihm auf Hebräisch: Rabbuni!, das heißt: Meister!* 17 *Spricht Jesus zu ihr: Rühre mich nicht an! Denn ich bin noch nicht aufgefahren zum Vater. Geh aber hin zu meinen Brüdern und sage ihnen: Ich fahre auf zu meinem Vater und zu eurem Vater, zu meinem Gott und zu eurem Gott.* 18 *Maria aus Magdala geht und verkündigt den Jüngern: Ich habe den Herrn gesehen, und das hat er zu mir gesagt.*

Der Autor des Johannesevangeliums hat eine Wiedererkennungslegende geschrieben, die ihrem Höhepunkt zustrebt, als Maria Magdalena die Stimme erkennt, die sie mit ihrem Namen anspricht. Aber sie antwortet nicht mit dem freudigen Ausruf: „Jesus, bist du es wirklich?" Nein, sie spricht ihn mit dem Titel an, der beschreibt, was Jesus für sie gewesen ist: Meister und Lehrer. Was sie sich bei dieser Anrede denkt? „Ich habe ihn wieder. Es wird alles so wie früher. Aus meiner Erinnerung an ihn wird wieder Wirklichkeit werden."
Sie möchte ihn berühren und in den Arm nehmen, um ihn, den Lebendigen, zu spüren. Jesus aber lehnt diesen Wunsch mit einem sehr theologisch klingenden Argument ab: „Ich bin noch nicht zu meinem Vater aufgefahren." Damit sagt er ihr:
„Ich kann deinen Wunsch verstehen, den alten Zustand wiederherzustellen. Den gibt es aber nicht mehr. Ich verlasse euch. Ab jetzt werden wir anders miteinander kommunizieren. Leider nicht mehr so direkt. Aber eins bleibt: Gott ist mein und euer Gott, euer Vater und mein Vater. Das teile bitte den Jüngern mit."
Stolz sagt Maria später zu ihnen: „Ich habe den Herrn gesehen. Und ich habe euch etwas von ihm zu sagen."

Diese Unterrichtseinheit beginnt mit einem wiederholenden Baustein, der aufgreift, was die Kinder im 1.–3. Schuljahr schon zur Passions- und Ostergeschichte erfahren haben.* Diese Wiederholungsphase ist wichtig, damit die Kinder den Text Joh 20,11-18 einordnen können. Sollte die Geschichte den Kindern präsent sein, kann auch mit Baustein 2 begonnen werden. Hier wird erarbeitet, dass Jesu Weg auf Erden beendet ist. Maria Magdalena wird als Frau in der Nachfolge Jesu ernst genommen und von ihm selbst beauftragt, ihren Weg zu gehen. Sie muss Jesus loslassen, um selbstständig Neues beginnen zu können. Erinnert das nicht an Emmaus? Diese inhaltliche Verbindung wird in der vorliegenden Unterrichtseinheit durch das Gedicht „Christus hat keine Hände"** in Baustein 2 hergestellt.

---

* vgl. Bd. 1, S. 98 ff.; Bd. 2, S. 158 ff.; Bd. 3, S. 94 ff.
** vgl. Bd. 2, S. 165

Bausteine der Unterrichtsreihe

Baustein 1: Von Palmsonntag bis Karfreitag

Unterrichtsmaterial:

- verschiedenfarbige Tücher (ca. 40 x 40 cm) oder Servietten
- Ritual-Kerze
- Materialien für das Bodenbild: Kegelfiguren, Esel, Schild „Jerusalem“, Palmzweige (aus Papier oder Naturzweige), Stoffstücke, Becher, Brotstück, Seil, Steine, dornige Zweige, Kreuz, Nägel
- Ansicht des Bodenbildes **M 12.1**
- Erzählung: „Von Palmsonntag bis Karfreitag“ **M 12.2**
- Lied: „Jesus lebt“ (◎ II Track 7/8) **M 12.3**

Unterrichtsschritte:

1. Die Kinder sitzen im Kreis. In der Mitte liegen die Dinge, die für das Bodenbild gebraucht werden. L leitet mit folgenden Worten in die Unterrichtseinheit ein:
   Es ist die Zeit vor Ostern.
   In dieser Zeit besinnen wir uns auf das Leiden und Sterben Jesu, aber auch auf seine Auferstehung.

2. Zunächst erzählen die Kinder, was sie noch von der Passions- und Ostergeschichte wissen.
   Dann wird die Geschichte „Von Palmsonntag bis Karfreitag“ abschnittweise gelesen und das Bodenbild (Teile 1–5) mithilfe der Tücher und der o. g. Dinge entwickelt. **M 12.1/M 12.2**
   Begleitend kann das Lied: Jesus lebt gesungen werden. **M 12.3**

Baustein 2: Ostern

Unterrichtsmaterial:

- dunkles Tuch
- braunes Tuch, Kegelfigur, schwarze Steine, gelbes Chiffontuch (oder gelbe Krepppapierstreifen)
- Papier
- Kopiervorlage: „Worte zur Einführung/ Bodenbild“ **M 12.4**
- Kopiervorlage: „Fußspuren“ **M 12.5**
- Lied: „Du setzt uns in Bewegung“ (◎ II Track 9/10) **M 12.6**
- Gedicht: „Christus hat keine Hände“ **M 12.7**

Unterrichtsschritte:

1. Auf dem Boden liegt das in Baustein 1 entstandene Bodenbild. Es wird mit Bild 6 (vgl. **M 12.1**) weitergearbeitet.
   Wenn mit Baustein 2 begonnen wird, liegt nur ein dunkles Tuch (evtl. mit einem Kreuz) für Bild 6 auf dem Boden.
   L leitet in den Baustein ein.* **M 12.4**

2. An der Stelle „Sie denkt ...“ unterbricht L und nennt den Kindern verschiedene Möglichkeiten, weiterzuarbeiten:
   - Sie schneiden aus Papier Gedankenblasen, schreiben ihre Antworten darauf und legen sie zu der Kegelfigur.
   - Sie stellen in einer Gruppe die Gefühle der Maria in einem Standbild dar.
   - Sie benennen die Gefühle, die Maria das Herz schwer machen, und legen einen dunklen Stein zu der Figur.

   Mögliche Antworten:
   - Es ging alles so unheimlich schnell.
   - Ich bin jetzt noch völlig durcheinander.
   - Ich verstehe immer noch nicht, warum sie ihn umgebracht haben.
   - Ich fühle mich leer.
   - Jetzt ist alles zu Ende.

3. L setzt die Geschichte fort. **M 12.4**
   Danach versetzen sich die Kinder in die Lage von Maria und berichten den Jüngern, was diese erlebt hat. Im Gespräch erarbeitet L mit den Kindern die Bedeutung der Sätze „Ihr müsst nicht mehr traurig sein. Es gibt so Vieles, was wir gemeinsam erlebt haben. Und daran sollt ihr denken, wenn ihr allein weitermacht, weil ich nicht mehr auf der Erde bin.“**

4. Die Kinder schreiben ihre Gedanken auf Fußsohlen und legen sie zu dem Bodenbild, z.B.: Wir erinnern uns daran, wie Jesus anderen Menschen geholfen hat. Und Jesus ist auch bei mir, wenn ...
   – ich anderen helfe.
   – ich jemanden tröste.
   – ich Streit verhindere. **M 12.5**
   Dazwischen wird der Liedvers gesungen. **M 12.6**

5. Zum Abschluss der Unterrichtseinheit überlegt L mit den Kindern, wo der Zusammenhang zwischen dem Erarbeiteten und dem Gedicht „Christus hat keine Hände“ besteht. **M 12.7**

* vgl. Bd. 2, S. 160
** Hilfen können an dieser Stelle auch Bd. 2, Kapitel 13 und Bd. 3, Kapitel 15 bieten.

Bodenbild

Von Palmsonntag bis Karfreitag

M 12.2

Teil 1:

Jesus zieht mit seinen Jüngern durch das Land Israel.
Nun sind sie auf dem Weg nach Jerusalem.
Unterwegs haben Jesus Jünger ihm einen Esel geholt.
Und so reitet Jesus nun in die Stadt – auf einem Esel.
Viele Menschen haben sich versammelt und jubeln ihnen zu.
Sie legen Kleider auf die Straße und winken mit Palmzweigen.
Aber es sind dort auch Menschen, die sich über Jesus Kommen nicht freuen.

Teil 2:

Einige Tage später will Jesus mit seinen Jüngern das Passafest feiern.
Nur er weiß, dass dieses das letzte Mahl mit seinen Jüngern sein wird.
Er nimmt das Brot, dankt Gott dafür, bricht es
und gibt jedem seiner Jünger davon zu essen.
Dann segnet er den Wein und gibt jedem seiner Jünger davon zu trinken.

Teil 3:

Am nächsten Tag wird Jesus von Soldaten gefangen genommen.
Er wird vor Gericht gestellt.
Die Menschen, denen nicht gefällt, was Jesus gesagt und getan hat,
schaffen es, dass er zum Tod am Kreuz verurteilt wird.

Teil 4:

Die Menschen verlachen und verspotten Jesus.
Sie setzen ihm eine Dornenkrone auf
und legen ihm ein Kreuz auf die Schultern.
So muss Jesus den schweren Weg hinauf auf den Berg Golgatha gehen.
Dort soll er hingerichtet werden.

Teil 5:

Die Soldaten nehmen Jesus seine Kleider weg.
Dann nageln sie ihn ans Kreuz.
Viele seiner Freundinnen und Freunde sind aus Angst weggelaufen.
Unter dem Kreuz stehen Menschen, die ihn verspotten und auslachen.
Jesus stirbt.

Jesus lebt (1)

M 12.3

Text und Musik: Sepp Faist II 7/8

2. Jesus feiert zum letzten Mal
mit seinen Jüngern im großen Saal.
Sie danken.
Sie teilen.
Sie essen das Brot.
„Ich gehe für euch in den Tod."

3. Jesus sagt bei diesem Essen:
„Was wir jetzt tun,
sollt ihr nie vergessen."
Sie danken.
Sie teilen.
Sie trinken den Wein.
„Ich werde bei euch sein."

4. Jesus steigt zum Ölberg hinauf.
Er spürt große Angst,
weckt seine Freunde auf.
Sie schlafen.
Sie träumen.
Sie merken ganz klar:
„Jetzt ist die Stunde da!"

5. Jesus muss mitgehn zum Richterhaus.
Viele, viele Menschen lachen ihn aus.
Sie spotten.
Sie spucken.
Sie alle schrein:
„Das soll unser König sein?!"

6. Jesus trägt das Kreuz allein.
Keiner wollte mit ihm sein.
Sie schlagen.
Sie treten.
Sie warten darauf:
„Wann gibt er auf?"

Jesus lebt (2) — M 12.3

7. Jesus stirbt am Kreuz sodann.
Menschen fangen sich zu fragen an.
Sie sehen.
Sie schweigen.
Sie denken daran.
„Er hat es für uns getan!“

8. Jesus liegt im Felsengrab.
Frauen steigen zu ihm hinab.
Sie suchen.
Sie staunen.
Sie glauben gewiss:
„Der Herr auferstanden ist!“

9. Was damals mit Jesus geschehen ist,
erzählen wir weiter,
dass es keiner vergisst.
Wir danken.
Wir feiern.
Wir stehen dazu:
„Er lebt! Glaube auch du!
Er lebt! Glaube auch du!“

Worte zur Einführung/Bodenbild (1) — M 12.4

Wir haben uns daran erinnert,
wie die Mächtigen Jesus mit ihren Anklagen getroffen haben,
wie sie sein Herz verwundeten.
Sie hatten ihn verhört,
aber nicht verstanden,
dass er kein König mit Palast und Soldaten sein wollte.
Sie hatten nicht verstanden,
dass er ein König für die Menschen sein wollte.
Deshalb verurteilten sie ihn zum Tod am Kreuz.
Viele Menschen waren darüber sehr traurig.
Sie konnten nicht verstehen,
dass Jesus nun nicht mehr bei ihnen war.

Die Menschen, die Jesus lieben,
müssen von ihm Abschied nehmen.
Sie nehmen seinen toten Körper vom Kreuz,
salben ihn mit Öl, wickeln ihn in Tücher und
legen ihn in ein Grab.

L formt aus dem braunen Tuch eine Höhle und stellt sie auf das dunkle Tuch.

Worte zur Einführung/Bodenbild (2)

M 12.4

Eine der Freundinnen Jesu, Maria aus Magdala,
steht noch immer vor dem Grab und weint.

Kegelfigur (evtl. mit einem dunklen Stück Stoff verhüllt) wird vor das Grab gestellt.

Sie kann nicht glauben, was passiert ist.
Sie weiß nicht, wie es weitergehen soll ohne ihn.
Sie denkt: …

Als Maria noch traurig dasteht,
fällt auf einmal Licht aus der Höhle.
Sie sieht eine Person und denkt,
es sei der Gärtner.
Es ist jedoch Jesus, der mit ihr spricht.
Maria will ihn berühren,
ihn anfassen, festhalten.
Sie will, dass alles so wird, wie es früher war.
Jesus sagt:
„Ich kann ja verstehen,
dass du traurig bist, dass ich nicht mehr da bin.
Doch du kannst mich nicht festhalten.
Wir bleiben aber miteinander verbunden,
denn mein Gott ist euer Gott,
und mein Vater ist euer Vater.
Ihr müsst nicht mehr traurig sein.
Es gibt so Vieles,
was wir gemeinsam erlebt haben.
Davon berichtet den Menschen.
Nun geh und erzähl den Jüngern
alles, was ich dir gesagt habe.“
Und das Licht aus der Höhle breitet sich
in Marias Herz aus.

Aus der Höhle heraus wird ein gelbes Chiffontuch (oder gelbe Krepppapierstreifen) gelegt, sodass die Enden als Strahlen nach außen weisen.

Maria spürt, wie ihre Trauer sich in Freude verwandelt.
Fast wie von selbst setzen sich ihre Füße in Bewegung.
Sie eilt zu den Jüngern und berichtet ihnen,
was sie gesehen und gehört hat.

Fußspuren

M 12.5

KOPIERVORLAGE

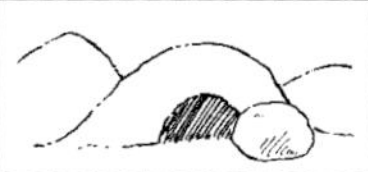

Du setzt uns in Bewegung

M 12.6

Text: Micaela Röse
Melodie: Sebastian Schade

II 9/10

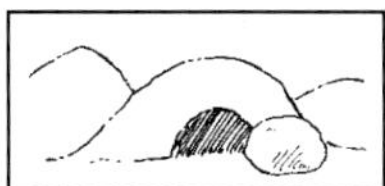

Christus hat keine Hände

M 12.7

Christus hat keine Hände,
nur unsere Hände,
um seine Arbeit heute zu tun.

Er hat keine Füße,
nur unsere Füße,
um Menschen auf seinen Weg zu führen.

Christus hat keine Lippen,
nur unsere Lippen,
um Menschen von ihm zu erzählen.

Er hat keine Hilfe,
nur unsere Hilfe,
um Menschen an seine Seite zu bringen.

Unbekannter Verfasser

13 Gott bewahrt vor dem Verlorengehen

Thema: Das verlorene Schaf (Lk 15,1-7)

Intention der Unterrichtsreihe

Wissen, dass Jesus Menschen Geschichten in Form von Gleichnissen erzählt hat, und am Beispiel von Lukas 15,1-7 erkennen, dass bei Gott niemand verloren geht.

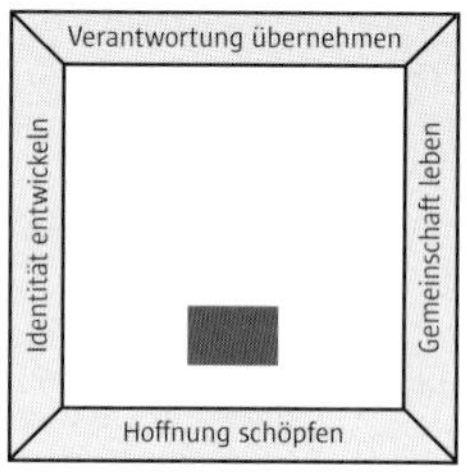

2–3 Std.

Theologisch-didaktischer Kommentar

Text (Luk 15,1-7):

1 Es nahten sich ihm aber allerlei Zöllner und Sünder, um ihn zu hören. 2 Und die Pharisäer und Schriftgelehrten murrten und sprachen: Dieser nimmt die Sünder an und isst mit ihnen. 3 Er sagte aber zu ihnen dies Gleichnis und sprach: 4 Welcher Mensch ist unter euch, der hundert Schafe hat und, wenn er eins von ihnen verliert, nicht die neunundneunzig in der Wüste lässt und geht dem verlorenen nach, bis er's findet? 5 Und wenn er's gefunden hat, so legt er sich's auf die Schultern voller Freude. 6 Und wenn er heimkommt, ruft er seine Freunde und Nachbarn und spricht zu ihnen: Freut euch mit mir; denn ich habe mein Schaf gefunden, das verloren war. 7 Ich sage euch: So wird auch Freude im Himmel sein über einen Sünder, der Buße tut, mehr als über neunundneunzig Gerechte, die der Buße nicht bedürfen.

Zöllner und Sünder kommen zu Jesus. Wo sie auftreten, sind die Pharisäer und Schriftgelehrten bei Lukas nicht fern. Der Leser weiß, gleich geht es um einen Konflikt. Die Pharisäer eröffnen die Auseinandersetzung mit Jesus: „Dich stört es nicht, wenn jemand ein Sünder ist. Und um das Maß vollzumachen, isst du sogar mit ihnen."
Jesus antwortet mit einem Gleichnis. Angesprochen sind die Pharisäer. Jesus argumentiert sehr geschickt, als er sagt: „Jeder, der etwas verliert, macht sich automatisch auf die Suche. Das tut ihr doch auch, oder?"
Eigentlich müssten die Pharisäer ahnen, in welche Richtung das Gespräch geht.
Um sich nicht festnageln zu lassen, müssten sie sagen: „Grundsätzlich stimmt das schon, aber es gibt Ausnahmen. Ist der Aufwand für ein einzelnes Schaf denn berechtigt, wenn noch 99 in der Hürde sind, die nicht vorhaben, verloren zu gehen?"
Sie jedenfalls werden die Gemeinschaft mit den anderen nicht verlassen und ins Verderben stürzen. Außerdem gibt es keine Garantie dafür, dass der Hirte das Schaf in der Wüste findet. Es könnte abgestürzt, verdurstet oder gefressen worden sein.
Die Entscheidung, welcher Einsatz sich lohnt, müssen die Hörer im Stillen treffen.
Aber das Gleichnis wird nicht unterbrochen. Der Hirte denkt nicht lange nach und nimmt das Risiko auf sich. Er findet den Ausreißer. Er legt sich das Schaf auf die Schultern. Der Schmutz, der an ihm klebt, und sein Geruch scheinen ihn nicht zu stören. Das ist bei frei lebenden Schafen eben so. An dieser Stelle richtet sich das Gleichnis nicht mehr nur an die Pharisäer. Die zweite Zielgruppe sind die Zöllner und Sünder.
Ist es nicht zu viel der Ehre, wegen eines wiedergefundenen Schafes ein Fest mit Freunden und Nachbarn zu feiern? Da könnte man ja auch für einen wieder eingefangenen Wellensittich ein Fest feiern. Für den Hirten wäre das kein Problem.
Er formuliert seine Botschaft: „Die Neunundneunzig interessiert mich nicht. Für mich dreht sich alles um die Eins. Um nur einen Verlorenen zu retten, lohnt sich jeder Einsatz."
Ihm nachzusteigen und die Suche nicht aufzugeben, ist das nicht ein wunderbares Bild für das gegenwärtige Reich Gottes? In diesem Moment fühlen sich die Zöllner und Sünder angenommen und getröstet, denn Jesus hat wie ein Hirt gehandelt. Und Lukas erwartet das ebenfalls von seiner Gemeinde.
In dieser Unterrichtsreihe wird exemplarisch am Beispiel von Lukas 15,1-7 ein Gleichnis erarbeitet. Die Kinder tun dies selbstständig mittels einer Lerntheke.*

* Die Lerntheke macht den Kindern ein Angebot zur selbstständigen Erarbeitung eines Themas. Die Kinder wählen Arbeitskarten in beliebiger Reihenfolge aus und bearbeiten sie. Zur besseren Übersichtlichkeit sind die Arbeitskarten nummeriert, geben aber keine Reihenfolge vor. Es gibt Pflichtaufgaben (gekennzeichnet durch ein Ausrufezeichen), die bearbeitet werden müssen, und Wahlaufgaben.

In ähnlicher Weise ließen sich auch andere Gleichnisse erarbeiten. Wer das Thema „Verloren – wiedergefunden“ noch weiter vertiefen möchte, könnte das Gleichnis „Der verlorene Sohn“ anschließen.
Das Motiv des „sich sorgenden Hirten“ ist den Kindern aus Psalm 23* bekannt, der in dieser Unterrichtseinheit mit dem Gleichnis in Verbindung gebracht wird.

Bausteine der Unterrichtsreihe

Baustein 1: Das verlorene Schaf

Unterrichtsmaterial:

- ▷ Tafel und Kreide
- ▷ Arbeitskarten (AK) 1–7 **M 13.1**
- ▷ Arbeitsblätter/Arbeitsmaterialien zu den Arbeitskarten 1–7 in Anzahl der Kinder **M 13.2–M 13.8**
- ▷ Bibeln oder Textblatt zu AK 4 **M 13.5a**
- ▷ Laufkarte in Anzahl der Kinder **M 13.9**
- ▷ Stifte
- ▷ liniertes Papier
- ▷ Scheren
- ▷ Kleber

Unterrichtsschritte:

1. L malt einen Kreis in die Mitte der Tafel. Dieser Kreis soll Jesus symbolisieren. L: *Wir haben jetzt schon viele Geschichten über Jesus kennengelernt und davon gehört, dass er den Menschen immer wieder Geschichten erzählt. Darin versucht er, ihnen seine Meinung besonders deutlich zu machen.*

2. L malt um den Kreis in der Mitte kleinere Kreise und fordert die Kinder auf, zu benennen, wer die Zuhörer von Jesus waren. L führt mit den Kindern ein Gespräch darüber, dass die Zuhörer von Jesus mit ihm oft nicht einer Meinung waren. Manchmal konnten sie sich auch gegenseitig nicht leiden. Die Kinder erinnern sich z. B. an die Geschichten von der Ehebrecherin, Levi oder Zachäus.

3. L: *Manche Menschen stellten Jesus Fragen, von denen sie glaubten, dass er sie nicht oder nicht richtig beantworten könnte. Sie wollten ihm also eine Falle stellen, damit er sich blamiert und die anderen Menschen ihm nicht mehr glauben. Jesus antwortete diesen Menschen oft mit einer anschaulichen Geschichte – einem Gleichnis.*
   Die Kinder vermuten, was „Gleichnis“ bedeutet und um welche Art von Geschichte es sich handelt. (Falls das Gleichnis vom Senfkorn behandelt wurde, haben die Kinder schon ein Gleichnis kennengelernt.**)

4. Mittels einer Lerntheke beschäftigen sich die Kinder nun exemplarisch mit dem Gleichnis vom verlorenen Schaf. **M 13.1–M 13.9**

5. Die Kinder stellen ihre Arbeitsergebnisse vor.

6. L malt noch einmal das Tafelbild aus Unterrichtsschritt 1 und 2 an die Tafel. Die Kinder benennen die Zuhörerinnen und Zuhörer des Gleichnisses und formulieren, warum Jesus diesen Zuhörern das Gleichnis erzählt hat, was er ihnen damit sagen wollte. L schreibt einen von den Kindern entwickelten Ergebnissatz unter das Tafelbild. Die Kinder, die auf dem Arbeitsblatt zu Arbeitskarte 4 die Frage „Was will er mit diesem Gleichnis sagen?“ noch nicht beantworten konnten, tragen den Ergebnissatz als Antwort auf ihrem Arbeitsblatt ein.

7. L ergänzt im Tafelbild noch einen weiteren Kreis, der für uns heute steht. Auch wir sind Zuhörerinnen und Zuhörer der Botschaft Jesu. Die Kinder überlegen: Wenn ich heute auch Zuhörerin/Zuhörer bin, was will Jesus mir mit dieser Geschichte sagen?

   L führt mit den Kindern ein Gespräch darüber, was dieses Gleichnis für sie selbst, bzw. für uns Menschen heute bedeuten kann. Mögliche Gedanken dabei könnten sein:
   - Wann fühle ich mich verloren?
   - Gibt es bei uns heute Menschen, die wir auch als „Verlorene“ bezeichnen könnten?
   - Wann brauche ich Hilfe?
   - Wem gebe ich Hilfe?

* s. Bd. 3, S. 110 ff.
** vgl. Bd. 3, S. 158 ff.

Arbeitskarten (1) — M 13.1

Arbeitskarte 1

a) Lies die Karten.

b) Suche dir vier Karten aus.

c) Schreibe eine Geschichte, in der vorkommt, was auf den Karten steht.

Du brauchst folgendes Material:

- die Wortkarten zu Arbeitskarte 1
- einen Stift
- ein liniertes Blatt

Arbeitskarte 2

a) Schneide die „Gefühlegesichter“ aus.

b) Wähle nun drei „Gefühlegesichter“ aus, die deiner Meinung nach zu dem Satz „Wenn ich etwas Wichtiges verloren habe, dann bin ich ...“ passen.

c) Wähle nun drei „Gefühlegesichter“ aus, die deiner Meinung nach zu dem Satz „Wenn ich etwas Wichtiges wiedergefunden habe, dann bin ich ...“ passen.

d) Klebe sie an die entsprechende Stelle auf das Arbeitsblatt zu AK 2.

Du brauchst folgendes Material:

- eine Schere
- Klebstoff
- Gefühlegesichter
- Arbeitsblatt zu AK 2

Arbeitskarte 3

a) Wähle ein Suchbild aus!

b) Suche das Schaf und den Hirten.
Wenn du sie gefunden hast, dann male sie aus.

Du brauchst folgendes Material:

- einen Stift
- das Arbeitsblatt a oder b zu AK 3

Arbeitskarte 4

Jesus erzählt seinen Zuhörern ein Gleichnis.

a) Lies den Text Lukas 15,1-7 so wie er in der Bibel steht.
Du findest ihn auf dem Textblatt zu AK 4.

b) Beantworte die Fragen auf dem Arbeitsblatt zu AK 4.

Du brauchst folgendes Material:

- Textblatt zu AK 4
- Arbeitsblatt zu AK 4
- einen Stift

Arbeitskarte 5

a) Lies den Text Lukas 15,1-7 auf dem Textblatt zu AK 4.
So steht er in der Bibel.

b) Auf dem Arbeitsblatt zu AK 5 findest du einzelne Bilder zu dem Text.
Schneide sie aus und klebe sie in der richtigen Reihenfolge auf ein leeres Blatt.

c) Schreibe die Geschichte in deinen eigenen Worten unter die Bilder.

Du brauchst folgendes Material:

- das Textblatt zu AK 4
- das Arbeitsblatt zu AK 5
- eine Schere
- Klebstoff
- einen Stift
- ein leeres Blatt

Arbeitskarte 6

1. Schaue dir das Bild auf dem Arbeitsblatt zu AK 6 genau an.
2. Fülle die Sprech- und die Denkblasen aus:
   a. Was könnte das Schaf in dieser Situation denken oder sagen?
   b. Was könnte der Hirte in dieser Situation denken oder sagen?
3. Gib dem Bild einen Namen.

Du brauchst folgendes Material:

- das Arbeitsblatt zu AK 6
- einen Stift

Arbeitskarte (4)

M 13.1

Arbeitskarte 7

a) Vergleiche die Geschichte „Vom verlorenen Schaf“ mit Psalm 23.

b) Schreibe auf, was dir aufgefallen ist.

Du brauchst folgendes Material:

– das Arbeitsblatt zu AK 7
– einen Stift

Wortkarten zu AK 1

M 13.2

Von L vorzubereiten: Karten ausschneiden und ggf. laminieren, in einen Briefumschlag stecken, in entsprechender Zahl vorbereiten.

finden	sich freuen	entdeckt werden
stehen gelassen werden	mich nicht mehr zurechtfinden	neugierig sein
allein sein	Angst haben	nicht zuhören
suchen		

Gefühlegesichter

M 13.3

Arbeitsblatt zu AK 2

M 13.3

Wenn ich etwas Wichtiges **verloren** habe, dann bin ich ...	Wenn ich etwas Wichtiges **wieder-gefunden** habe, dann bin ich ...

Arbeitsblatt a zu AK 3

M 13.4

Arbeitsblatt b zu AK 3

M 13.4

Vom verlorenen Schaf

15 Es nahten sich ihm aber allerlei Zöll-
ner und Sünder, um ihn zu hören.
2 Und die Pharisäer und Schriftgelehrten murr-
ten und sprachen: Dieser nimmt die Sünder an
und isst mit ihnen. 3 Er sagte aber zu ihnen dies
Gleichnis und sprach:
4 Welcher Mensch ist unter euch, der hundert
Schafe hat und, wenn er eins von ihnen verliert,
nicht die neunundneunzig in der Wüste lässt
und geht dem verlorenen nach, bis er's findet?
5 Und wenn er's gefunden hat, so legt er sich's
auf die Schultern voller Freude. 6 Und wenn er
heimkommt, ruft er seine Freunde und Nach-
barn und spricht zu ihnen: Freut euch mit mir;
denn ich habe mein Schaf gefunden, das verlo-
ren war. 7 Ich sage euch: So wird auch Freude
im Himmel sein über einen Sünder, der Buße
tut, mehr als über neunundneunzig Gerechte,
die der Buße nicht bedürfen.

Lk 15,1-7

Arbeitsblatt zu AK 4

M 13.5b

Wie heißt das Gleichnis?

____

Wem erzählt Jesus das Gleichnis?

____

____

Versuche, auch diese Frage zu beantworten:
Was will Jesus mit diesem Gleichnis sagen?

____

____

____

Arbeitsblatt zu AK 5

M 13.6

KOPIERVORLAGE

Arbeitsblatt zu AK 7

M 13.8

Vom verlorenen Schaf

15 Es nahten sich ihm aber allerlei
Zöllner und Sünder, um ihn zu hö-
ren.
2 Und die Pharisäer und Schriftgelehrten
murrten und sprachen: Dieser nimmt die
Sünder an und isst mit ihnen. 3 Er sagte aber
zu ihnen dies Gleichnis und sprach:
4 Welcher Mensch ist unter euch, der hundert
Schafe hat und, wenn er eins von ihnen ver-
liert, nicht die neunundneunzig in der Wüste
lässt und geht dem verlorenen nach, bis er's
findet? 5 Und wenn er's gefunden hat, so legt
er sich's auf die Schultern voller Freude.
6 Und wenn er heimkommt, ruft er seine
Freunde und Nachbarn und spricht zu ihnen:
Freut euch mit mir; denn ich habe mein
Schaf gefunden, das verloren war. 7 Ich sage
euch: So wird auch Freude im Himmel sein
über einen Sünder, der Buße tut, mehr als
über neunundneunzig Gerechte, die der Bu-
ße nicht bedürfen.

Der gute Hirte

„Ein Psalm Davids."

23 Der HERR ist mein Hirte, mir wird
nichts mangeln.
2 Er weidet mich auf einer grünen Aue und
führet mich zum frischen Wasser.
3 Er erquicket meine Seele. Er führet mich
auf rechter Straße um seines Namens willen.
4 Und ob ich schon wanderte im finstern Tal,
fürchte ich kein Unglück; denn du bist bei
mir, dein Stecken und Stab trösten mich.
5 Du bereitest vor mir einen Tisch im Ange-
sicht meiner Feinde. Du salbest mein Haupt
mit Öl und schenkest mir voll ein.
6 Gutes und Barmherzigkeit werden mir fol-
gen mein Leben lang, und ich werde bleiben
im Hause des HERRN immerdar.

Laufkarte

M 13.9

Du hast vier Wahl- und drei Pflichtaufgaben.

Pflichtaufgaben sind so gekennzeichnet: !

Denke daran, dass du sie auf jeden Fall bearbeiten musst!

	Arbeitskarte		**Bearbeitet ✓**
	**Arbeitskarte 1**		
	**Arbeitskarte 2**	!	
	**Arbeitskarte 3**		
	**Arbeitskarte 4**	!	
	**Arbeitskarte 5**		
	**Arbeitskarte 6**	!	
	**Arbeitskarte 7**		

14 Begegnung mit Judentum, Christentum, Islam

Thema: Abrahamitische Tradition

Intention der Unterrichtsreihe

Erkennen, dass Abraham eine Person ist, die im Christentum, Judentum und Islam eine Bedeutung hat.

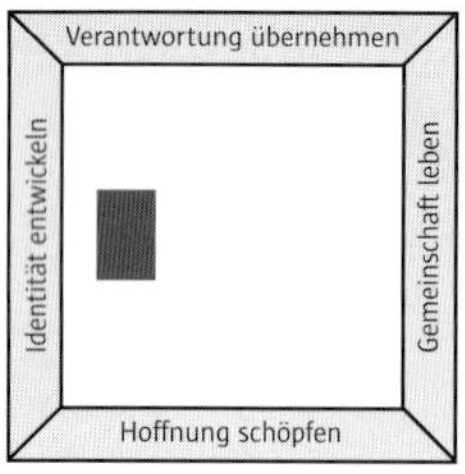

4–6 Std.

Theologisch-didaktischer Kommentar

Das Suchen nach den gemeinsamen Wurzeln und Übereinstimmungen zwischen Juden, Christen und Muslimen beginnt mit Abraham. Die Juden nennen ihn den Stammvater ihres Volkes. Für die Christen ist er der Vater des Glaubens. Die Muslime sehen in ihm das Vorbild eines glaubenden Menschen, eines wahren Muslims.
In seinem Namen treffen sich Menschen, die die Verständigung zwischen den drei Religionen vorantreiben.
Der 1981 ermordete ägyptische Präsident Anwar el-Sadat hatte einen Traum davon, wie das Zusammenleben der drei Religionen aussehen könnte. Darüber berichtete der Altbundeskanzler Helmut Schmidt: „Sadam hoffte auf eine große friedliche Begegnung von Judentum, Christentum und Islam. Sie sollte symbolisch auf dem Berge Sinai stattfinden, dem Mosesberg, wie er im Arabischen genannt wird. Dort sollten nebeneinander eine Synagoge, eine Kirche und eine Moschee gebaut werden, um die Eintracht zu bezeugen. Tatsächlich hat Sadat 1979, zwei Jahre nach seiner Jerusalemreise, dort einen Grundstein für die Gotteshäuser gelegt.“*

In der vorliegenden Unterrichtsreihe wird an das bereits erworbene Wissen zu Judentum, Islam und Christentum angeknüpft.** Die Kinder erkennen, dass Abraham in allen drei Religionen erwähnt wird und somit eine die Religionen verbindende Figur ist.

Bausteine der Unterrichtsreihe

Baustein 1: Abraham gleich Ibrahim?

Unterrichtsmaterial:

- Bilder von Niklas, Mehmet, Rut **M 14.1**
- Begriffskarten **M 14.2**
- Geschichte: „Abraham = Ibrahim?“ **M 14.3**
- Arbeitsblatt zum Judentum **M 14.4**
- Arbeitsblatt zum Christentum **M 14.5**
- Arbeitsblatt zum Islam **M 14.6**
- Arbeitsblatt: „Puzzle“ **M 14.7**
- Magnete
- Lied: „Geht einer auf den andern zu“ (CD II Track 11/12) **M 14.8**

Unterrichtsschritte:

1. L hängt die Bilder von Niklas (Christ), Mehmet (Muslim) und Rut (Jüdin) an die Tafel. Die Kinder erinnern sich, in welchen Zusammenhängen sie den Kindern schon begegnet sind. **M 14.1**
2. Die Kinder ordnen die Begriffe Judentum, Christentum, Islam den Kindern zu und heften sie zu den Bildern an die Tafel. Die Kinder benennen, was sie zu den Religionen schon wissen.*** **M 14.2**
3. L schreibt als Impuls über die Bilder und Karten: „Was wir in allen drei Religionen haben“. Die Kinder benennen Gemeinsamkeiten, die ihnen bereits bekannt sind:
   - alle feiern Feste
   - alle haben ein wichtiges Buch
   - ...
4. L erzählt die Geschichte „Abraham = Ibrahim?“. **M 14.3, Teil 1**

---

* KUSCHEL, S.10
** vgl. Bd. 1, Kapitel 11, S. 144; Bd. 2, Kapitel 14.2, S. 176; Bd. 3, Kapitel 7, S. 78
*** vgl. insbesondere Bd. 1, S. 144 ff., Bd. 2, S. 176 ff. und Bd. 3, S. 78 ff.

5. Die Kinder erinnern sich an das, was sie über Abraham wissen.

6. L erzählt die Geschichte „Abraham = Ibrahim?“. **M 14.3, Teil 2**

7. L: *Was Niklas, Mehmet und Rut bei der Pastorin, dem Imam und dem Rabbi herausfinden, dazu habe ich euch drei Texte mitgebracht, die in Gruppen bearbeitet werden sollen.*

8. Die Kinder bearbeiten in Gruppen jeweils einen der Texte. Sie fassen die wichtigsten Informationen zusammen, um sie den anderen mitteilen zu können, und beantworten die Frage nach der Kernaussage des Textes auf ihrem Arbeitsblatt. **M 14.4–M 14.6**

9. Die Kinder stellen ihre Ergebnisse vor. L schreibt die von den Kindern benannten Kernaussagen an die Tafel unter das Bild und den Namen der jeweiligen Religion. Gegebenenfalls werden die Karten der Kinder aufgehängt:
   - Christentum: Abraham ist der Vater des Glaubens.
   - Islam: Ibrahim ist der erste Muslim.
   - Judentum: Abraham ist unser Stammvater.

10. L führt mit den Kindern ein Unterrichtsgespräch darüber, was es bedeutet, dass diese drei Sätze unter der Überschrift „Was wir in allen drei Religionen haben“ stehen.

11. Die Kinder tragen mithilfe des Tafelbildes die Sätze in das Puzzle ein und ergänzen die Überschrift. **M 14.7**

12. Lied: „Geht einer auf den andern zu“. **M 14.8**

Bilder von Niklas, Mehmet und Rut

M 14.1

Christentum

Islam

Judentum

Abraham = Ibrahim?

M 14.3

Teil 1

Es ist Montagmorgen. Die Kinder der Klasse 4b sitzen im Morgenkreis und erzählen, was sie am Wochenende erlebt haben. Jedes Kind darf von einem ganz besonderen Ereignis berichten. Als nächster ist Mehmet an der Reihe. „Ich bin mit meinem Großvater in der Moschee gewesen. Nicht in unserer kleinen hier in der Straße, wir sind extra bis in die nächste große Stadt gefahren. Das war toll. Ich durfte die ganze Zeit bei meinem Großvater sitzen, bei den erwachsenen Männern! Der Imam hat von Ibrahim erzählt und dass sich Allah ihn zum Freund nahm."
Niklas hebt den Finger: „Ibrahim? Wir haben im Kindergottesdienst über Abraham gesprochen, das klingt ja ähnlich." Rut fällt ihm ins Wort: „Abraham, den kenne ich auch, der hatte doch eine Frau, die ganz alt war und ein Kind bekommen hat." Auf einmal werden auch die anderen Kinder ganz unruhig und wollen alle etwas dazu sagen. Die Lehrerin bittet um Ruhe und erklärt, dass mit Abraham und Ibrahim dieselbe Person gemeint ist. Dann dürfen die Kinder erzählen, was sie über Abraham und Ibrahim wissen.

(Hier erzählen auch die Kinder.)

Teil 2

Die Kinder der Klasse 4b diskutieren und erzählen und am Ende sind sie neugierig, was es nun genau mit diesem Abraham-Ibrahim auf sich hat. Sie merken, dass der Name zwar ähnlich klingt, aber das, was Mehmet über Ibrahim erzählt, ist doch ein bisschen anders, als die Geschichte über Abraham, die Niklas wieder einfällt. Ist es wirklich dieselbe Person, wie die Lehrerin behauptet? Die Kinder wollen mehr erfahren. Aber wen sollen sie fragen?
Da hat Rut eine Idee: „Also, wenn wir Fragen zu unserer Religion haben, dann gehen wir immer zu unserem Rabbi. Der weiß alles über das Judentum." Mehmet stimmt mit ein: „Ja, bei uns könnten wir den Imam fragen. Der hat ja schließlich in der Moschee auch die Geschichte von Ibrahim erzählt." „Und Niklas", fragt die Lehrerin, „hast du auch eine Idee, wen du fragen könntest?"
„Na klar, unsere Pfarrerin, die hat uns ja im Kindergottesdienst schon etwas über Abraham erzählt."

Arbeitsblatt zum Judentum

M 14.4

Der Rabbi sagt:

Abraham war einfach da.
Wie er vor seiner Begegnung mit Gott gelebt hat, steht nicht im Alten Testament.
Gott spricht zu Abraham: „Verlass deine Heimat. Geh in ein Land, das ich dir zeigen werde.
Dein Volk soll groß werden. Ich segne dich und deine Nachkommen."
So beginnt seine Geschichte mit Gott.
Abraham vertraut Gott und zieht mit seiner Familie los.
Und dann ist er sein ganzes Leben unterwegs: einpacken, losziehen, ankommen, bleiben, losziehen ...
Inzwischen sind Abraham und seine Frau Sara alt geworden.
Hatte Gott ihnen nicht etwas versprochen?
Einen Sohn sollten sie bekommen. Doch sie waren immer noch kinderlos.
Deshalb gab Sara ihre ägyptische Sklavin Hagar Abraham zur Frau.
Sie bekam einen Sohn, der Ismael genannt wurde.
Ein Stückchen von Gottes Versprechen hatte sich erfüllt.
Bald gab es Streit zwischen Sara und Hagar.
Ismael und Hagar trennten sich von Sara.
Dann versprach Gott auch Sara einen Sohn.
Sara glaubte nicht so recht daran.
Aber sie brachte Isaak zur Welt.
Abraham hatte jetzt zwar zwei Söhne,
aber sein Volk war deswegen nicht groß geworden.
Doch sein Vertrauen auf Gott war durch nichts zu erschüttern.
Als Sara starb, kaufte er einen Begräbnisplatz.
Das war das einzige Stück Land, das ihm gehörte.
Hatte Gott ihm nicht auch Land versprochen?
Die Erfüllung dieses Versprechens hat Abraham nicht mehr erlebt.

Später sagten die Juden: „Wir sind ein großes Volk geworden mit vielen Stämmen.
Wir bewundern Abraham, der immer daran geglaubt hat.
Abraham ist unser Stammvater.
Wir sind deshalb alle Söhne Abrahams. Immer werden wir von seinem Glauben erzählen."

Aufgaben:

1) Erzählt euch in der Gruppe den Text mit euren Worten. Schreibt das Wichtigste auf Karten (immer eine Aussage auf eine Karte). Diese könnt ihr bei der Vorstellung eurer Ergebnisse benutzen.

2) Unterstreicht die wichtigste Stelle im Text, die Auskunft darüber gibt, welche Bedeutung Abraham für das Judentum hat. Schreibt auch diese auf eine Karte.

Arbeitsblatt zum Christentum

M 14.5

Die Pfarrerin sagt:

Abraham gibt es auch bei uns Christen im Neuen Testament.
Einen Glaubenden wie ihn haben wir nicht vergessen.
Gleich im ersten Buch des Neuen Testaments sagt Matthäus:
„Das ist das Buch mit der Geschichte von Jesus Christus, dem Sohn Abrahams."
Jesus Vater war natürlich Josef.
Aber ihr versteht schon, wie das gemeint ist.
Ja, Jesus ist ein Sohn des Volkes, das mit Abraham begann.
Jeder Jude gehört zum Volk Abrahams.
Und warum das?
Jeder soll glauben wie Abraham.
Ich glaube, dass Jesus die Geschichten von Abraham kannte.
Und dann ist mir noch etwas aufgefallen.
Ich weiß nicht, ob das nur ein Zufall ist.
Abraham ist doch immer herumgezogen.
Er war sein ganzes Leben mit Gott unterwegs.
Jesus hat das doch auch ein paar Jahre getan.
Mit seinen Freunden zog er durch Galiläa,
mit Petrus, Maria Magdalena, Andreas und den anderen.
Abraham vertraute Gott. Und Gott hat Abraham und seine Familie gesegnet.
Jesus vertraute Gott. Und Jesus war ein Segen für die Menschen: für den Gelähmten,
für den Zöllner Levi, für Blinde und Aussätzige, für die Kinder, die zu ihm kamen.
Abraham ist für uns der Vater des Glaubens.
Mit Jesus ist der Glauben noch ein Stück weiter in die Welt gegangen.

Aufgaben:

1) Erzählt euch in der Gruppe den Text mit euren Worten. Schreibt das Wichtigste auf Karten (immer eine Aussage auf eine Karte). Diese könnt ihr bei der Vorstellung eurer Ergebnisse benutzen.

2) Unterstreicht die wichtigste Stelle im Text, die Auskunft darüber gibt, welche Bedeutung Abraham für das Christentum hat. Schreibt auch diese auf eine Karte.

KOPIERVORLAGE

Arbeitsblatt zum Islam

M 14.6

Der Imam sagt:

Den die Juden und Christen Abraham nennen, der heißt auf Arabisch Ibrahim,
und aus Ismael wird Ismail.
Ibrahimgeschichten wie im Alten Testament gibt es im Koran nicht.
Die für uns wichtigen Dinge über Ibrahim haben immer nur wenige Verse.
Der Koran sagt: Ibrahim und sein Sohn Ismail sind nach Süden gezogen und kamen nach Mekka.
Das liegt in Arabien.
Damals glaubten die Menschen in Mekka an verschiedene Götter.
Ibrahim sagte zu ihnen: „Es gibt nur einen heiligen Gott. Das ist Allah.
Die, an die ihr glaubt, sind nichts."
Es sind selbstgemachte Götzen, Steinbilder und Statuen.
Weil Ibrahim nur an den einen heiligen Gott glaubte,
machte ihn Allah zu einem Imam.
Er war nicht nur ein Vorbeter,
sondern das Vorbild eines glaubenden Menschen.

Allah nahm sich Ibrahim zum Freund.
In Mekka gab es schon vor langer Zeit die Kaaba, ein Haus Gottes.
Aber inzwischen war es verfallen.
Deshalb gab Allah Ibrahim und Ismail den Befehl, in Mekka ein neues Haus Gottes zu bauen.
Und er zeigte ihnen auch den Platz, an dem sie die Grundmauern anlegten. Als alles fertig war, übergaben sie Allah das Haus, in dem niemand wohnen sollte. Hier beten die Menschen nur zu Allah.
Nach Ibrahim wurden in Mekka wieder Götzenbilder aufgestellt.
Der Glaube an den einen Gott verschwand wieder.
Das änderte sich aber, als der Prophet Mohammed die Götzenbilder hinauswarf.
Er erinnerte die Menschen an den einen Gott, dem Ibrahim vor langer Zeit gedient hatte.
Ibrahim ist für jeden Muslim, der Gott anbetet, ihm vertraut und seine Gebote hält, ein Vorbild.
So können wir sagen: Ibrahim ist der erste Muslim.

Aufgaben:

1) Erzählt euch in der Gruppe den Text mit euren Worten. Schreibt das Wichtigste auf Karten (immer eine Aussage auf eine Karte). Diese könnt ihr bei der Vorstellung eurer Ergebnisse benutzen.

2) Unterstreicht die wichtigste Stelle im Text, die Auskunft darüber gibt, welche Bedeutung Abraham für den Islam hat. Schreibt auch diese auf eine Karte.

Puzzle

M 14.7

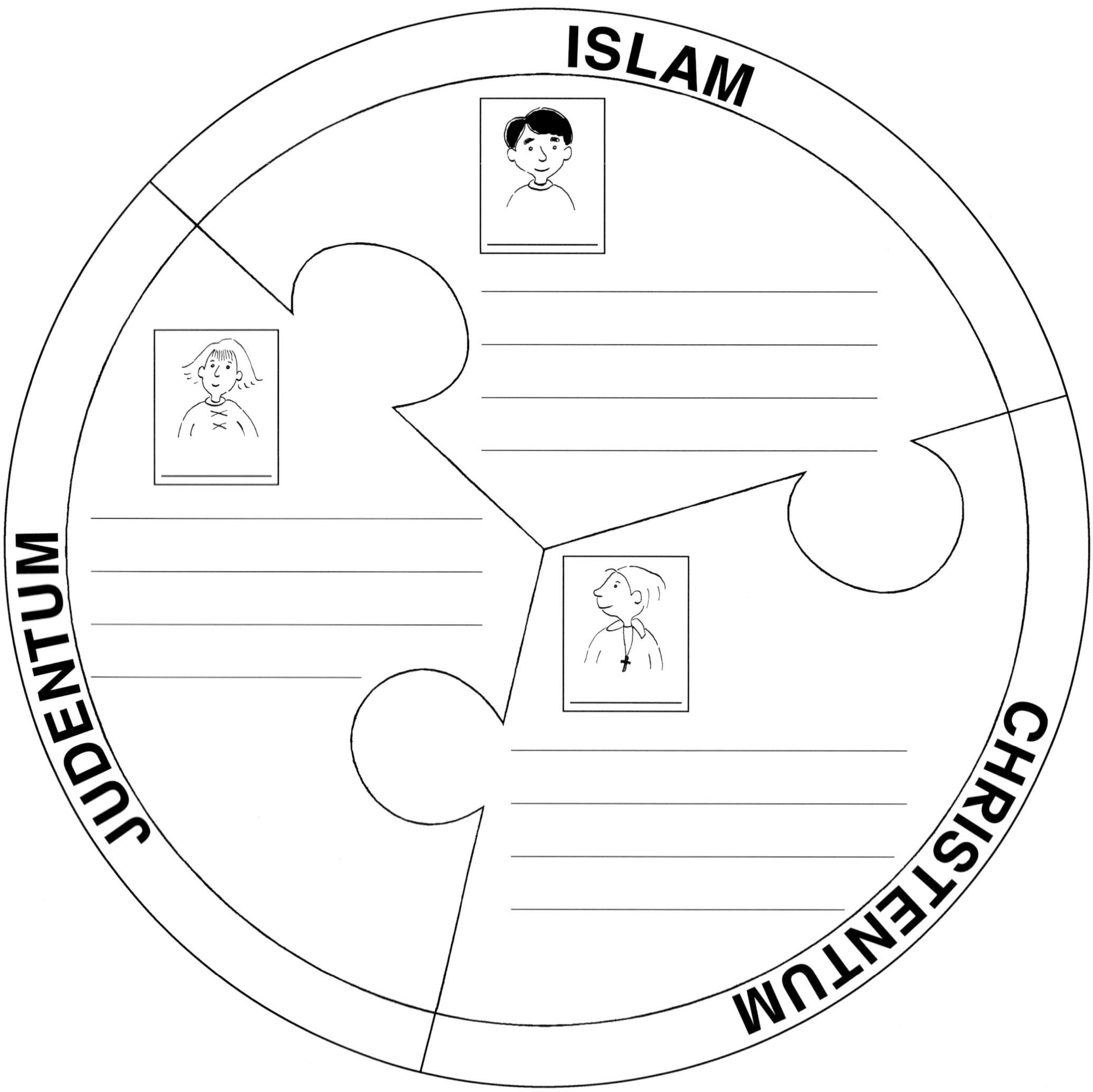

Geht einer auf den andern zu

M 14.8

Text: Rolf Krenzer
Melodie: Reinhard Horn

II 11/12

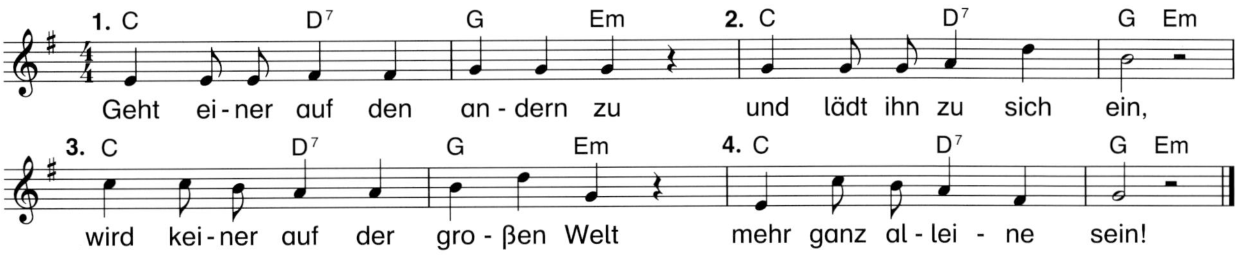

Mögliche Bewegungen zum Lied:

Geht einer auf den anderen zu	Die Kinder bilden einen großen Kreis, fassen sich an und gehen in die Mitte.
und lädt ihn zu sich ein,	Sie machen eine einladende Geste mit der rechten Hand.
wird keiner auf der großen Welt	Sie zeigen mit beiden Händen in großer Geste vor ihrem Körper die Weltkugel.
mehr ganz alleine sein!	Sie fassen sich an und gehen wieder nach außen.

15 In unserer Kirchengemeinde leben

Thema: Ökumene

Intention der Unterrichtsreihe

Unterschiede und Gemeinsamkeiten evangelischer und katholischer Konfession kennen und wissen, was die christlichen Kirchen auf der ganzen Welt in der ökumenischen Bewegung verbindet.

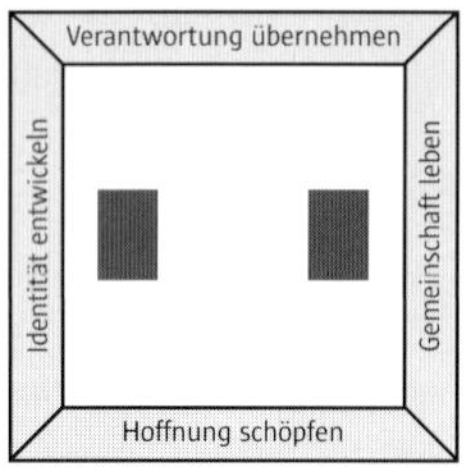

4–6 Std.

Theologisch-didaktischer Kommentar

Diese Unterrichtseinheit knüpft an Band 1, Kapitel 6 „Kirche/Gemeindezentrum kennenlernen“, Band 2, Kapitel 16 „Gemeinde(leben) begegnen“, Band 3, Kapitel 4 „Kirchenjahr und kirchliches Brauchtum“ und an Band 3, Kapitel 12 „Begegnung mit evangelischem und katholischem Gemeindeleben“ an. Sie nimmt die dort gezeigten Ansätze auf, die sich auf den Besuch der evangelischen und katholischen Kirche, die Erforschung des evangelischen und katholischen Gemeindelebens und das Kennenlernen der evangelischen und katholischen Fest- und Feiertage beziehen.
Der Schwerpunkt in diesem Schuljahr liegt auf dem Thema Ökumene.
Ökumene (griech.) bedeutet „die bewohnte Erde“. Die Römer bezeichneten damit das gesamte Römische Reich.
Heute bezeichnet man mit ökumenisch alles, was sich auf die gesamte Aufgabe der gesamten Kirche bezieht, nämlich das Evangelium der ganzen Welt zu bringen.*
Von Anfang an bot die christliche Kirche kein einheitliches Bild. Es gab viele Sonderentwicklungen. Schon der Evangelist Johannes spricht diese Situation in einem Gebet an, das er Jesus in den Mund legt: *Alle sollen eins sein. Wie du, Vater, in mir bist, und ich in dir, so sollen sie auch in uns sein* (Joh 17,21).
Die hier erbetene Einheit war ein ständiges Problem der Kirchengeschichte, weil es einerseits um den Führungsanspruch über alle Christen und andererseits um die Freiheit der Auslegung des Evangeliums und eigenständige kirchliche Lebensformen ging.
Durch die Reformation wurde diese Problematik noch einmal besonders deutlich.

Das 19. Jahrhundert war eine Zeit beginnender Internationalisierung (DRK, Olympische Idee, Weltausstellungen, die Internationale). Alle Kirchen zusammen wären eigentlich eine internationale Organisation gewesen. Sie wussten voneinander, arbeiteten aber nicht zusammen.
Das sollte sich 1910 mit der Weltmissionskonferenz in Edinburgh ändern. Dieses Treffen kann man ruhig als die erste ökumenische Konferenz betrachten, obwohl die katholische Kirche und die orthodoxen Kirchen nicht eingeladen waren. Vertreter protestantischer Kirchen trafen sich, um die Missionsarbeit besser zu organisieren, d. h., nicht gegeneinander um die Wette zu missionieren, sondern um praktisch zusammenzuarbeiten.
Auf den folgenden Konferenzen bildeten sich zwei Arbeitsschwerpunkte für die ökumenische Arbeit heraus:

a) Life and Work/Praktisches Christentum: Verpflichtung zu Frieden und sozialer Gerechtigkeit
b) Faith and Order/Glaube und Kirchenverfassung: Suche nach der Einheit aller Kirchen.

1962 ging die bis dahin unabhängige Weltmissionskonferenz im Ökumenischen Rat der Kirchen auf.

Der Ökumenische Rat in Genf ist keine „Über-Kirche“, sondern das ausführende Organ für die Beschlüsse der ökumenischen Vollversammlung. Er vertritt 349 Kirchen aus 110 Ländern (Stand Mai 2008).
Was eint diese 349 Kirchen? Die Einheit basiert auf dem Glaubensbekenntnis der Konzile von Nicäa 325 und Konstantinopel 381** und vollzieht sich lebendig in der von allen anerkannten Gültigkeit der Taufe und im gemeinsamen Abendmahl.
Die katholische Kirche brauchte im Gegensatz zu den dem Ökumenischen Rat beigetretenen orthodoxen Kirchen lange, um sich der ökumenischen Bewegung zu nähern. Ihr Eucharistieverständnis, die Institution des Papsttums und ihr Kirchenverständnis, das ande-

* vgl. Dictionary of the Ecumenical Movement 2, S. 840–841
** Das sog. Konstantinopolitanische Glaubensbekenntnis ist in den Gesangbüchern abgedruckt.

re Kirchen lediglich als kirchliche Gemeinschaften bezeichnet, trennen sie weiterhin von den durch den Ökumenischen Rat vertretenen Kirchen.
Im täglichen Gebrauch bezeichnet bei uns der Begriff „ökumenisch" die praktische Zusammenarbeit an der Basis der evangelischen Kirchen und der katholischen Kirche.

Es ist sinnvoll, diese Unterrichtseinheit konfessionell-kooperativ durchzuführen, um Gemeinsamkeiten, Unterschiede und gemeinsame Bestrebungen aus Sicht verschiedener christlicher Konfessionen zusammentragen zu können. Im Hinblick auf den Unterrichtsgegenstand „Menschen und Bräuchen aus anderen Religionen begegnen" sollte jedoch in dieser Unterrichtseinheit auch die Möglichkeit bestehen, Informationen über die anderen, in der Klassengemeinschaft vorhandenen Religionen, auszutauschen.

Bausteine der Unterrichtsreihe

Baustein 1: Evangelisch und katholisch – Gemeinsamkeiten und Unterschiede

Unterrichtsmaterial:

- großer Bogen Papier
- dicke Faserschreiber
- Kopiervorlage: „Gemeinsamkeiten und Unterschiede" **M 15.1**

Unterrichtsschritte:

1. L erinnert die Kinder an die Projekte im 2. und 3. Schuljahr, in denen sie schon evangelisches und katholisches Gemeindeleben erforscht haben.
   Auf einem großen Papierbogen tragen die Kinder alles zusammen, was ihnen aus vorherigen Schuljahren zu den Begriffen evangelisch oder katholisch einfällt. Im Gespräch kann die Sammlung durch Impulse ergänzt werden. Evtl. genannte Gemeinsamkeiten werden in eine Schnittmenge geschrieben.

2. Anschließend bearbeiten die Kinder das Arbeitsblatt „Gemeinsamkeiten und Unterschiede". **M 15.1**

3. L informiert die Kinder darüber, dass sie sich in diesem Schuljahr mit einem Thema beschäftigen werden, dass sich „Ökumene" nennt. Die Kinder äußern sich spontan, da ihnen der Begriff sicher schon begegnet ist, z. B. beim ökumenischen Schulgottesdienst.

Baustein 2: Ökumene I

Unterrichtsmaterial:

- Cluster aus Baustein 1
- Folie von Material: „Zeichen der Ökumene" (Folie 7) **M 15.2**
- Arbeitsblatt: „Zeichen der Ökumene" **M 15.3**
- Arbeitsblatt: „Ökumenischer Rat" **M 15.4**
- Kanon: „Wo zwei oder drei" (II Track 13/14) **M 15.5**
- Kopiervorlage: „Menschen begegnen sich", mindestens auf DIN A3 vergrößert **M 15.6**
- Fotokartonbogen
- Magnete
- dicker Faserschreiber

Unterrichtsschritte:

1. L: *In der Ökumene geht es um die Gemeinschaft aller christlichen Kirchen auf der ganzen Welt. Um zu verdeutlichen, worum es bei dieser ökumenischen Bewegung geht, haben die Menschen sich ein Zeichen ausgedacht. Dieses Zeichen setzt sich aus verschiedenen Teilen zusammen.*

2. L legt die Folie auf den OHP. Es ist nur der Kreis sichtbar. Schrittweise wird das ganze Zeichen erarbeitet. **M 15.2**
   L schreibt die Beiträge der Kinder unter die einzelnen Elemente, sodass die Kinder für ihr Arbeitsblatt eine Auswahl treffen können. **M 15.3**

3. Die Kinder lesen ihre Ergebnisse vor.

4. L singt mit den Kindern den Kanon „Wo zwei oder drei" **M 15.5**

5. Die Kinder bekommen das Arbeitsblatt „Ökumenischer Rat". **M 15.4**
   In Gruppen diskutieren und bearbeiten sie die Fragestellungen. Die festgehaltenen Ergebnisse werden der Klasse vorgestellt.

6. L hängt das auf mindestens DIN A3 vergrößerte und auf einen Fotokartonbogen geklebte Bild „Menschen begegnen sich" an die Tafel. Die Kinder äußern sich zu dem Bild, das die Idee der Ökumene verdeutlicht. **M 15.6**

7. Sie schreiben um das Bild herum, was die Menschen sagen könnten:
   - Wir wollen zusammen singen.
   - Wir wollen zusammen beten.
   - Wir wollen zusammen Abendmahl feiern.

- Wir erzählen uns Geschichten von Jesus.
- Wir wollen so wie Jesus handeln ...

Tipp:
Es kann im Laufe der Bearbeitung des Bausteins begleitend eine Collage (z. B. mit dem ökumenischen Zeichen) erstellt werden, die im Klassenraum aufgehängt wird.

Baustein 3: Ökumene II

Baustein 3 besteht aus 3 Angeboten, die den Kindern wahlweise zur Verfügung gestellt werden können.

Unterrichtsmaterial:

- ▷ Aufgabenkarten **15.7 – 15.9**
- ▷ große Bögen Papier, verschiedenfarbige Stifte, Schreibblätter

Auftragskarten:

1. Hier ist das Vaterunser in verschiedenen Sprachen abgedruckt. Sucht eine Zeile heraus und schreibt sie in den unterschiedlichen Sprachen in mehreren Farben nebeneinander. **M 15.7**

2. Dieser Liedtext steht im Evangelischen Gesangbuch (Nr. 490).
   Diskutiert und schreibt auf, was er mit der ökumenischen Bewegung zu tun hat. **M 15.8**

3. Viele Kirchengemeinden haben eine Partnergemeinde.
   Erkundigt euch, ob eure Gemeinde auch eine Partnergemeinde hat. Sammelt eure Informationen und überlegt, wie ihr sie in der Klasse präsentiert! **M 15.9**

Gemeinsamkeiten und Unterschiede

M 15.1

Markiere blau, was zur *katholischen Konfession* gehört.
Markiere grün, was zur *evangelischen Konfession* gehört.
Markiere gelb, was beiden *gemeinsam* ist.

Messe – Weihnachten – Erstkommunion – Kirchenlieder – Priester– Vaterunser –

Evangelium – Jesus Christus – Ewiges Licht – Konfirmation – Gottes Schöpfung –

Glaubensbekenntnis – Beichte – Abendmahl – Allerheiligen – Ostern –

Reformationsfest – Weihwasserbecken – Pfarrerin – Taufe – Kloster –

ökumenische Trauung – Frieden – Tabernakel – Schulgottesdienst – St. Martin

Alle Christen wünschen sich eine gemeinsame Zukunft in der ____________________.

Zeichen der Ökumene

M 15.2

Ein Kreis –
kannst du dir vorstellen,
was er bedeutet?

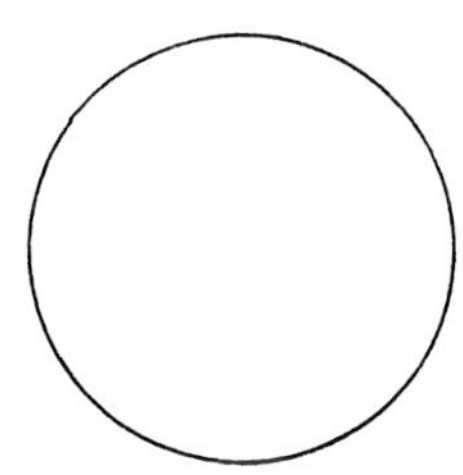

Ein Kreuz im Kreis –
kannst du erklären,
was es bedeutet?

Ein Kreuz in einem Schiff
und unruhige Wellen –
überlege, was das bedeuten soll.

Zeichen der Ökumene

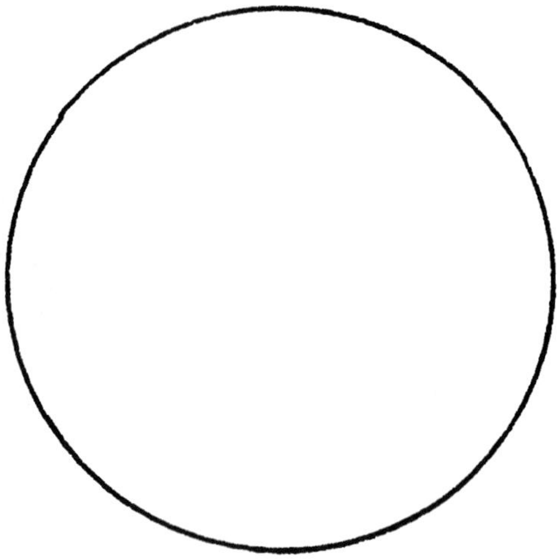

Ökumenischer Rat

M 15.4

Es war im Jahr 1948. Der Zweite Weltkrieg war gerade vorbei.
Da versammelten sich Christen aus aller Welt in Amsterdam.
Sie hatten schon lange zusammen gearbeitet.
Aber der Krieg hatte viele Kontakte zerstört.
Jetzt wollten sie neu anfangen und einen Schritt weiter gehen.
Einen ökumenischen Rat der Kirchen wollten sie schaffen.
Männer und Frauen aus 147 Kirchen in 44 Ländern
arbeiteten daran mit.
Vertreter der katholischen Kirche waren nicht dabei.
Das Wort Rat verrät schon, welche Aufgabe er haben sollte.

Die Kirchen wünschten sich,
- enger zusammenzuwachsen,
- mehr übereinander zu wissen,
- miteinander das Abendmahl zu feiern,
- Menschen in Not zu helfen,
- für Gerechtigkeit und Frieden einzutreten,
- einander zu helfen,
  das Evangelium von Jesus Christus der ganzen Welt zu bringen.

Heute sind 349 Kirchen aus 110 Ländern Mitglieder des Ökumenischen Rates der Kirchen. In Genf in der Schweiz ist die Zentrale des Ökumenischen Rates.

Überlegt gemeinsam und macht euch Notizen zu euren Antworten.

1. Wieso hat sich der Ökumenische Rat gebildet?

____

____

____

2. Was ist eurer Meinung nach für die Menschen in der Ökumene wichtig?

____

____

____

3. Was darf auf keinen Fall in einem ökumenischen Gottesdienst fehlen?

____

____

____

Wo zwei oder drei

M 15.5

Text: Matthäus 18,20
Melodie: Kommunität Gnadtenthal 1972

II 13/14

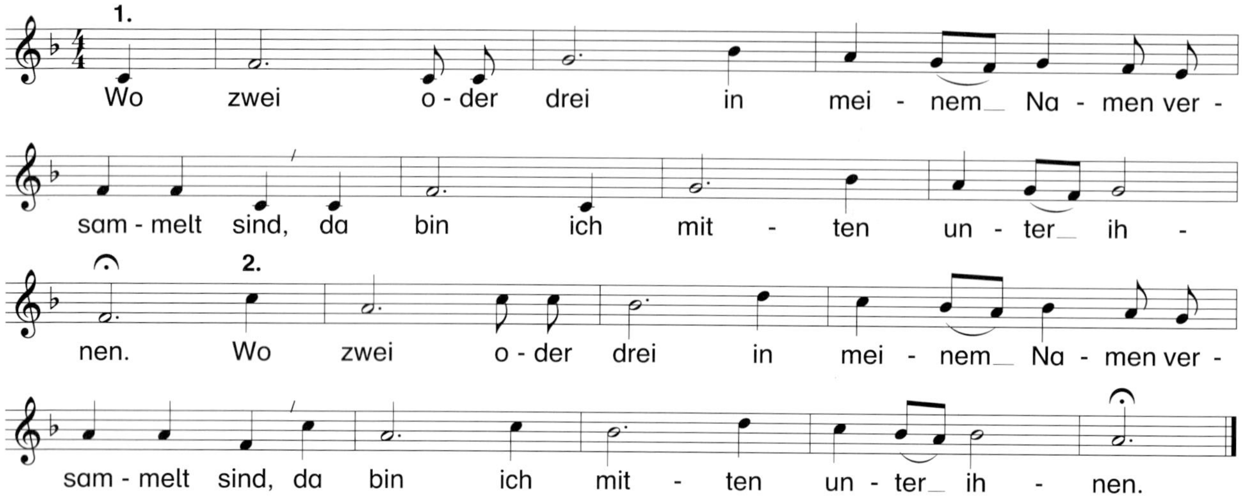

Menschen begegnen sich

M 15.6

Auftragskarte: Vaterunser (1)

M 15.7

Hier ist das Vaterunser in verschiedenen Sprachen abgedruckt.
Sucht eine Zeile heraus und schreibt sie in den unterschiedlichen Sprachen in mehreren Farben nebeneinander.

Afrikaans

Ons Vader wat in die hemel is,
laat U Naam geheilig word;
laat U koninkryk kom;
laat U wil geskied,
so os in die hemel net so ook op die aarde.
Gee ons vandag ons daaglikse brood;
en vergeef ons ons skulde,
soos ons ook ons skuldenaars vergewe;
en lei ons nie in versoeking nie
maar verlos ons van die Bose.

Want aan U behoort die koninkryk en die krag en die heerlikheid
tot in ewigheid.

Amen!

Deutsch

Vater unser im Himmel,
geheiligt werde dein Name.
Dein Reich komme.
Dein Wille geschehe,
wie im Himmel so auf Erden.
Unser tägliches Brot gib uns heute.
Und vergib uns unsere Schuld,
wie auch wir vergeben unseren Schuldigern.
Und führe uns nicht in Versuchung,
sondern erlöse uns von dem Bösen.

Denn dein ist das Reich und die Kraft und die Herrlichkeit
in Ewigkeit.

Amen!

Française – Französisch

Notre Père qui est aux cieux
que ton nom soit sanctifié,
que ton règne vienne,
que ta volonté soit faite
sur la terre comme au ciel.
Donne-nous aujourd'hui notre pain de ce jour.
Pardonne-nous nos offenses,
comme nous pardonnons aussi à ceux qui nous ont offensés.
Et ne nous soumets pas à la tentation,
mais délivre-nous du mal.

Car c'est à toi qu'appartiennent, dans tous les siècles, le règne,
la puissance et la gloire.

Amen!

English – Englisch

Our Father who is in heaven,
hallowed be your name.
Your kingdom come,
you will be done
on earth as it is in heaven.
Give us this day our daily bread.
And forgive us our sins,
as we forgive those, who sin against us.
And lead us not into temptation,
but deliver us from evil.

For the kingdom, the power, and the glory
are yours now and forever.

Amen!

Auftragskarte: Liedtext

M 15.8

Das Lied „Der Tag ist um, die Nacht kehrt wieder“ steht im Evangelischen Gesangbuch (Nr. 490). Diskutiert und schreibt auf:
Was hat der Text mit der ökumenischen Bewegung zu tun?

1. Der Tag ist um, die Nacht kehrt wieder,
auch sie, o Herr, ist deine Zeit.
Dich priesen unsere Morgenlieder,
dir sei die Stille nun geweiht.

2. Wie über Länder, über Meere
der Morgen ewig weiterzieht,
tönt stets ein Lied zu deiner Ehre,
dein Lob, vor dem der Schatten flieht.

3. Kaum ist die Sonne uns entschwunden,
weckt ferne Menschen schon ihr Lauf,
und herrlich neu steigt alle Stunden
die Kunde deiner Wunder auf.

4. So mögen Erdenreiche fallen,
dein Reich, Herr, steht in Ewigkeit
und wächst und wächst,
bis endlich allen das Herz zu deinem Dienst bereit.

Auftragskarte: Partnergemeinde

M 15.9

Viele Kirchengemeinden
haben eine Partnergemeinde.
Erkundigt euch, ob eure Gemeinde
auch eine Partnergemeinde hat.
Sammelt eure Informationen und überlegt,
wie ihr sie in der Klasse präsentiert.

16 Gemeinschaft ist möglich

Thema: Albert Schweitzer, Mt 25,40

Intention der Unterrichtsreihe

Anhand des Lebens und Handelns von Albert Schweitzer erkennen, wie das Gebot der Nächstenliebe gelebt werden kann.

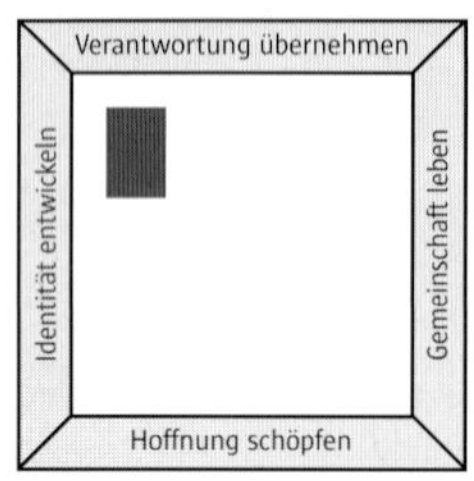

6 Std.

Theologisch-didaktischer Kommentar

Die Informationen zur Person und zum Leben Albert Schweitzers sind an dieser Stelle sehr ausführlich, um die vielfältige Persönlichkeit und deren Wirken nachzuzeichnen. Es bleibt L überlassen, wie viel davon – je nach Interesse der Lerngruppe – in den Unterricht einfließt. Die Unterrichtsbausteine gehen nicht auf alle diese Details im Leben Albert Schweitzers ein, sondern beschränken sich auf Einschnitte, die das Verständnis des Satzes „Ich bin Leben, das leben will, inmitten von Leben, das leben will."* möglich machen. Dieser ist den Kindern schon aus Kapitel 10 bekannt, wird jedoch in dieser Unterrichtseinheit in Bezug zu Mt 25,40 gesetzt.

Lehrerinformation zu Baustein 1:

1875 wurde Albert Schweitzer in Kaysersberg im Elsass geboren. Im deutsch-französischen Krieg 1870/1871 war das Elsass vom Deutschen Reich annektiert worden. Schweitzer wuchs zweisprachig auf, bezeichnete Deutsch aber als seine Muttersprache. Sein Vater war Pfarrer in Kaysersberg und die Familie lebte in finanziell beschränkten Verhältnissen. Die Situation besserte sich, als er eine neue Stelle in Günsbach am Eingang des Münstertales bekam.

Schon vor der Schulzeit erhielt Schweitzer von seinem Vater Klavierunterricht. Mit acht Jahren begann er mit dem Orgelspiel. Zu Liedern und Chorälen erfand er eigene Begleitungen. In der Schule trat er nicht durch besondere Leistungen hervor. In der Grundschule hatte er Mühe mit dem Lesen und Schreiben. Sein musikalisches Talent wurde auf dem Gymnasium in Mühlhausen von dem Organisten Eugen Mönch weiter gefördert.
Nach dem Abitur studierte Schweitzer Theologie und Philosophie in Straßburg. Sein Onkel, der in Paris lebte, ermöglichte es, dass Schweitzer ab 1893 Orgelunterricht bei Charles Marie Widor bekam. Widor gehörte zu den Musikern, die Johann Sebastian Bach in Frankreich bekannt gemacht hatten. Aus dem Schüler-Lehrer-Verhältnis wurde später eine Freundschaft, die bis zum Tode Widors (1937) dauerte.
Ab 1902 lehrte Schweitzer Theologie an der Universität Straßburg.

Schweitzers Entschluss, nach Afrika zu gehen, kam nicht plötzlich. Viele Ereignisse flossen zusammen. Es begann damit, dass er schon als Junge in den Missionsstunden, die sein Vater abhielt, viel über die Arbeit der Missionare in Afrika erfuhr.
Mit seinen Eltern fuhr er öfter nach Colmar. Auf dem Champ de Mars (Marsfeld) in der Stadtmitte stand ein Denkmal mit Skulpturen für Admiral Bruat, das Auguste Bartholdi, der Erbauer der Freiheitsstatue in New York, geschaffen hatte. An diesem Denkmal faszinierte den jungen Schweitzer die Figur eines Afrikaners mit einem traurigen und nachdenklichen Gesichtsausdruck. Diese Figur beschäftigte ihn sehr. (Heute stehen die Originale nicht mehr dort. Ihre Köpfe befinden sich im Musée Bartholdi.)
Ein entscheidendes Datum waren die Pfingstferien 1896 in Günsbach. Als Schweitzer eines Morgens erwachte, überfiel ihn der Gedanke, dass er sein Glück nicht als Selbstverständlichkeit hinnehmen dürfe, sondern dafür eine Gegenleistung erbringen müsse.

Im Herbst 1904 las er in einem Heft der Pariser Missionsgesellschaft. Sein Blick fiel auf die Überschrift „Les besoins de la Mission du Congo" (Was die Congomission braucht). In dem Artikel war davon die Rede, dass die Congomission dringend Mitarbeiter benötigte. Nachdem er den Artikel durchgelesen hatte, ging er wieder an die Arbeit. Er wusste: Sein Suchen hatte ein Ende.

* vgl. Kapitel 10, S. 112

Am 3. Oktober 1905, einem Freitag, steckte Schweitzer in Paris einen Packen Briefe in den Briefkasten, in denen er seinen Freunden den Entschluss mitteilte, Medizin zu studieren und im Anschluss an das Studium in Gabun zu arbeiten. Seine Immatrikulation an der medizinischen Fakultät der Universität Straßburg rief Verwirrung hervor. Als Mitglied des Lehrkörpers konnte er doch nicht zugleich Student sein. Nur mit einer Sondergenehmigung der Regierung durfte er studieren.

Lehrerinformation zu Baustein 2:

Schweitzer wollte im Auftrag der Pariser Missionsgesellschaft nach Gabun gehen. Als Theologe war er dem pietistisch gesinnten Missionsvorstand verdächtig. Der Arzt war den Herren willkommen. Aber der Theologe, der seine Dissertation „Über die psychiatrische Beurteilung Jesu" geschrieben hatte, erschien ihnen untragbar. Deshalb lehnten sie seine Anfrage zunächst mit der Begründung ab, es sei kein Geld vorhanden. Daraufhin bot Schweitzer an, für seine Arbeit selbst aufzukommen. Er hätte sich leicht für eine andere Missionsgesellschaft entscheiden können, aber er hatte sich schon 1904 entschlossen, für die Pariser Missionsgesellschaft zu arbeiten. Und dabei blieb er. Nach vielen Einzelgesprächen einigten sich beide Seiten darauf, dass Schweitzer auf das Predigen verzichten und seine Arbeit selbst finanzieren würde. Durch Orgelkonzerte und „erbetteltes" Geld hatte Schweitzer 30.000 FF zusammengebracht. Diese Summe sollte für zwei Jahre reichen.

Siebzig Kisten waren gepackt, als im Frühjahr 1913 die „Europe" von Bordeaux aus nach Libreville, der Hauptstadt Gabuns, ablegte. In einer besonders großen, mit Zinn ausgeschlagenen Kiste befand sich das Geschenk der Pariser Bachgesellschaft: ein Tropenklavier mit Pedalen. Dieses Instrument steht heute im Schweitzerhaus in Günsbach.

Auf der Reise vertiefte Schweitzer seine Kenntnisse in Tropenmedizin, indem er sich von einem französischen Militärarzt über seine Erfahrungen mit Tropenkrankheiten berichten ließ. Von Libreville ging die Reise mit einem Flussdampfer auf dem Ogowe weiter nach Lambarene. Hier bestand eine kleine Missionsstation mit einer Schule.
Bei der Ankunft mussten die Schweitzers nach der offiziellen Begrüßung durch die Missionare Christol und Ellenberger erfahren, dass es in Lambarene weder das versprochene Spital noch einen Dolmetscher gab. Aber ein Haus war für sie vorhanden. Es war ein Holzhaus, das amerikanische Missionare hatten errichten lassen. Die erste Nacht war von Erlebnissen mit großen Spinnen, Käfern und Kakerlaken geprägt.

Die Nachricht von der Ankunft des Doktors verbreitete sich mit Windeseile in den umliegenden Urwalddörfern. Nach wenigen Tagen wurden bereits die ersten Kranken gebracht. Obwohl die Kisten mit der gesamten Ausrüstung noch nicht eingetroffen waren, schickte Schweitzer die Kranken nicht wieder fort, sondern behandelte sie ohne Dolmetscher unter freiem Himmel. Später überlegte er, ob er die Operationen nicht einfach in sein Haus verlegen sollte, verzichtete aber wegen der Infektionsgefahr darauf. Als Notbehelf wurde ein unbenutzter Hühnerstall hergerichtet, der Sprechzimmer und Operationssaal in einem war. Helene, seine Frau, kümmerte sich um die Instrumente, das Verbandszeug und die Operationswäsche. Sie assistierte ihrem Mann, reinigte Wunden und wechselte Verbände. Immer wieder schrieb Schweitzer an seine Freunde in Europa und bat sie, Fläschchen, Korken und fest zu verschließende Dosen für ihn zu sammeln. Er wollte seinen Patienten Medikamente mitgeben, konnte sich aber nicht darauf verlassen, die Flaschen und Schachteln wiederzubekommen.

Lehrerinformation zu Baustein 3:

Lepra ist eine bakterielle Infektionskrankheit, die sehr wahrscheinlich durch Tröpfcheninfektion hervorgerufen wird. Das Bakterium ist bekannt, aber eine Züchtung des Erregers ist bisher nicht gelungen. Deshalb gibt es bis heute auch noch keine Schutzimpfung gegen Lepra.
Die Inkubationszeit liegt in der Regel zwischen drei und sechs Jahren.
Das erste Anzeichen von Lepra ist eine Hautveränderung. Bei hellhäutigen Menschen treten dunkle, bei dunkelhäutigen helle Hautveränderungen auf. Lepra befällt vorwiegend die Nerven, nicht aber das Gehirn. Die Schädigungen am Nervensystem führen zum typischen Krankheitsbild: Störungen der Empfindungsfähigkeit und Motorik, Bildung von Verkrümmungen und Geschwüren. Die Verstümmelungen sind Folgen der Nervenausfälle. Lepra führt außerdem zu Augenschäden und Blindheit. Durch die Gefühllosigkeit in den Händen ziehen sich Leprakranke leicht Verletzungen und Verbrennungen zu.
Mit den heutigen Medikamenten lässt sich Lepra innerhalb von sechs Monaten bis zwei Jahren heilen. Lepra ist nicht erblich.

Schweitzer verzeichnete ermutigende Erfolge mit dem Einnehmen und Spritzen von Chaumoograöl, das aus dem Samen eines Baumes in Hinterindien gewonnen wurde und sehr teuer war. Es bewirkte Besserungen und einen länger anhaltenden Stillstand der Krankheit. Ob eine dauernde Heilung durch Chaumoograöl möglich war, blieb ungewiss.

1954 erhielt Schweitzer den Friedensnobelpreis.
Mit dem Preisgeld plante er, ein Lepradorf zu bauen, in dem die Kranken keine Außenseiter mehr waren. Sechzig Kranke halfen beim Bau mit. Sie wollten nur unter Schweitzer als Bauleiter arbeiten, weil sie ihn als ihren Häuptling ansahen.
Wegen der Moskitos wurde das Haus auf einem Hügel gebaut. Dazu waren umfangreiche Erdarbeiten nötig, denn das Gelände musste vorher terassiert werden. Die Häuser bekamen Wellblechdächer, weil die Blätterziegeldächer alle drei Jahre erneuert werden mussten.
1955 war das Dorf bezugsfertig.
Es wurde „village de lumière“ genannt.

Lehrerinformation zu Baustein 4:

1915 war Schweitzer an Bord eines Schleppkahnes, um einen Krankenbesuch zu machen. Die Reise dauerte mehrere Tage. Schweitzer nutzte die Zeit, um über ethische Fragen nachzudenken. Er suchte nach einem Begriff, der alle ethischen Systeme, der alles ethische Handeln verband. Als sich das Schiff am dritten Tag bei Sonnenuntergang seinen Weg durch eine Herde Nilpferde bahnte, stand ihm plötzlich der Begriff, den er suchte, vor Augen: Ehrfurcht vor dem Leben.
Bei allem seinem Handeln, bei allem Planen und Denken muss der Mensch den Grundsatz beachten: „Ich bin Leben, das leben will, inmitten von Leben, das leben will.“ Diesen Satz bezog Schweitzer nicht nur auf die Menschen, sondern auf alles Lebendige: Menschen, Tiere und Pflanzen.

14 Mal ist Schweitzer nach Lambarene gereist. Rund 35 Jahre seines Lebens verbrachte er dort.
In vielen Ländern war er als Vortragsreisender unterwegs. Er gab Orgelkonzerte, hielt Vorlesungen und schrieb Bücher. Er engagierte sich gegen Kernwaffenversuche und den Atomkrieg. 1962 schrieb er während der Kubakrise an John F. Kennedy und forderte ihn auf, auf Machtpolitik zu verzichten.
Schweitzer hörte nie auf, Orgelkonzerte zu geben.
Im Sommer 1965 ließ er einen Sarg anfertigen und traf Vorbereitungen für sein Begräbnis: Sein alter Hut, ein Säckchen Reis (das er immer für die Tiere bei sich hatte), sein abgetragener Mantel und ein paar Rebenblätter von seinem Günsbacher Haus sollten in sein Grab gelegt werden.

Am 4. September 1965 starb Albert Schweitzer in Lambarene und wurde neben seiner Frau beerdigt. Helene Schweitzer war schon am 1. Juni 1957 bei einem Besuch in Zürich verstorben. Sie hatte das Tropenklima nicht gut vertragen und litt unter Atemnot und Herzbeschwerden. Deshalb legte sie öfter Pausen in Europa ein. Ihre Urne wurde nach Lambarene gebracht und dort beigesetzt.

Bausteine der Unterrichtsreihe

Baustein 1: Die Entscheidung

Unterrichtsmaterial:

- Bild von Albert Schweitzer **M 16.1**
- großer Bogen Papier oder Tapetenrolle
- Magnete
- Folie von Material: „Skulptur des Afrikaners“ (Folie 8) **M 16.2**
- Erzählung: „Nach Afrika? Nach Afrika!“ **M 16.3**
- Karten mit Adjektiven zum Mimik-Ratespiel **M 16.4**

Unterrichtsschritte:

1. L: *Wir haben in diesem Schuljahr schon viel über Menschen erfahren, die in ihrem Leben etwas Besonderes getan oder erlebt haben (Martin Luther, Käthe Kollwitz, Martin Luther King, Otto Weidt). Von einem habt ihr einen berühmten Satz gehört: Ich bin Leben, das leben will, inmitten von Leben, das leben will.*
   L schreibt den Satz auf den Bogen Papier, der an der Tafel befestigt ist.
   Wenn die Kinder sich nicht mehr an den Namen Albert Schweitzer erinnern, nennt L ihn noch einmal und schreibt ihn neben den Satz.

2. L: *Wir haben uns schon einmal Gedanken darüber gemacht, was dieser Satz bedeutet. In den nächsten Stunden wollen wir noch genauer danach suchen, warum Albert Schweitzer diesen Satz gesagt hat. Dazu müssen wir ein bisschen in seinem Leben forschen.*
   L klebt das Bild von Schweitzer in die Mitte des Papierbogens. Gleichzeitig informiert L die Kinder darüber, dass dies eine Infotafel werden soll, die sie durch eigene Informationen, z. B. Recherche im Internet, mitgestalten können. **M 16.1**

3. L zeigt die Folie von der Skulptur des Afrikaners und liest Teil 1 der Geschichte „Nach Afrika? Nach Afrika!“ **M 16.2/M 16.3**

4. Im anschließenden Gespräch arbeitet L mit den Kindern heraus, dass es wichtig ist, in Gesichtern

„lesen“ zu können, um Menschen zu verstehen und auf sie einzugehen.
Die Kinder spielen das Mimik-Ratespiel. Sie stellen verschiedene Gesichtsausdrücke dar, z. B. fröhlich, nachdenklich, erstaunt, erschrocken, ängstlich ... **M 16.4**
Sie stellen fest, dass es schwierig ist, die Mimik von Menschen zu entschlüsseln.

5. Sie überlegen, was diese Fähigkeit über Albert Schweitzer aussagt und schreiben beispielsweise „aufmerksam“ an die Infotafel zu dem Bild.

6. Es folgt die Erzählung „Nach Afrika? Nach Afrika!“, Teil 2. **M 16.3**

7. Das folgende Gespräch dreht sich um den Satz: „Weil ich so glücklich bin, will ich Menschen helfen, die in Not sind.“ Dieser wird unter das Bild von Albert Schweitzer geschrieben.
An der Infotafel wird beispielsweise das Adjektiv „menschenfreundlich“ notiert.

Baustein 2: Nach Lambarene

Unterrichtsmaterial:

- ▷ Infotafel
- ▷ Erzählung: „Nach Afrika, aber nicht allein!“ **M 16.5**
- ▷ Schreibblätter, Stifte

Unterrichtsschritte:

1. L erzählt Teil 1 der Geschichte „Nach Afrika, aber nicht allein!“ **M 16.5**

2. Die Kinder überlegen, wie Albert Schweitzer und seine Frau Helene sich fühlen und was sie wohl in den Kisten mitnehmen. Sie schreiben einen Brief an eine/n Freund/in.

3. Es folgt Teil 2 der Geschichte. **M 16.5**

4. Die Kinder schreiben Adjektive auf die Infotafel, die ihrer Meinung nach das Verhalten Schweitzers beschreiben, z. B. neugierig, wissbegierig, klug, tierlieb ...

Tipp:
Mit den Informationen aus dem theologisch-didaktischen Kommentar zu Baustein 2 könnte die Reiseroute auf einer Landkarte nachvollzogen werden.

Baustein 3: Dorf des Lichtes

Unterrichtsmaterial:

- ▷ Infotafel
- ▷ Einmalhandschuhe
- ▷ Erzählung: „Das Dorf des Lichts“ **M 16.6**
- ▷ Folie von Material: „Bild eines Leprakranken“ (Folie 8) **M 16.7**
- ▷ Papier, Scheren

Unterrichtsschritte:

1. Über das Zeigen der Einmalhandschuhe kommt L mit den Kindern über verschiedene Arten von Krankheiten, Ansteckungsgefahren usw. ins Gespräch.

2. L liest die Geschichte „Das Dorf des Lichtes“ bis „Das ist wirklich ein schöner Traum“ vor und zeigt dabei die Folie. **M 16.6/M 16.7**.

3. Die Kinder erarbeiten im Gespräch, warum die Vorstellung von Schweitzers ein Traum ist:
   • Weil sie nicht genug finanzielle Mittel haben.
   • Weil die Räumlichkeiten zu beengt sind.
   • ...

4. Sie schneiden „Traumblasen“ aus, beschriften sie und kleben sie zu Schweitzer auf die Infotafel.

5. Es folgt der 2. Teil der Erzählung „Das Dorf des Lichts“. **M 16.6**
Nachdem L mit den Kindern über den Namen nachgedacht hat, werden Adjektive auf die Infotafel geschrieben, z. B. mutig, tatkräftig, setzt sich für andere ein, bringt Hoffnung (Licht) ...

Baustein 4: Was ihr getan habt einem von diesen meinen geringsten Brüdern, das habt ihr mir getan

Unterrichtsmaterial:

- ▷ Arbeitsblatt: „Albert Schweitzer“ **M 16.9**
- ▷ Kopiervorlage: „Jesus spricht: ...“, von L ausgeschnitten **M 16.8**
- ▷ Klebstoff

Unterrichtsschritte:

1. Mithilfe der Infotafel beschreiben die Kinder münd-

lich die Person Albert Schweitzer. Die Adjektive sind bei der Beschreibung hilfreich.

2. L rahmt den Satz „Ich bin Leben, das leben will, inmitten von Leben, das leben will." auf der Infotafel ein.

3. Im Gespräch erarbeitet L mit den Kindern, dass Schweitzer ...
   - jedes Leben schützt.
   - keine Unterscheidung zwischen lebenswert und nicht lebenswert macht.
   - sich als ein Teil des Lebens um sich herum versteht.
   - ...

4. L: *Ihr wisst ja, dass Jesus oft mit Sätzen zu den Menschen geredet hat, die zum Nachdenken aufgefordert haben. Stellt euch einmal vor, Jesus würde zu Albert Schweitzer sprechen und ihm folgenden Satz sagen:*

   „Was ihr getan habt einem von diesen meinen geringsten Brüdern, das habt ihr mir getan."
   Dann meint er:
   - Wenn du dich um die Leprakranken kümmerst, dann ...
   - Wenn du alles Leben schützt, dann ...
   - ...

   Hilfreich kann an dieser Stelle auch die Erinnerung an das Gedicht „Christus hat keine Hände"* sein.

5. Die Kinder kleben den Satz auf die Infotafel.
   M 16.8

6. Anschließend bearbeiten die Kinder mithilfe der Infotafel das Arbeitsblatt „Albert Schweitzer".
   M 16.9

7. Die Ergebnisse werden vorgestellt. Dabei kann z. B. folgendes Lied gesungen werden: Du bist da, wo Menschen leben/lieben/hoffen/helfen ...**

Diese Unterrichtseinheit sollte mit einem Projekt beschlossen werden, das verdeutlicht: Auch wir können ...
- helfen,
- Hoffnung bringen,
- Licht bringen.

Vielleicht gibt es ja sogar ein Aussätzigenhilfswerk in der Nähe, sodass man auch direkt an das Thema anschließen kann.

* vgl. Bd. 4, S. 135
** vgl. Bd. 3, S. 20

Bild von Albert Schweitzer

M 16.1

Skulptur des Afrikaners

M 16.2

Nach Afrika? Nach Afrika!

M 16.3

Teil 1

Albert freute sich immer, wenn ihn seine Eltern in die Stadt Colmar mitnahmen. Das hatte einen besonderen Grund. In einem Park in Colmar gab es ein riesiges Denkmal aus Stein mit vielen Figuren. Und eine Figur beeindruckte ihn besonders. Es war die Figur eines großen, starken Afrikaners. Jedes Mal, wenn er mit den Eltern nach Colmar kam, stand er vor ihm und schaute ihm ins Gesicht. Es war ein sehr trauriges Gesicht. Und dieses traurige Gesicht hatte er immer vor Augen, wenn sein Vater von den Missionaren in Afrika erzählte.

Teil 2

Viele Jahre waren vergangen.
Die Schulzeit war vorbei und Albert studierte, um Pfarrer zu werden. Und er lernte auch, die Orgel zu spielen. Er hatte den besten Orgellehrer der Welt. Der wohnte in Paris.
Einmal besuchte Albert in den Pfingstferien seine Eltern.
Als er morgens aufwachte, schien die Sonne warm in sein Zimmer.
Er streckte sich, stand auf und schaute aus dem Fenster.
Der Himmel leuchtete blau und die Vögel sangen.
Er fühlte sich ausgeschlafen und glücklich und hätte die ganze Welt umarmen können.
Und er sagte zu sich:
„Weil ich so glücklich bin, will ich Menschen helfen, die in Not sind.
Wenn ich dreißig Jahre alt bin, werde ich damit anfangen.
Das ist genau in neun Jahren.
Bis dahin will ich lernen, lesen, studieren und die Orgel spielen."

Die neun Jahre waren schnell vorbei.
Inzwischen war Albert Schweitzer ein erwachsener Mann geworden.
Er war Professor an der Universität und unterrichtete Studenten.
Er dachte kaum noch an die Steinfigur oder an Afrika.
Aber er dachte an den Pfingstmorgen zu Hause vor neun Jahren.
Er wusste nur noch nicht, wem und wo er helfen sollte.
Zu welchen Menschen und in welches Land sollte er gehen?
Einmal fand er morgens, als er sich an seinen Schreibtisch setzte, ein grünes Heft.
Jemand musste es am Abend vorher dorthin gelegt haben.
Er schlug das Heft kurz auf und wollte es wieder an die Seite legen.
Dabei fiel sein Blick auf die Überschrift.
Dort stand etwas von Kongo und Afrika. Er blätterte und las:
Helfer für Afrika gesucht. Wir brauchen Menschen, die in Afrika arbeiten wollen.

Er dachte: „Ist das nichts für mich?"
Und dann las er das Heft vom Anfang bis zum Ende.
Von diesem Tag an stand für ihn fest: „Ich gehe nach Afrika."

Karten zum Mimik-Ratespiel

M 16.4

fröhlich	**nachdenklich**	**erstaunt**
erschrocken	**ängstlich**	**traurig**
wütend	**glücklich**	**erleichtert**

Nach Afrika, aber nicht allein! (1)

M 16.5

Teil 1

Ein paar Jahre später dampfte ein Zug durch Frankreich zu einer großen Hafenstadt. Darin saßen Dr. Schweitzer, der für seinen Plan Medizin studiert hatte und nun Arzt war, und seine Frau Helene, die auch einen neuen Beruf erlernt hatte.
Aus einer Lehrerin war eine Krankenschwester geworden.
Albert Schweitzer war ganz unruhig: „Wenn wir im Hafen sind, müssen wir nach den Kisten sehen! Helene, hast du die Listen bei dir? Wir müssen alles nachzählen.
Es wäre schlimm, wenn auch nur die kleinste Kiste verloren ginge!"

Im Hafen wartete das Schiff auf sie.
Siebzig Kisten waren aufgestapelt.
Alle trugen Namen.
Auf jeder Kiste klebte noch ein weiterer Zettel.
Darauf stand, was in der Kiste war.

Was hatten die Schweitzers bloß alles eingepackt?

Medizin, Kleidung, Bettwäsche, Spritzen, Verbandszeug, Bücher, Tabletten, Salben, Werkzeug, Decken, Operationsbesteck ... Klavier

Teil 2

Endlich waren die Schweitzers an ihrem Ziel angelangt.
Lambarene hieß der Ort, an dem die beiden für die Kranken sorgen wollten.
Lambarene liegt tief im afrikanischen Urwald an einem großen Fluss.
Eine Straße dorthin gab es nicht. Ein Flussdampfer hatte sie nach Lambarene gebracht.
Die Luft hier war feucht und heiß.

Begeistert wurden sie empfangen. Endlich gab es einen Doktor in Lambarene.
Nach der Begrüßung wurde ihnen das Haus gezeigt.
Die afrikanischen Kinder, die in Lambarene zur Schule gingen, hatten das Holzhaus mit Blumen geschmückt.

Als alle gegangen waren, legten sich Helene und Albert erschöpft ins Bett.
In der Nacht wachte Helene auf. Sie stieß Albert an.
„Albert, hörst du das Geräusch? Da raschelt und kriecht etwas.
Bitte mach Licht und schau nach!"
Albert suchte nach Streichhölzern und zündete die Petroleumlampe an.
Überall große Spinnen, überall Kakerlaken und überall Käfer.
Schweitzer zog sich die Schuhe an.
Als er auftrat, knackte es unter seinen Sohlen.
„Albert, bring die Viecher hier raus!"
Bis ins Bett waren sie gekrabbelt.

Schweitzer suchte nach einem Besen. Nichts!
Stundenlang sammelte er die Insekten ein und brachte sie nach draußen.
Er versuchte, kein Tierchen totzutreten.
So sehr er sich auch bemühte,
er konnte nicht alle aus dem Schlafzimmer verscheuchen.

Das war die erste Nacht in Lambarene.
Hatten die Freunde doch recht behalten, die ihn vor Afrika gewarnt hatten?

Das Dorf des Lichts (1)

Teil 1

Helene, heute war wieder ein leprakranker Mann in der Sprechstunde.

Ist seine Krankheit schon weit fortgeschritten?

Seine Haut sieht schlimm aus. Aber seine Finger und Zehen kann er noch ganz gut bewegen.

Wirst du ihm helfen können?

Er muss erst einmal zwei Wochen in Lambarene bleiben. Ich werde ihm Spritzen geben. Dann kann er in sein Dorf zurückgehen. Ich werde ihm noch Öl zum Einnehmen mitgeben. Nach zwei Wochen muss er wiederkommen. Vielleicht gibt es bis dahin schon eine Besserung.

Ja, wenn das Öl nicht so teuer wäre, könntest du viel mehr Menschen helfen. Was geschieht eigentlich mit dem Mann, wenn er wieder ganz in seinem Dorf lebt?

Im Dorf leben die Leprakranken wie Ausgestoßene. Sie sehen abstoßend aus, und deshalb will niemand etwas mit ihnen zu tun haben. Alle haben Angst, sie anzufassen. Sie können ja auch nicht viel tun und müssen von der Familie durchgefüttert werden.

Albert, wenn wir genug Geld hätten, könnten wir eine Leprastation oder sogar ein kleines Lepradorf bauen. Die Kranken könnten hier leben, behandelt werden und durch Korbflechten etwas Geld verdienen.

Das wäre wunderbar, Helene. Das ist ein wirklich schöner Traum.

Teil 2

Viele Jahre waren inzwischen vergangen. Schweitzer war ein berühmter Mann geworden. Lambarene hatte viele Krankenstationen. Menschen aus vielen Völkern arbeiteten hier. Menschen aus der ganzen Welt kamen hierher.
Sie sahen sich an, was Dr. Schweitzer und seine Mitarbeiter aufgebaut hatten.
1954 bekam Schweitzer eine Auszeichnung, weil er alles für die Kranken und den Frieden tat. Diese Auszeichnung brachte Geld nach Lambarene.

Helene, ich glaube, unser Traum wird endlich wahr.
Weißt du noch, was wir damals überlegt haben? ...
Von einer Leprastation haben wir geträumt, sogar von einem Lepradorf.
Jetzt wird der Traum Wirklichkeit.

Wo willst du das Dorf bauen?

Am besten auf dem Hügel. Da gibt es nicht so viele Moskitos wie am Fluss.
Und es sollen feste Häuser mit einem Wellblechdach werden.
Und etwas dürfen wir nicht vergessen. Die Leprakranken werden beim Bau des Dorfes mitarbeiten, so gut sie können. Denn es soll ja ihr Dorf werden.

Ein Jahr dauerte der Bau des Lepradorfes.
Dann gab es ein großes Fest und die Leprakranken zogen ein.
Und das Dorf bekam auch einen Namen.
Es hieß „Dorf des Lichts“.

 KOPIERVORLAGE

Bild eines Leprakranken

M 16.7

Jesus spricht: …

M 16.8

Was ihr getan habt
einem von diesen meinen geringsten Brüdern,
das habt ihr mir getan.

(Mt 25,40)

Albert Schweitzer

M 16.9

1. Du hast viel über Albert Schweitzer erfahren. Schreibe unter sein Bild einige Sätze, die beschreiben, was dich am meisten an seiner Person beeindruckt.

2. In der Bibel steht folgender Satz von Jesus:
   Was ihr getan habt einem von diesen meinen geringsten Brüdern, das habt ihr mir getan. (Mt 25,40)
   Beschreibe, was dieser Satz mit Albert Schweitzer zu tun hat:

KOPIERVORLAGE

17 Leben in Gottes Hand und unter Gottes Segen

Thema: Der HERR segne und behüte dich ... (4. Mose 6,24-26)/ Meine Zeit steht in deinen Händen (Psalm 31,16a)

Intention der Unterrichtsreihe

Wissen, dass Gott das Leben der Menschen segnend und behütend begleitet.

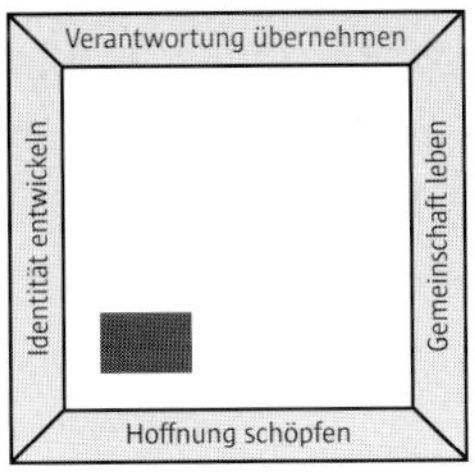

3–4 Std.

Theologisch-didaktischer Kommentar

Text (4. Mose 6,24-26):

Der HERR segne und behüte dich;
der HERR lasse sein Angesicht leuchten über dir und sei dir gnädig;
der HERR erhebe sein Angesicht über dich und gebe dir Frieden.

Dieser Segensspruch wird der aaronitische Segen genannt.
Der Kontext spricht davon, dass Gott seine autorisierte Form des Segens über Mose an den ersten Priester Aaron vermitteln ließ. Damit war er für den Gottesdienst freigegeben (4. Mose 6,22 f.).

Dieser Segen wird schon über 2000 Jahre gesprochen.
Menschen, die um 550 vor Christus in Jerusalem lebten, kannten ihn bereits.
Sie trugen an ihrer Kleidung oder an ihrem Körper kleine Silberamulette, in die der Segen in verkürzter Form eingeritzt worden war. Sie hatten die Amulette immer bei sich, als wollten sie sich der Gegenwart des Segens ständig versichern.*

Was zeichnet den Segen aus?
Einerseits fällt seine kultisch geprägte Sprache auf. Andererseits hat diese Sprache eine sehr persönliche Note. Auch wenn sich der Segen im Gottesdienst an viele Menschen wendet, weiß jeder, dass sein Du nur ihm gilt.
Vielleicht liegt sein Geheimnis auch darin, dass jeder seine Erwartungen in die Zusagen des Segens eintragen kann. Zuspruch des Segens und Bitten der Menschen entsprechen einander.

1. Zuspruch: Gott segne und behüte dich.**
Gott sorgt für deine Lebenskraft, Fruchtbarkeit und dein Glück. Sein Schutz und sein Bewahren sind lebenswichtig, denn das Leben ist vielfach gefährdet.

2. Zuspruch: Gott lasse sein Angesicht leuchten über dir und sei dir gnädig.
Ist das nicht ein wunderbares Bild von Gott, dessen Angesicht leuchtet?
Der Gesegnete kann sich darauf freuen, von Gott angestrahlt zu werden.
Da muss ihm einfach warm werden.
Aber das Licht hat auch eine unangenehme Eigenschaft. Es deckt auf, und ihm bleibt nichts verborgen. Vor der eigenen, versteckten oder verdrängten Ungerechtigkeit macht es nicht Halt und stellt sie vor Gottes Angesicht (Psalm 90,8). Gott hat Erfahrung im Umgang mit der Ungerechtigkeit. Deshalb bietet er den Menschen seine Gnade an. Die Bedeutungen Freundlichkeit, Gunst, Erbarmen, Mitgefühl, Zuneigung und sogar Anmut schwingen im hebräischen Wort für Gnade mit. Und sie erzählen von Gottes wärmender Seite.

3. Zuspruch: Gott erhebe sein Angesicht über dich (besser: richte sein Angesicht auf dich) und gebe dir Frieden.
Wenn Gott dich anschaut, sieht er dich, wie du bist. Indem er dich anschaut, sagt er: Ich werde mich nicht von dir abwenden. Ich nehme dich an, wie du bist.
Und dazu will er dir noch Frieden geben.
Das ist ein großzügiger Zuspruch. Denn Frieden bedeutet deine Unversehrtheit, dein Heil, deine Ruhe und Sicherheit, deine Gesundheit und deine Freude.

* Zwei kleine Silberröllchen mit den Versen 24 und 25 wurden 1979 in einer Grabkammer an der südwestlichen Tempelmauer ausgegraben. Als Amulette wurden sie am Körper oder auf der Kleidung getragen.
** M. Luther übersetzt den hebräischen Gottesnamen mit HERR.

„Ma schlomech?" – „Wie geht es deinem Schalom?", fragt man in Israel.

Der am Ende des Gottesdienstes gesprochene Segen erinnert die Menschen an Gottes Zusagen, bevor sie sich wieder ihrer Wirklichkeit mit ihren Problemen stellen müssen.

Text (Psalm 31,16a):

Meine Zeit steht in deinen Händen.

Der Verfasser des Psalms kann Gottes Segen wirklich gut gebrauchen.
Er bittet Gott, ihn durch seine Gerechtigkeit zu erretten (31,2).
Offensichtlich hat er ein Rechtsproblem, das für ihn nur noch durch die Hilfe Gottes lösbar ist.
Und dann beschreibt er sehr ausführlich seine Situation:
Er ist in einem Netz gefangen, das andere für ihn heimlich und gut getarnt ausgelegt haben (31,5).
Niemand will mehr etwas mit ihm zu tun haben. Seine Bedränger verspotten ihn, seinen Nachbarn ist er lästig, und er ist zu einer Verkörperung des Schreckens geworden (31,12).
Die Leute gehen ihm aus dem Weg, er ist total isoliert und befürchtet, umgebracht zu werden (31,14).
Und wie ist der Beter in diese Situation geraten?
Offensichtlich ist er das Opfer einer Verleumdungskampagne (31,14 und 19).
Was diese Situation psychisch und sozial mit ihm gemacht hat, beschreibt er mit zwei Bildern: Ich bin vergessen wie ein Toter und fühle mich wie ein zerbrochenes Gefäß (31,13).
Er ist am Ende und sagt: Meine Zeit steht in deinen Händen.
Das ist ein Satz zwischen Resignation und Hoffnung: Ich habe das Gefühl, dass meine Zeit abgelaufen ist, aber trotzdem hoffe ich, dass du mich nicht im Stich lässt, und mein Leben, meine Zeit, in deine Hände nimmst.
Noch einmal bittet er Gott mit den Worten einer alten Segensliturgie um Hilfe (31,17): Lass dein Angesicht über mir leuchten (4.Mose 6,25).
Denn wenn Gottes Angesicht wie die Sonne leuchtet, dann ist das nicht nur ein Zeichen seiner Zuneigung. Gottes leuchtendes Angesicht bringt, wie die Sonne, auch alles an den Tag. Gottes strahlendes Angesicht wird das Unrecht aufdecken, das dem Beter widerfahren ist. Gottes Gerechtigkeit wird ihn retten (31,1).
Aber da seine Situation noch nicht geklärt ist, bleiben ihm nur Bitten und Hoffen.

Der Segen und Psalm 31 ergänzen einander, denn beide sprechen von Gottes leuchtendem Angesicht.
Der Segen erzählt von Gottes Zusagen, die den Menschen immer wieder ins Gedächtnis gerufen werden, und von seinem leuchtenden Angesicht, das Ungerechtigkeit aufdeckt.
Der Psalm beschreibt den Ernstfall, in dem nur Gottes leuchtendes Angesicht eine Wende bringen kann. Dem Beter bleibt lediglich, zu Gott bittend und auf ihn hoffend zu sprechen: Meine Zeit steht in deinen Händen.
Diese Unterrichtseinheit knüpft an das Thema „Geborgen in Gottes Hand"* aus dem 1. Schuljahr an. Das Symbol Hand wird weiter entfaltet, wobei der Schwerpunkt der Erarbeitung auf der segnenden Hand liegt.
Die Einheit kann ihren Abschluss in einem Gottesdienst am Ende des 4. Schuljahres zum Thema Segen finden.

Bausteine der Unterrichtsreihe

Meditativer Einstieg

Unterrichtsmaterial:

- meditative Musik (◎ II Track 17)
- Ritual-Kerze
- eine von L aus Papier ausgeschnittene und laminierte Hand **M 17.1**

Unterrichtsschritte:

L sitzt mit den Kindern um eine gestaltete Mitte.
Es werden noch einmal betont die Worte des Eingangsrituals** gesprochen und die Ritual-Kerze wird dabei angezündet.
L weist darauf hin, dass das 4. Schuljahr dem Ende zugeht und diese die letzte Unterrichtseinheit ist, die auch die Vorbereitung für einen Gottesdienst sein kann. Es wird leise Musik eingespielt und L legt das Bild einer Hand in die Mitte.

Baustein 1: Leben mit Gottes Segen

Unterrichtsmaterial:

- zwei von L aus Papier ausgeschnittene und laminierte Hände **M 17.1**

* vgl. Bd. 1, Kapitel 12, S. 156
** vgl. Bd. 1, Kapitel 1, S. 9

- Bibel
- drei von L laminierte Streifen mit den Segenszusprüchen **M 17.2**
- Karten, Stifte
- große Pappe
- Lied: „Geh mit Gott, geh mit Gottes Segen“ (◎ II Track 15/16) **M 17.3**
- Streichholzschachteln in Anzahl der Kinder
- Silberpapier
- Kopiervorlage: „Aaronitischer Segen“ **M 17.4**
- evtl. Band

Unterrichtsschritte:

1. Die Kinder äußern ihre Assoziationen zu der Hand. Vielleicht erinnern sie sich an die Unterrichtseinheit im 1. Schuljahr „Geborgen in Gottes Hand“. **M 17.1**

2. Sie bringen das Bild der Hand in verschiedene Positionen und beschreiben unterschiedliche Funktionen:
   - eine Hand, die auffängt
   - eine Hand, die (be)schützt
   - eine Hand, die segnet
   - ...

3. L fokussiert das Gespräch auf die segnende Hand. Die Kinder stellen fest, dass die Pfarrerin oder der Pfarrer zwei Hände zum Segnen benutzt. L legt eine zweite Hand zu der ersten. **M 17.1**
   Die Kinder nennen Situationen, in denen ein Segen gesprochen wird:
   - am Ende eines Gottesdienstes
   - zu besonderen Gelegenheiten/Lebensabschnitten (Taufe, Einschulung, Konfirmation, Hochzeit ...)
   - ...

4. Die Kinder überlegen,
   - wann sie schon einmal bewusst Segen empfangen haben, z. B. beim Einschulungsgottesdienst.
   - in welchen Situationen sie einen Segen gut gebrauchen könnten, z.B. wenn etwas Neues beginnt, wenn etwas Altes (Vertrautes) zurückgelassen wird, wenn man nicht weiß, was einen erwartet.

5. L: *Ihr erinnert euch vielleicht noch an die Geschichten vom Volk Israel, z. B. als Mose mit den Menschen aus Ägypten geflohen ist.*
   Die Israeliten haben viele schwierige Situationen erlebt, oft nicht gewusst, wie es weitergeht.
   Gott hat diesem Volk seinen Segen gegeben.
   Und obwohl die Worte schon ganz alt sind, werden sie auch heute noch häufig benutzt.
   Der Segen heißt der aaronitische Segen, weil er durch einen Mann namens Aaron zum Volk Israel gesprochen wurde.
   Die Worte stehen im 4. Buch Mose im 6. Kapitel.

   Ein Kind liest die Verse 24-26 im 4. Buch Mose aus der Bibel vor.

6. L legt die laminierten Streifen mit den drei Segenszusprüchen unter die Hände. **M 17.2**

7. Im Gespräch wird die Bedeutung der drei Verse erarbeitet.
   Es dreht sich um das Thema „Bewahrung“, das in verschiedenen Bildern ausgeführt wird:
   - Gott, der dich erschaffen hat, der dich als sein Geschöpf liebt, der segnet und behütet dich. Er wendet sich dir zu und bleibt bei dir. Er begleitet dich auf deinen Wegen.
   - Gott wendet dir sein leuchtendes Angesicht zu. Gott schaut dich freundlich, liebevoll an und lässt dich diese Freundlichkeit und Liebe spüren. Gott hat für dich, so wie du bist, Verständnis.
   - Wenn Gott da ist, dann ist er ohne Vorbehalt da. Wenn Gott dir seine Gegenwart im Segen spürbar schenkt, dann werden Frieden und Vertrauen möglich.

8. Die Kinder schreiben wichtige Begriffe aus der Erarbeitung auf Karten und legen diese zu den drei Versen, z. B. Zuwendung, Begleitung, Freundlichkeit, Liebe, Verständnis, Vertrauen, Frieden.

9. Als Nächstes überlegen die Kinder, ob und warum sie sich im Abschlussgottesdienst einen Segen wünschen. Aus diesen Überlegungen formulieren sie persönliche Wünsche, die im Gottesdienst die Grundlage für ein Gebet bilden:
   - Wenn ich an die neue Schule denke, fühle ich mich ein bisschen unsicher. Dann wünsche ich mir Menschen, die freundlich zu mir sind.
   - Viele meiner neuen Lehrerinnen und Lehrer sind mir unbekannt. Das macht mir Angst. Dann wünsche ich mir ein verständnisvolles Wort.
   - ...

   Im Gottesdienst schließt jeder Wunsch mit einem Kehrvers ab, z. B.
   Ich weiß, Gott ist bei mir.
   Ich weiß, Gott liebt mich.
   ...

10. Die Kinder gestalten aus den Händen, dem Segen und ihren Wünschen eine Collage, die im Abschlussgottesdienst eingesetzt werden kann.

11. Zum Abschluss der Unterrichtseinheit wird das Lied: „Geh mit Gott, geh mit Gottes Segen“ gesungen. **M 17.3**

> **Tipp:**
> L erzählt den Kindern von den Silberamuletten, in denen die Menschen den Segen immer bei sich trugen (s. theologisch-didaktischer Kommentar).
> Mit Hinweis auf diese Silberamulette bekommen die Kinder im Gottesdienst eine mit Silberpapier beklebte Streichholzschachtel geschenkt, in die der aaronitische Segen gelegt oder auf den Boden geklebt wird. Es ist auch möglich, noch ein Band durch die Schachtel zu ziehen. Dann kann sie wie eine Kette umgehängt werden. **M 17.4**

Wenn die Einheit nicht in einem Gottesdienst endet, können die Kinder die Streichholzschachtel auch selbst anfertigen.

Segnende Hände

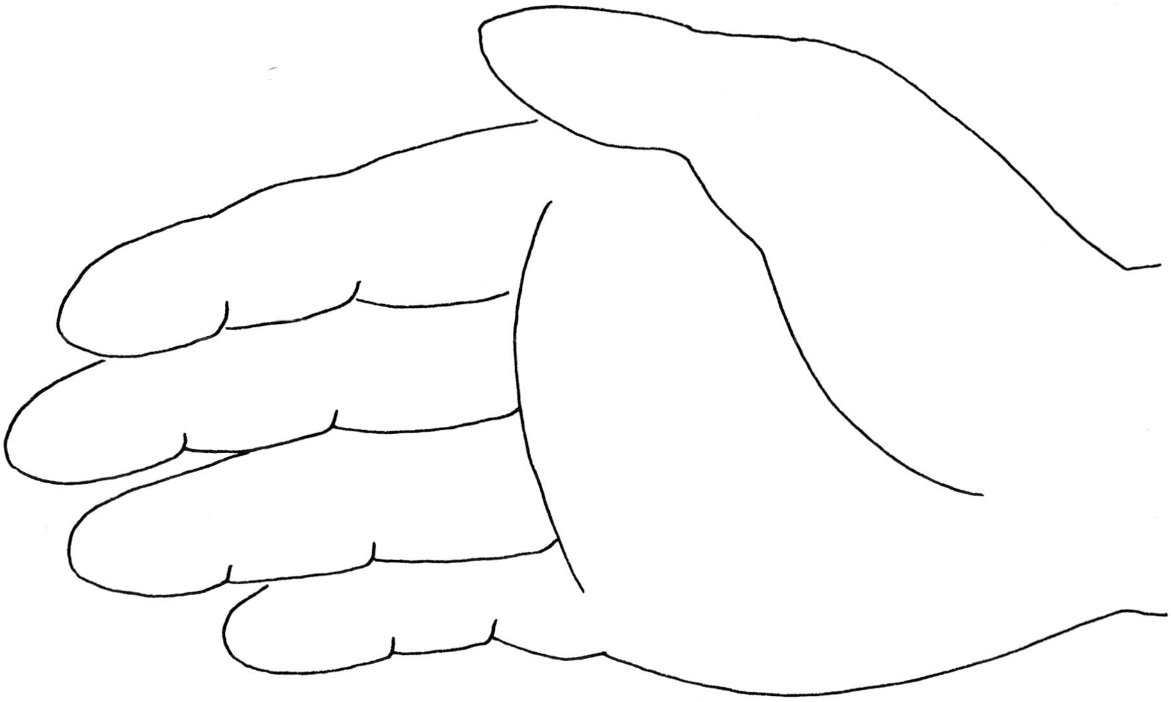

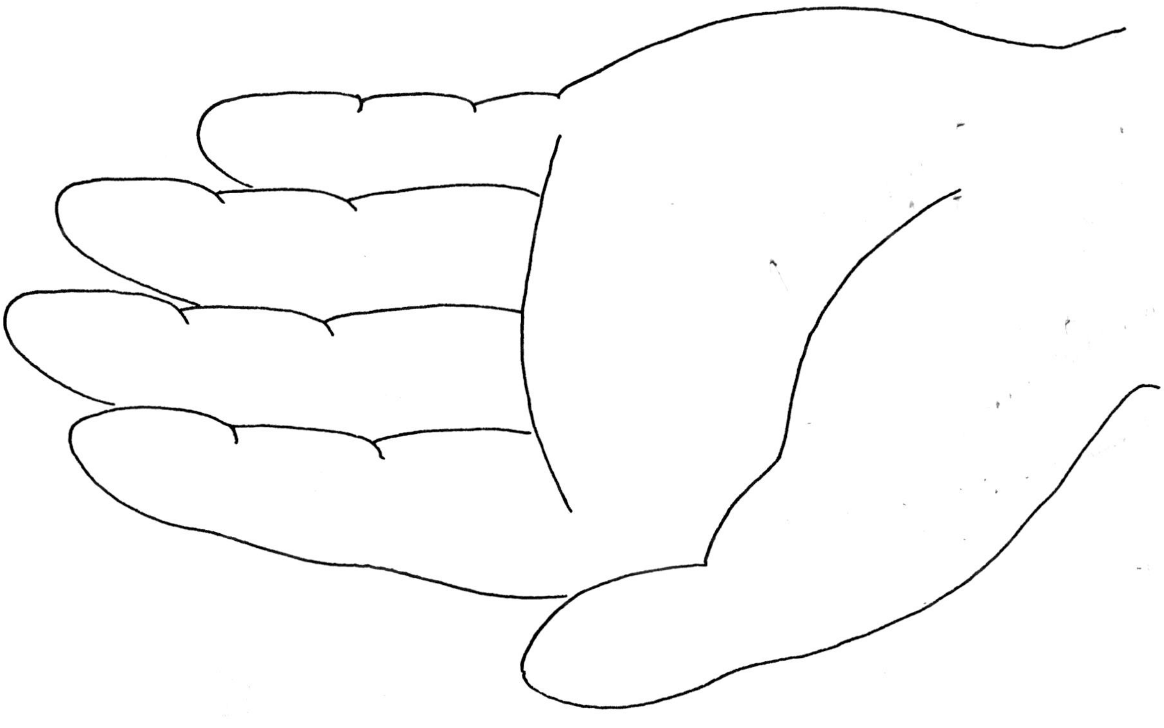

Segenszusprüche

M 17.2

Der HERR segne
und behüte dich;

der HERR lasse sein Angesicht
leuchten über dir;

der HERR erhebe sein Angesicht
über dich
und gebe dir Frieden.

Geh mit Gott, geh mit Gottes Segen

M 17.3

Originaltext und Musik: traditionell
Deutscher Text: Rolf Krenzer
Musikalische Bearbeitung: Reinhard Horn

II 15/16

2. Alle können getrost auf dich bauen,
alle, die hier zusammen sind.
Dir allein dürfen wir vertrauen,
denn du segnest jedes Kind.

Aaronitischer Segen

M 17.4

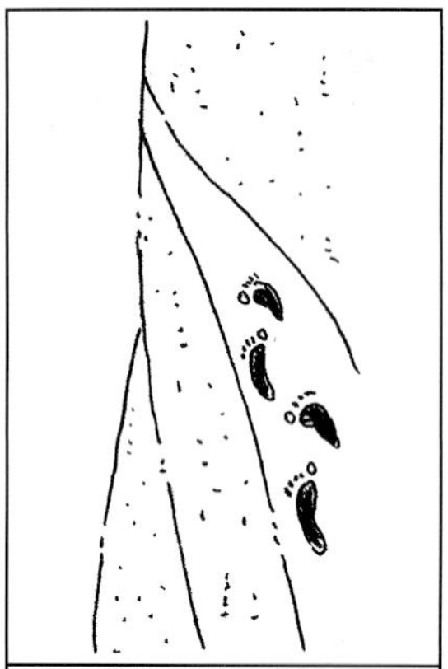

Der HERR segne und behüte dich;
der HERR lasse sein Angesicht
leuchten über dir
und sei dir gnädig;
der HERR erhebe sein Angesicht
über dich und gebe dir Frieden.
(4. Mose 6,24-26)

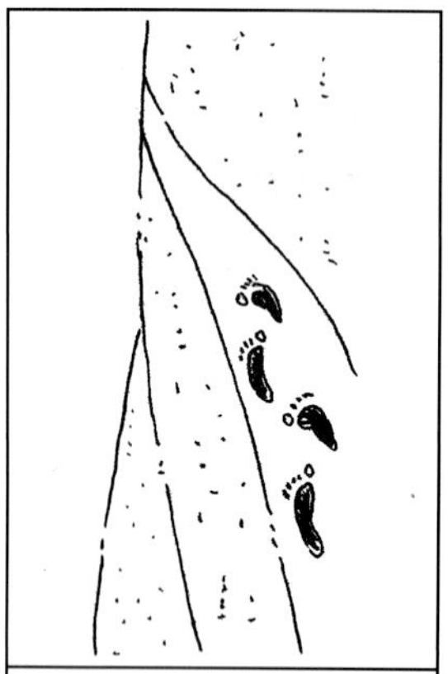

Der HERR segne und behüte dich;
der HERR lasse sein Angesicht
leuchten über dir
und sei dir gnädig;
der HERR erhebe sein Angesicht
über dich und gebe dir Frieden.
(4. Mose 6,24-26)

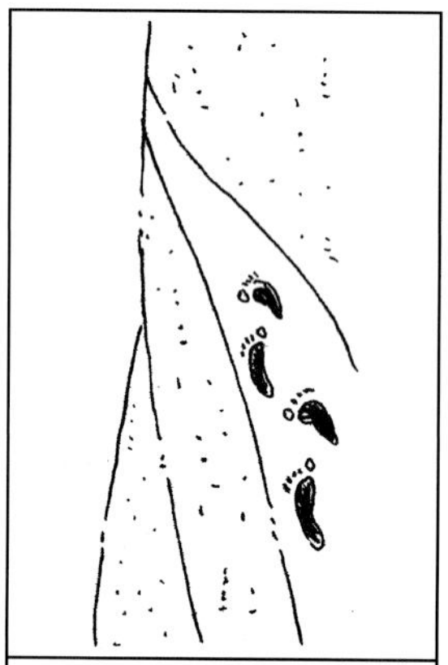

Der HERR segne und behüte dich;
der HERR lasse sein Angesicht
leuchten über dir
und sei dir gnädig;
der HERR erhebe sein Angesicht
über dich und gebe dir Frieden.
(4. Mose 6,24-26)

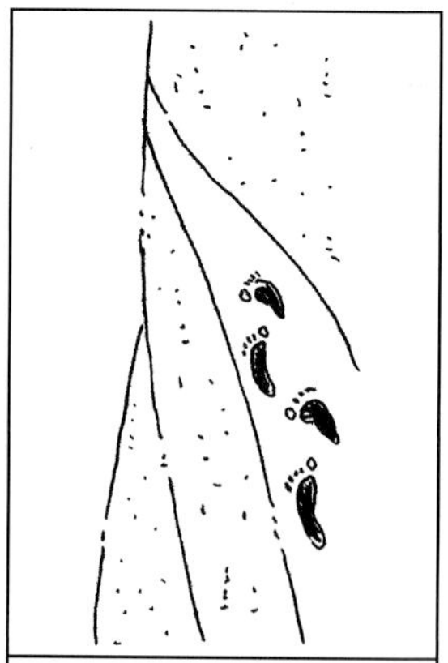

Der HERR segne und behüte dich;
der HERR lasse sein Angesicht
leuchten über dir
und sei dir gnädig;
der HERR erhebe sein Angesicht
über dich und gebe dir Frieden.
(4. Mose 6,24-26)

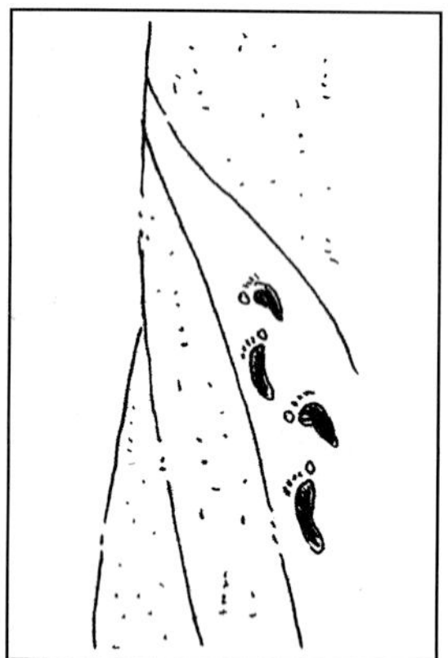

Der HERR segne und behüte dich;
der HERR lasse sein Angesicht
leuchten über dir
und sei dir gnädig;
der HERR erhebe sein Angesicht
über dich und gebe dir Frieden.
(4. Mose 6,24-26)

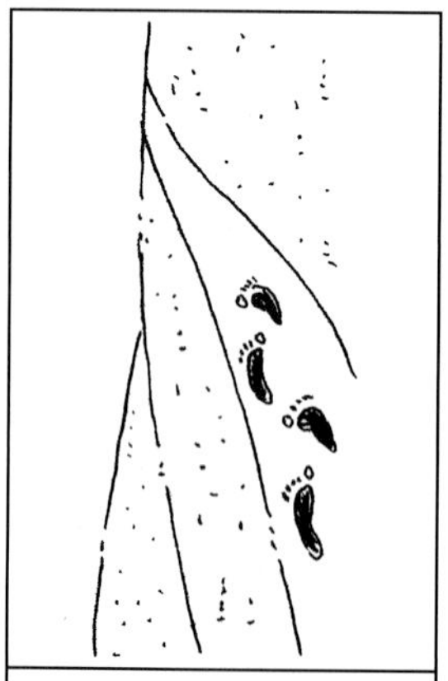

Der HERR segne und behüte dich;
der HERR lasse sein Angesicht
leuchten über dir
und sei dir gnädig;
der HERR erhebe sein Angesicht
über dich und gebe dir Frieden.
(4. Mose 6,24-26)

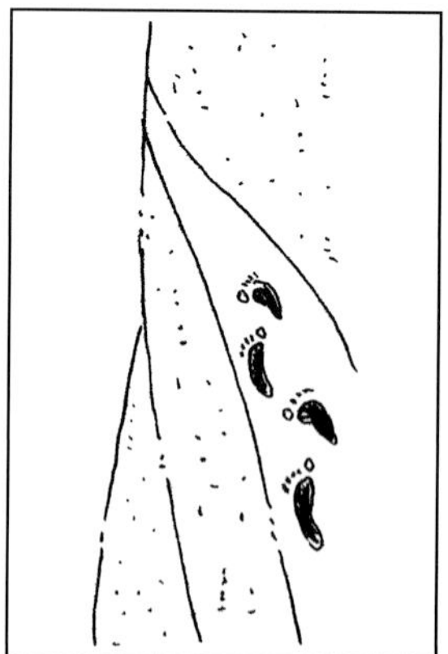

Der HERR segne und behüte dich;
der HERR lasse sein Angesicht
leuchten über dir
und sei dir gnädig;
der HERR erhebe sein Angesicht
über dich und gebe dir Frieden.
(4. Mose 6,24-26)

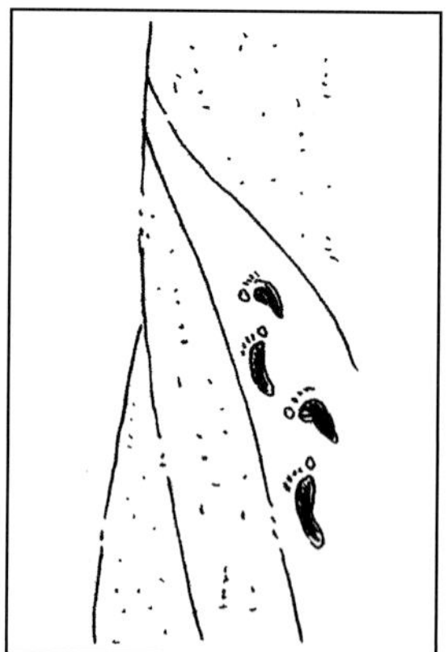

Der HERR segne und behüte dich;
der HERR lasse sein Angesicht
leuchten über dir
und sei dir gnädig;
der HERR erhebe sein Angesicht
über dich und gebe dir Frieden.
(4. Mose 6,24-26)

KOPIERVORLAGE

ÜBERSICHT ÜBER DIE BEGLEITMATERIALIEN

CD I: Lieder/Hörspiel

Track	Titel	Material	Str./Wdh.	Dauer
	Gemeinschaft wird geschützt			
1.	***Angebote zum Leben*** T/M: Sebastian Schade	(📖 M 1.4)	2	2:14
2.	(Playback)		2	2:14
	Nach Gott neu fragen			
/				
	Taufe als Zusage Gottes			
3.	***Als Jesus einst zum Jordan kam*** T: Sebastian Schade	(📖 M 3.4)	5	6:03
4.	(Playback)		5	6:03
	Reden mit Gott – fragen nach Gott			
/				
	Ruf zum Frieden und zur Gerechtigkeit			
5.	**Hörspiel Teil 1: *Wo alles passierte***	(📖 M 5.14)		3:13
6.	**Hörspiel Teil 2: *Überraschender Besuch***	(📖 M 5.16)		3:23
7.	**Hörspiel Teil 3: *Möbelwagen***	(📖 M 5.17)		4:19
8.	**Hörspiel Teil 4: *Chaim heißt Leben***	(📖 M 5.18)		3:19
9.	**Hörspiel Teil 5: *Otto Weidt gibt nicht auf*** Sprecher: Fabian Gröver	(📖 M 5.19)		1:29
	Hoffnung wächst – Frieden ist möglich			
10.	***We shall overcome*** T: traditionell, Rap: Ruthild Wilson/M: traditionell © Felsenfest Musikverlag, Wesel	(📖 M 6.6)	1	4:42
	Weihnachten – Gott wird Mensch – Gottes Licht ist in der Welt			
11.	***Hirten wacht vom Schlafe auf*** T: Hanna Lam/M: Win ter Burg	(📖 M 7.2)	3	2:57
12.	(Playback)		3	2:57
	Sehend werden			
13.	***Hoffnung für die Welt*** T: Micaela Röse/M: Sebastian Schade	(📖 M 8.3)	1	1:32
14.	(Playback)		1	1:32

CD II: Lieder/meditative Stücke

Track	Titel	Material	Str./Wdh.	Dauer
	Sehend werden			
1.	***Du hast mir die Augen geöffnet*** M: Sabine Grünschläger-Brenneke/T: Sebastian Schade	**(📖 M 9.5)**	**4**	**4:02**
2.	(Playback)		4	**4:02**
	Schöpfung als Geschenk und Verpflichtung für uns heute			
3.	***Deine Welt ist meine Welt*** T: Rolf Krenzer/M: Detlev Jöcker	**(📖 M 10.6)**	**4**	**2:59**
4.	(Playback)		4	2:59
	Gottes Bund mit den Menschen			
5.	***Gottes Regenbogen*** T: Rolf Krenzer/M: Reinhard Horn	**(📖 M 11.4)**	**6**	**3:57**
6.	(Playback)		6	**3:57**
	Auferstehung – Christus, Licht der Welt			
7.	***Jesus lebt!*** T/M: Sepp Faist	**(📖 M 12.3)**	**9**	**5:59**
8.	(Playback)		9	**5:59**
9.	***Du setzt uns in Bewegung*** T: Micaela Röse/M: Sebastian Schade	**(📖 M 12.6)**	**1**	**1:24**
10.	(Playback)		1	**1:24**
	Gott bewahrt vor dem Verlorengehen			
/				
	Begegnung mit Judentum, Christentum, Islam			
11.	***Geht einer auf den andern zu*** T: Rolf Krenzer/M: Reinhard Horn	**(📖 M 14.8)**	**1**	**1:30**
12.	(Playback)		1	**1:30**
	In unserer Kirchengemeinde leben			
13.	***Wo zwei oder drei*** T: Matthäus 18,20/M: Kommunität Gnadenthal	**(📖 M 15.5)**	**1**	**2:18**
14.	(Playback)		1	**2:18**
	Gemeinschaft ist möglich			
/				

Track	Titel	Material	Str./Wdh.	Dauer
	Leben in Gottes Hand und unter Gottes Segen			
15.	***Geh mit Gott, geh mit Gottes Segen*** T: traditionell, dt. Bearbeitung: Rolf Krenzer/musikal. Bearbeitung: Reinhard Horn	**(📖 M 17.3)**	**2**	**1:12**
16.	(Playback)		2	**1:12**
	Meditative Stücke			
17.	***Segen*** M: Sebastian Schade	**(📖 Kap. 17)**		**9:14**
18.	***Sintflut*** M: Sebastian Schade	**(📖 Kap. 11)**		**5:52**

Materialien für Folien/Foliensatz

Materialien/Folien	Material-Nr.
Nach Gott neu Fragen	
1. Wartburg, Lutherstube	M 2.1
Taufe als Zusage Gottes	
2. Bild einer Taufe	M 3.5
Reden mit Gott – fragen nach Gott	
3. Mann und Frau, 1919	M 4.1
Ruf zum Frieden und zur Gerechtigkeit	
4. Denkmäler	M 5.1
5. Mahnmal Bahnhof Grunewald	M 5.2
Weihnachten – Gott wird Mensch – Gottes Licht ist in der Welt	
6. Verkündigung an die Hirten	M 7.4
In unserer Kirchengemeinde leben	
7. Zeichen der Ökumene	M 15.2
Gemeinschaft ist möglich	
8. Skulptur des Afrikaners	M 16.2
9. Bild eines Leprakranken	M 16.7

QUELLEN

Soweit nicht anders angegeben, stammen die Texte von den Autorinnen und Autoren des Buches und die Abbildungen von der Illustratorin Wibke Brandes und dem Mediendesigner Carsten Jensen.

Textquellen

M 7.3:	Beate Heinen, Wassernach 1985 © Katholisch-soziales Institut

Bildquellen

M 2.1:	© dpa-Report
M 2.3:	© nestlers-com
M 2.4:	© bpk/Alfred Zscherpel
M 2.7:	© Evangelisches Augustinerkloster zu Erfurt
M 2.9:	© picture-alliance/akg-images
M 2.11:	© picture-alliance/akg-images
M 2.16:	© 2/4/8: picture-alliance/akg-images; 5: dpa-Bildarchiv; 7: dpa Bilderdienste
M 3.5:	© Uwe Hebel, mailto:info@foto-hebel.de
M 4.1/M 4.4	Käthe Kollwitz, Mann und Frau 1919, © VG Bild-Kunst, Bonn 2008
M 4.5:	© picture-alliance/akg-images
M 5.1:	Christian Gauer
M 5.2–M 5.4	Christian Gauer
M 5.7:	© bpk
M 5.12:	© Museum Blindenwerkstatt Otto Weidt
M 6.7:	© dpa-bildarchiv
M 7.4:	Beate Heinen, Verkündigung an die Hirten 1985, © ars liturgica BUCH- UND KUNSTVERLAG MARIA LAACH, Nr. 5415
M 9.2:	bpk/Museo Arcivescovile/Erzbischöfliches Museum, Ravenna/Scala
M 13.7:	Annegret Fuchshuber
M 16.1:	© Archiv Albert Schweitzer, Gunsbach
M 16.2:	Christian Gauer
M 16.7:	© dpa-Bildarchiv

LITERATUR

BAINTON, Roland H.: Hier stehe ich. Göttingen 1952

BRECHT, Bertolt: Über die Unsicherheit menschlicher Verhältnisse. Werke 2. Frankfurt/Berlin: 1988

CRÜSEMANN, Frank: Bewahrung der Freiheit. Das Thema des Dekalogs aus sozialgeschichtlicher Perspektive. München 1983

Ev. Gesangbuch Ausgabe für die Ev. Kirche im Rheinland, die Ev. Kirche von Westfalen, die Lippische Landeskirche. Gütersloh 1996.

Dictionary of the Ecumenical Movement, Geneva 2002, 2. Aufl.

JUNGHANS, Helmar (Hrsg.): Die Reformation in Augenzeugenberichten. München

KÜNG, Hans: Credo. München 1992

KUSCHEL, Karl-Josef: Abrahamische Ökumene: Chancen und Risiken

http://www.freunde-abrahams.de/fa_dt/Doku/kuschel.html [13.06.2008]

LUTHER, Martin: Kleiner Katechismus. In: Ev. Gesangbuch Ausgabe für die Ev. Kirche im Rheinland, die Ev. Kirche von Westfalen, die Lippische Landeskirche. Gütersloh 1996

MAYER, Hans: Martin Luther. Gütersloh 1982

OBERTHÜR, Rainer: Kinder fragen nach Leid und Gott. Lernen mit der Bibel im Religionsunterricht. München 1998

SANTAYANA, George: The Life of Reason, Volume 1: Reason in Common Sense. Scribener's 1905

SCHWEITZER, Albert: Gesammelte Werke Band 5. München o.J.

VEIJOLA, Timo: Das 5. Buch Mose. Deuteronomium. Göttingen 2004

WILCKENS, U.: Das Neue Testament übersetzt und kommentiert. Zürich 1970, 5. Aufl.